少林正宗易筋经

少林
正宗易筋经

SHAOLIN ZHENGZONG YIJINJING

董国兴/编著

少林 正宗易筋经

河南科学技术出版社
·郑州·

图书在版编目（CIP）数据

少林正宗易筋经 / 董国兴编著. —郑州：河南科学技术出版社，2014.5(2021.9 重印）
ISBN 978-7-5349-6860-0

Ⅰ. ①少…　Ⅱ. ①董…　Ⅲ. ①易筋经（古代体育）- 基本知识　Ⅳ. ① G852.6

中国版本图书馆 CIP 数据核字（2013）第 320088 号

出版发行：河南科学技术出版社
地址：郑州市郑东新区祥盛街27号　邮编：450016
电话：（0371）65737028　65788633
网址：www.hnstp.cn
策划编辑：韩雅楠
责任编辑：朱江涛
责任校对：李振方
封面设计：朱　婧
版式设计：王高峰
责任印制：张艳芳
印　　刷：河南新达彩印有限公司
经　　销：全国新华书店
幅面尺寸：170 mm×240 mm　印张：19.25　字数：260 千字
版　　次：2014 年 5 月第 1 版　2021年 9 月第 8 次印刷
定　　价：58.00 元

图 1

1. 据传，菩提达摩谒梁武帝，面谈不契，便一苇渡江，北上嵩山，面壁九年；后只履西归。（图1）

图 2

2. 达摩徒弟慧可，在修葺达摩洞时，于石壁间得一铁函，内藏达摩遗卷《易筋经》。经文乃梵文，天竺僧般剌密谛将其译成汉文，传学少林。（图2）

图 3

3.徐鸿客游海外时，幸遇般刺密谛，二人甚洽。般刺密谛将易筋经授予徐鸿客。（图 3）

图 4

4.徐鸿客转授虬髯客。虬髯客游大唐时，与李靖交往甚密，将易筋经悉数授予李靖。（图 4）

图 5

5. 唐代，僧俗两道皆有易筋经高手。如少林之马僧、金环女僧等，其易筋经功夫为人称道，流传有不少动人的武林故事。（图 5）

图 6

6. 据传，宋代抗金英雄岳飞即是易筋经大师，他不但擅长少林易筋经，功力深厚，而且独创“岳武穆易筋经”，名震武林。（图 6）

图 7

7. 易筋经之历代僧俗大师们，不但自己刻苦修炼，功力超人，而且阐精发微，著书立说，如周嘉福、徐全来、周斌、潘伟、王老莲等前辈，对易筋经的传承与发展均起到了非同一般的作用。（图7）

图 8

8. 清代，少林寺空悟大师取少林易筋经诸派精华，将易筋经定型为十二练势，正、侧、半、屈、折、扭、倒、翻、行、坐、定、卧，身法多样，练法完备，锻炼全面，功效显著，可谓少林正宗真传，乃易筋经最佳之功。本著即参此古谱，推陈出新，以飨读者，望勤学勿忽，必有大用！（图8）

目录

第一章　正身势

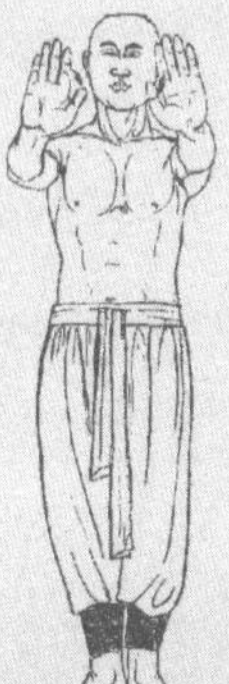

第一节　环拱正立势

【练法】

1. 并步正身直立，两臂自然垂于体侧，自然呼吸，双目下视。（图 1–1）

2. 两脚尖外摆，呈“八”字形分开，两脚跟靠紧缓缓提离地面，用两脚前掌着地支撑；两掌上收于胸前，左掌掌心向上，右手握拳放于左掌上，拳心向上；两膝直立，脊梁直竖，端头正项。双目下视，闭唇合齿，舌抵上腭，以鼻自然呼吸。（图 1–2）

姿势站好后，开始调息定气，排除杂念，净化思想。当一切安定松静后，由口缓缓吐气，由鼻缓缓吸气，连续 3 次。

【古谱】

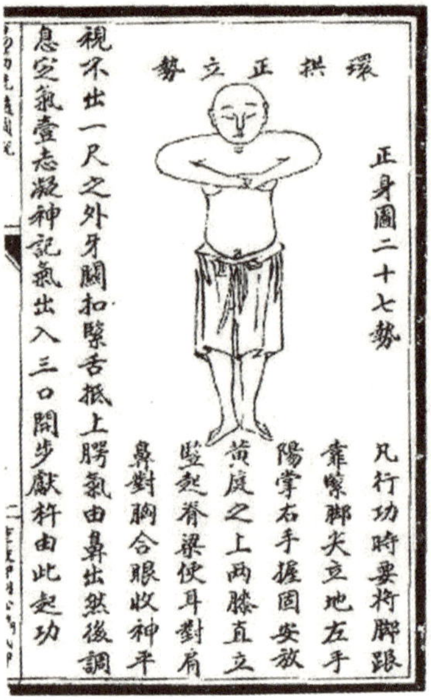

图 1–1

图 1–2

握拳手形：拇指尖抵掐无名指根节内侧，其余四指屈拢握拳。（图 1–3）

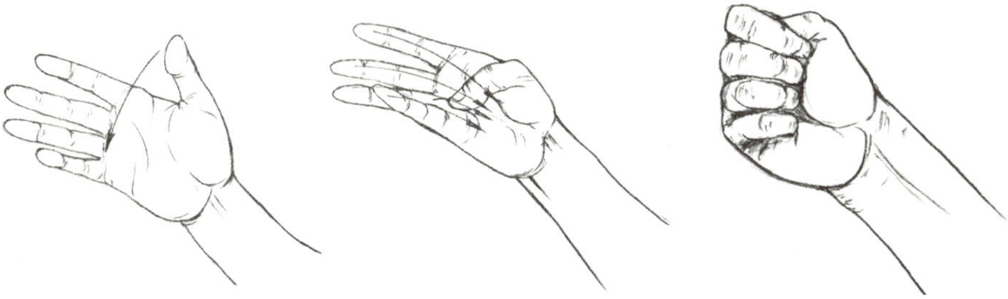

图 1–3

第二节　献杵起功势

【练法】

1. 两手成掌向左右平直展臂，虎口向上，指尖向外。（图 1–4）

2. 接着，两掌向前直臂相合，两臂伸直，指尖向前，虎口向上；呼吸自然。（图 1–5）

3. 屈臂，将合掌收于胸前，指尖与鼻尖对齐，双目下视，状如拜佛；两脚前掌着地不变。再如前势，口吐气 3 次，鼻吸气 3 次。（图 1–6）

注意：出入气毕，仍保持舌抵上腭，其余要领不变。

【古谱】

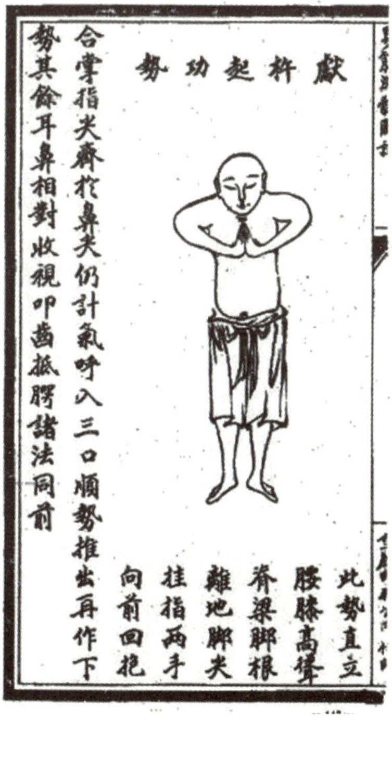
獻杵起功勢

此勢直立腰膝高聳脊梁腳根離地腳尖拄指兩手向前回抱合掌指尖齊於鼻尖仍計氣吁入三口順勢推出再作下勢其餘耳鼻相對收視叩齒抵腭諸法同前

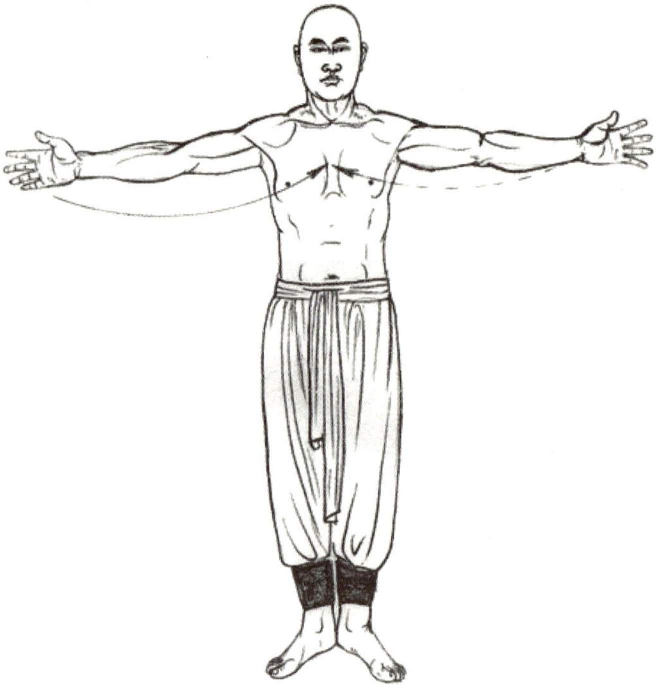

图 1-4

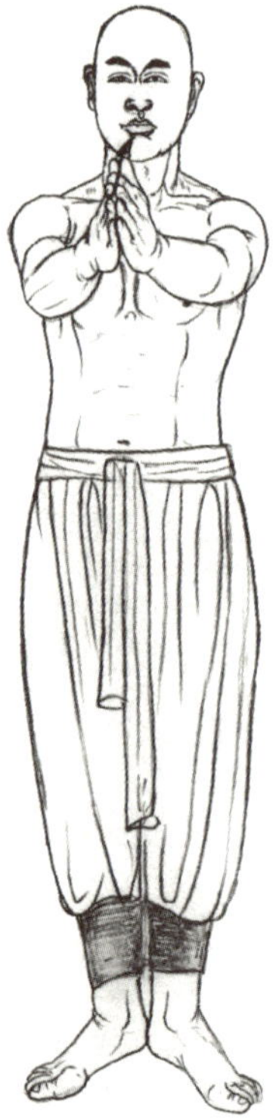

图 1-5

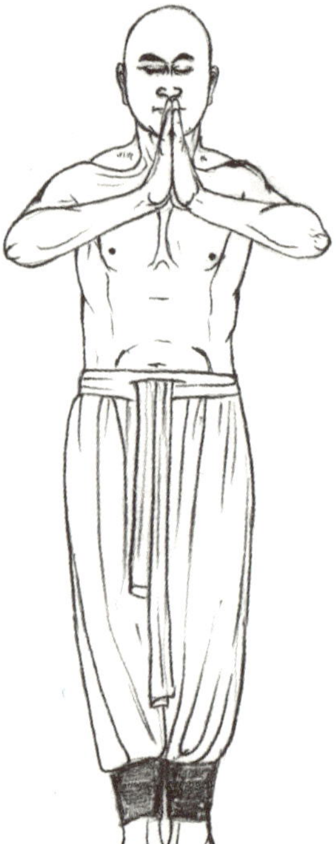

图 1-6

第三节　出爪亮翅势

【练法】

两脚着地不变。鼻吸气，两掌张开，掌心向前，缓缓向前推出，腕直掌立，两臂平直，掌根与肩平；然后将气缓缓呼出。再定势调息 3 次。（图 1–7）

【古谱】

出爪亮翅勢

此勢將手盡力推出掌立腕直平與肩齊兩掌底與兩肩角對計呼吸三口平收掌回作下勢餘法同前

图 1–7

图 1–7 附

第四节　双凤朝阳势

【练法】

两脚着地不变。鼻吸气，双掌缓缓收回，屈臂抬肘，使腕臂与肩仍保持水平，双掌收回立于肩井前，上置脸两侧，指尖向上，两掌心遥遥相对，如双凤朝阳之势；然后将气呼出。再定势调息 3 次。（图 1–8）

【古谱】

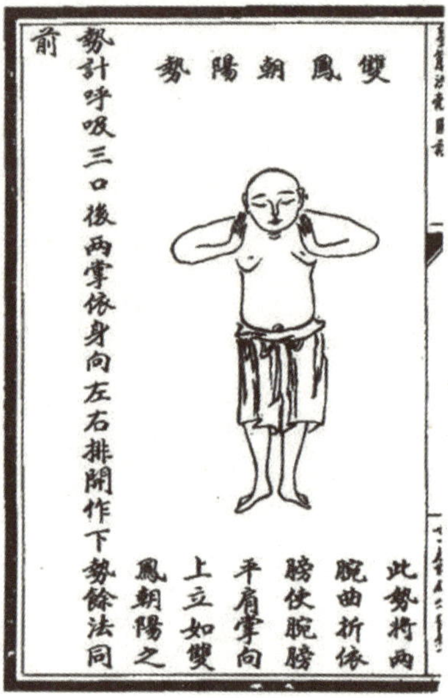

图 1–8

第五节　飞鹰展翅势

【练法】

两脚着地不变。鼻吸气，两掌缓缓向左右推开，指尖向上，掌心向外，两臂用力伸展，高与肩平，如飞鹰展翅之势；然后将气呼出。再定势调息3次。（图1–9）

【古谱】

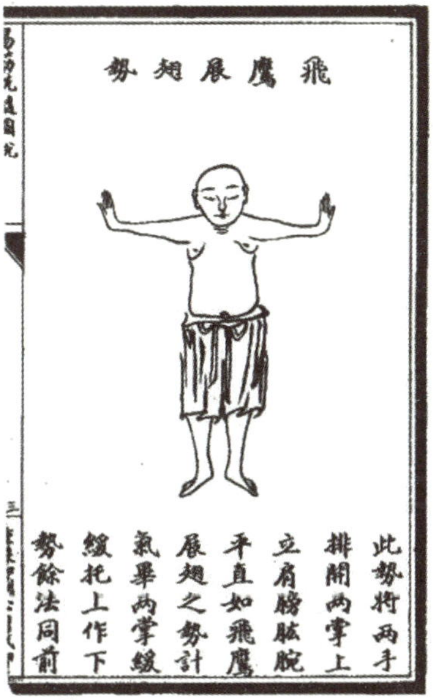

图1–9

第六节 双手托塔势

【练法】

两脚着地不变。鼻吸气，两掌自左右两侧向头顶上方缓缓托起，指尖相对，掌心向上；然后将气呼出。再定势调息 3 次。（图 1–10）

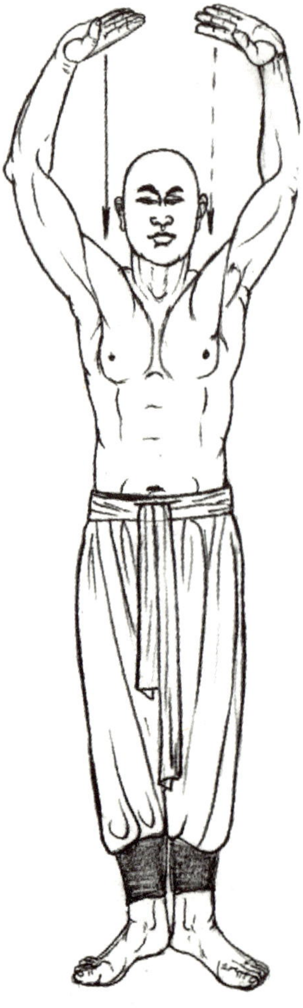

图 1–10

【古谱】

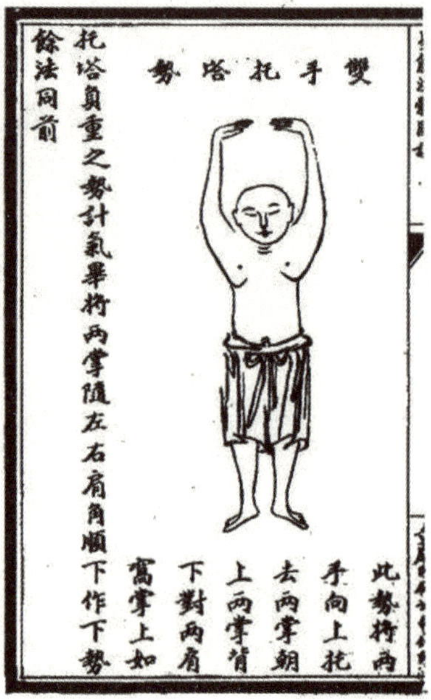

第七节　三峰峙立势

【练法】

两脚着地不变。鼻吸气，两掌心向前，顺掌下落至头前方两侧，上臂下垂，屈肘，掌、腕、肘、前臂成一直线，两腋夹紧，掌与头似三峰峙立；然后将气呼出。再定势调息3次。（图1-11）

图 1-11

【古谱】

三峯峙立勢

此勢將兩掌順左右勢直下向外直立至兩肩角膀肱曲折兩腋挾緊使三腕天骨開張掌並頭如三峯峙立之狀計氣畢左手抱身右肱橫前作下勢餘[illegible]

第八节　龙探右爪势

【练法】

两脚着地不变。鼻吸气，左掌下收，从右腋下向后抱后肩胛骨；右掌顺胸前向左前撑，掌心向下，指尖犹如探物未得之状，手臂约与肩平；头向左扭，目视左侧方。然后将气呼出。再定势调息 3 次。（图 1–12）

【古谱】

图 1–12

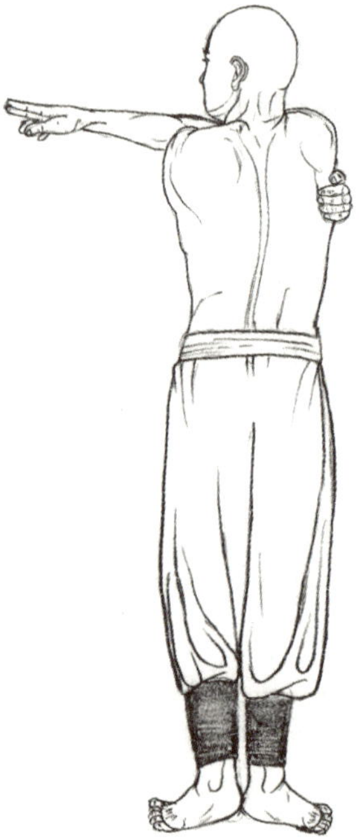

图 1–12 附

第九节　龙探左爪势

【练法】

1. 两脚着地不变。左掌放下，收至腹前，右掌同时回收至胸前，两掌心相对如抱球状；自然呼吸。（图1-13）

【古谱】

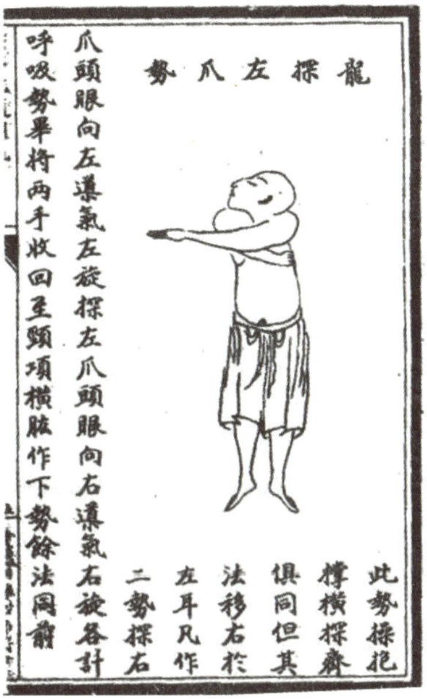

图 1-13

2. 两掌以抱球势旋转，转成右掌在下，左掌在上，掌心相对；自然呼吸。（图 1–14）

3. 鼻吸气；同时，右掌从左腋下向后抱左肩胛骨；左掌从胸前向右前撑，如探物未得之状，掌心向下，指尖向右，手臂约与肩平；头向右扭，目视右侧方。然后将气呼出。再定势调息 3 次。（图 1–15）

图 1–14

图 1–15

第十节　横肱蹲立势

【练法】

1. 两脚着地不变。两掌收至胸前，两指尖相对，掌心向下，手臂端平。（图 1–16）

2. 两臂向左右横撑，犹如用肘向两旁推人。撑时呼气，松时吸气。共做 3 次。（图 1–17）

【古谱】

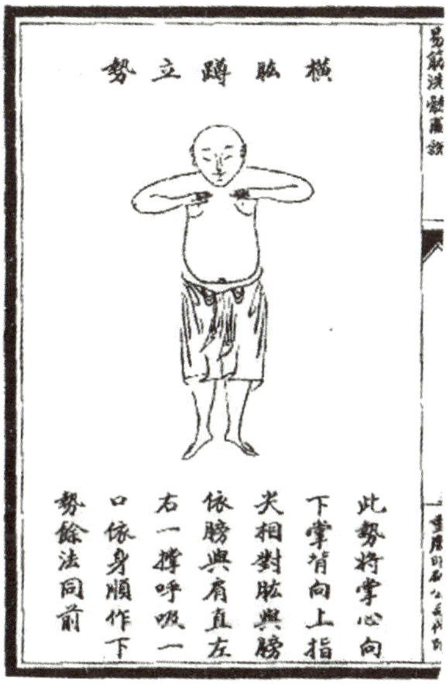
横肱蹲立勢

此勢將掌心向下掌背向上指尖相對肱與膀依膀與肩直左右一撑呼吸一口依身順作下勢餘法同前

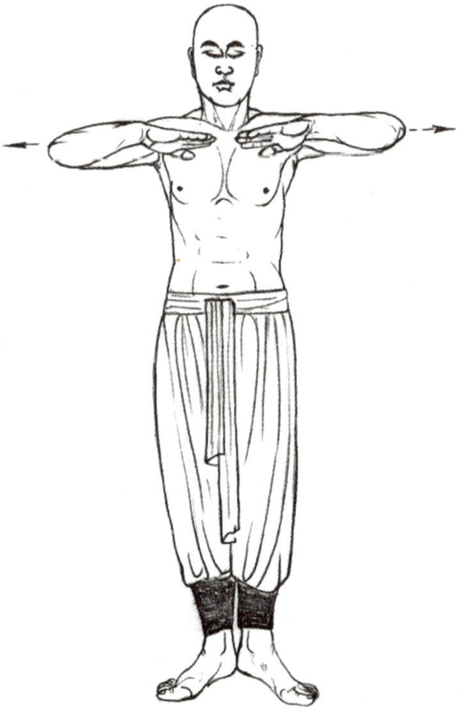

图 1–16

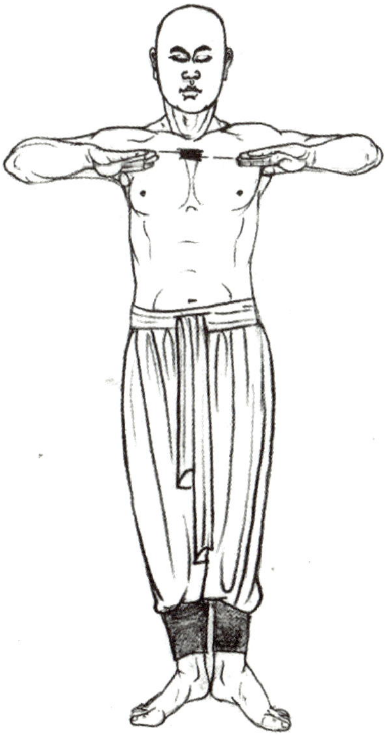

图 1–17

第十一节　三才通气第一势

【练法】

两脚着地不变。两掌收回至胸前，十指叠叉相交，掌心向下，两臂平端。呼吸 1 次。（图 1–18）

【古谱】

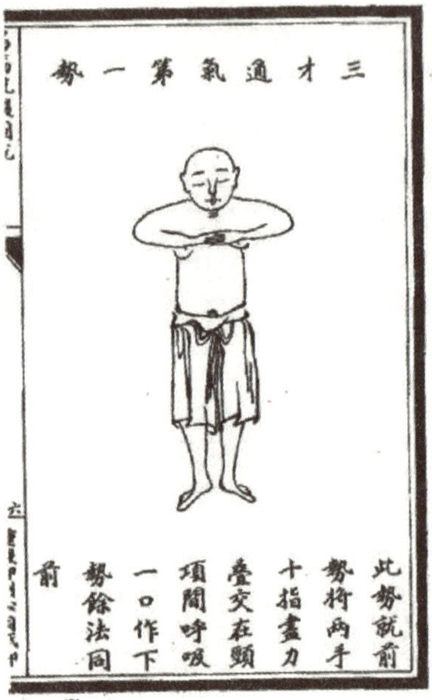
三才通氣第一勢

此勢就前勢將兩手十指盡力疊交在頸項間呼吸一口作下勢餘法同前

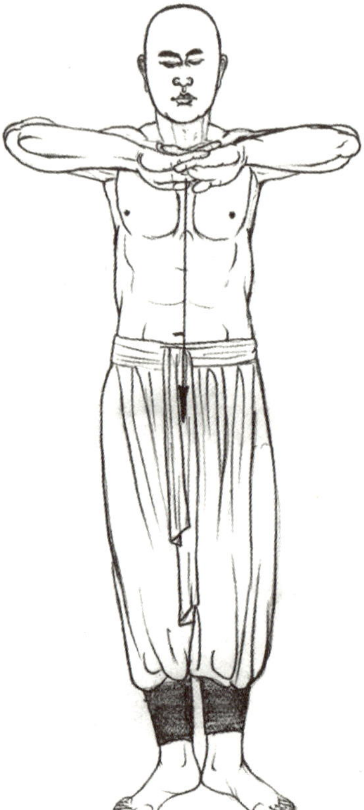
图 1–18

第十二节　三才通气第二势

【练法】

两脚着地不变。鼻吸气，两掌叠交胸前并顺势下按于小腹前，两臂撑直。然后将气缓缓呼出。（图 1-19）

图 1-19

【古谱】

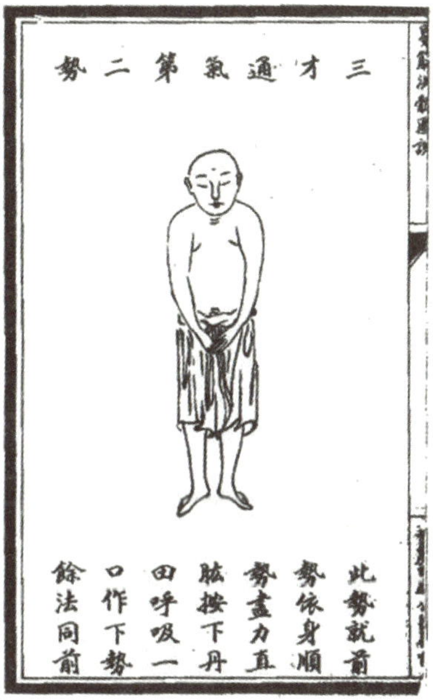

三才通氣第二勢

此勢就前勢依身順勢盡力直肱按下丹田呼吸一口作下勢餘法同前

第十三节　三才通气第三势

【练法】

两脚着地不变。两掌松开，掌棱相对，掌心向前、向上抬起；同时，鼻吸气。至两掌臂平肩时，手臂用力向前一撑，撑时呼气。（图1-20）

【古谱】

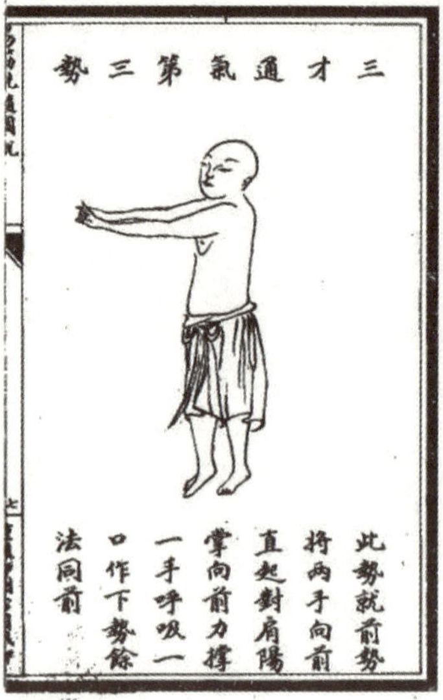

图 1-20

图 1-20 附

第十四节　三才通气第四势

【练法】

两脚着地不变。鼻吸气，同时，两掌随两臂外展向左右分开，两臂展平，掌心斜向前，拇指向下。分至左右两边时稍用力一排，排掌时呼气。（图 1-21）

【古谱】

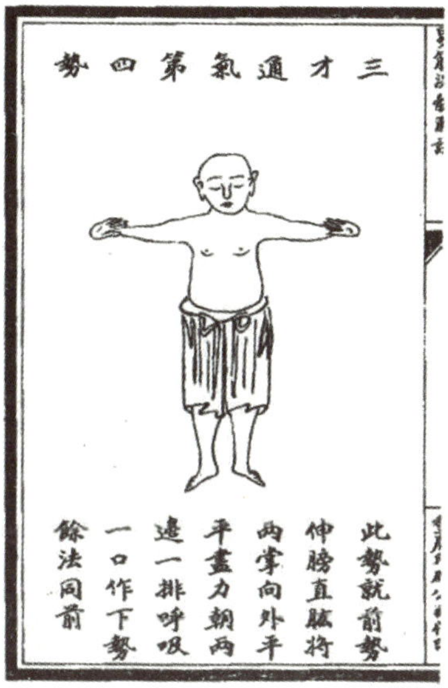

图 1-21

第十五节　三才通气第五势

【练法】

1. 两脚着地不变。两掌经左右侧向身后画弧至腰后（命门穴处），右掌心向上托住左掌心，两指尖按住两腕部内侧；呼吸自然。（图1–22）

2. 鼻吸气；同时，以掌带臂用力向下一掷，两臂伸直，两掌位置在尾闾之下。然后将气缓缓呼出。（图1–23）

【古谱】

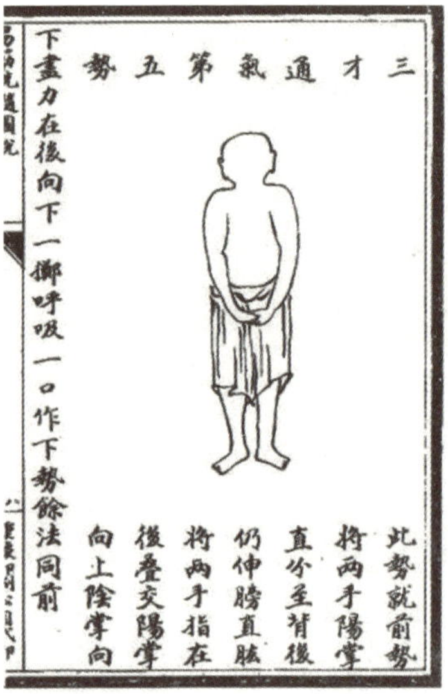
三才通氣第五勢
此勢就前勢將兩手陽掌直分至背後仍伸膀直肱將兩手指在後疊交陽掌向上陰掌向下盡力在後向下一擲呼吸一口作下勢餘法同前

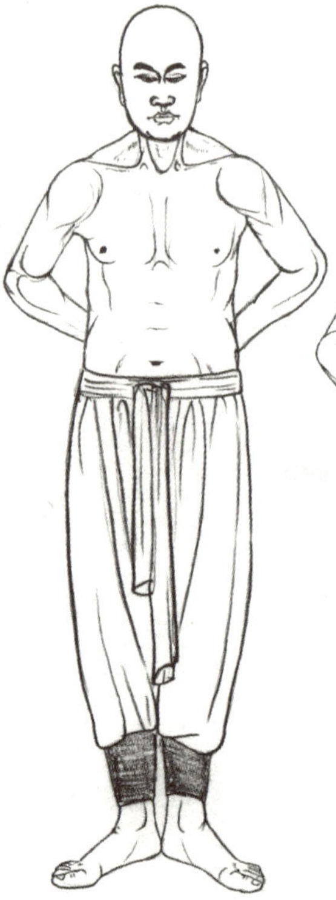
图 1–22

图 1–22 附

图 1–23

图 1–23 附

第十六节　三才通气第六势

【练法】

1. 两脚着地不变。两掌松开，上提前伸，直至两臂掌与肩平，掌心向里相对，指尖向前；呼吸自然。（图 1–24）

2. 两掌向内合拢相叠，右掌背贴住左掌心，掌心向内，虎口向上。然后鼻吸气；同时，双掌用力前推。推开后将气缓缓呼出。（图 1–25）

【古谱】

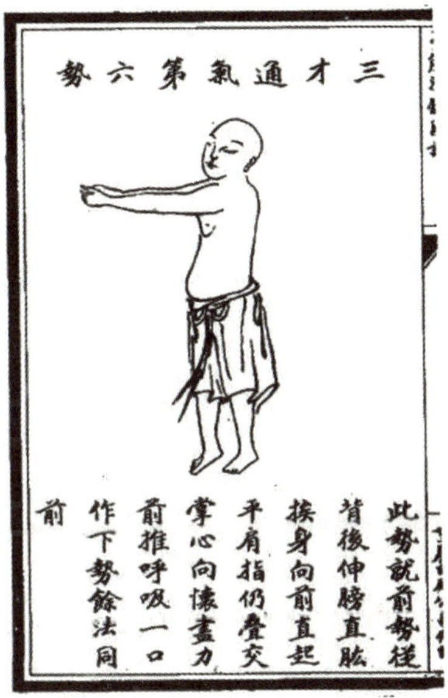

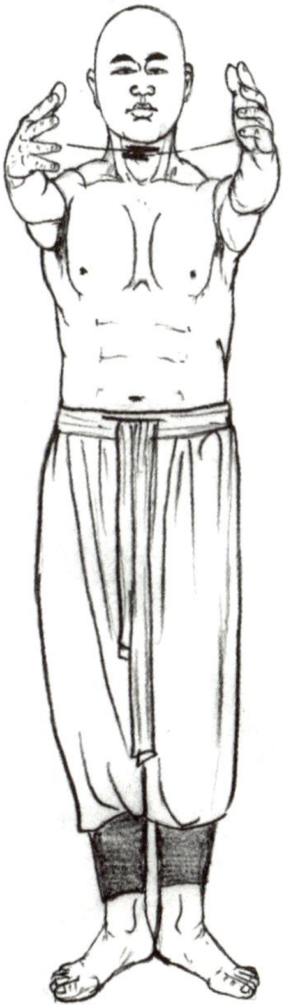
图 1–24

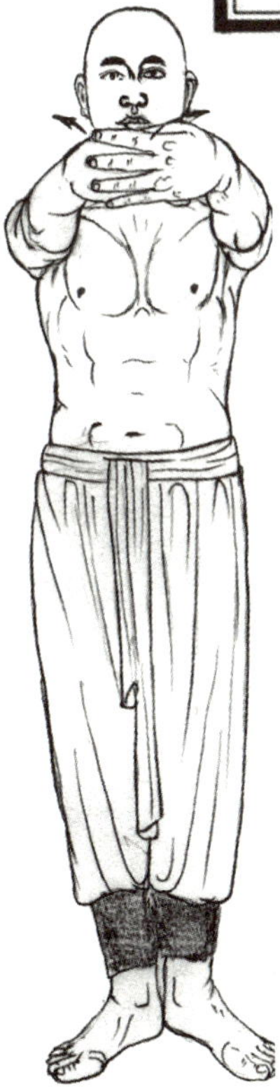
图 1–25

图 1–25 附

第十七节　三才通气第七势

【练法】

两脚着地不变。双掌松开，翻掌成指尖向上，掌心向前，鼻吸气的同时，两掌用力前撑；然后将气缓缓呼出。（图 1–26）

【古谱】

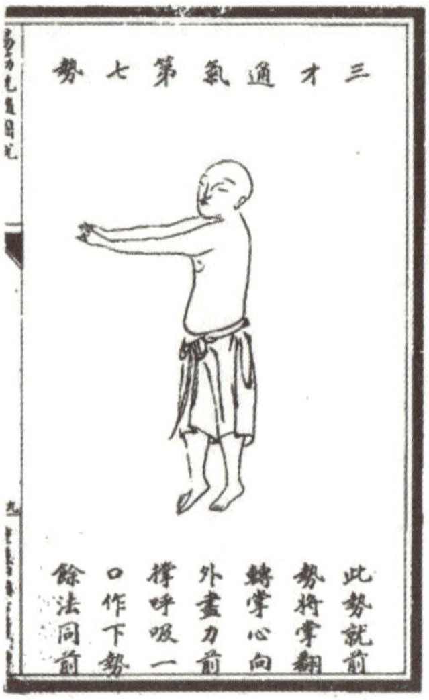

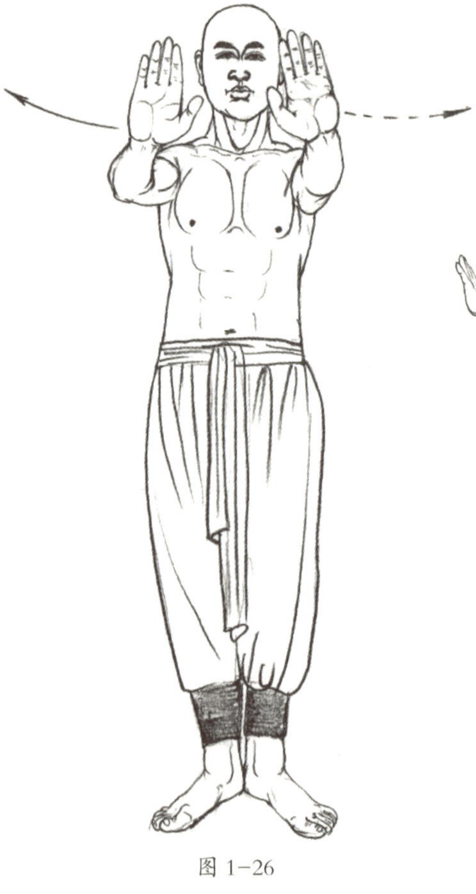

图 1–26

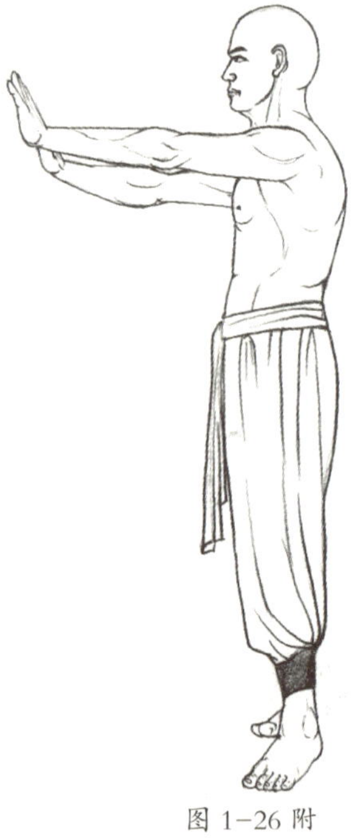

图 1–26 附

第十八节　三才通气第八势

【练法】

两脚着地不变。鼻吸气，两掌转成指尖相对，向左右两侧分开，两臂平展；分至左右两边时闭息，平端两臂向左右两侧用力一排，掌心斜向外侧，虎口向下；然后用鼻将气缓缓呼出。（图 1–27）

【古谱】

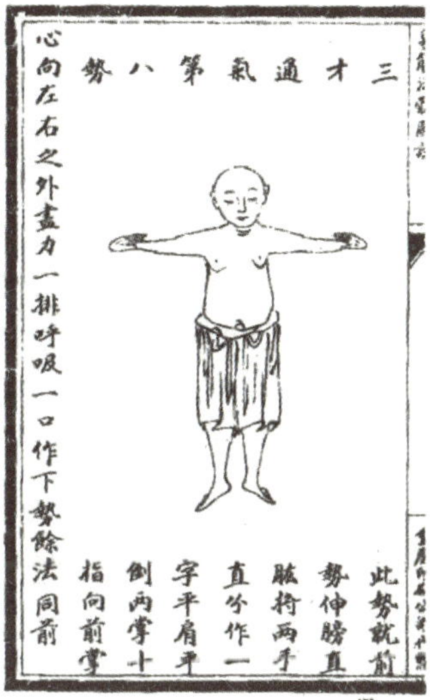

图 1–27

第十九节　三才通气第九势

【练法】

1. 两脚着地不变。两掌画弧收回，至两肩前立掌，掌心相对，指尖向上；自然呼吸。（图 1−28）

2. 鼻吸气；同时，双掌直臂上举，臂膀用力伸尽，掌旋转成掌心向后，掌背向前，两掌相距约与肩宽，十指用力向上插，如直插九霄之势；然后用鼻将气缓缓呼出。（图 1−29）

【古谱】

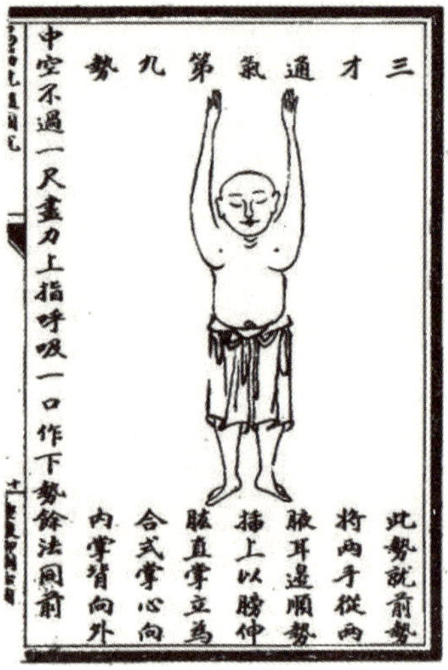

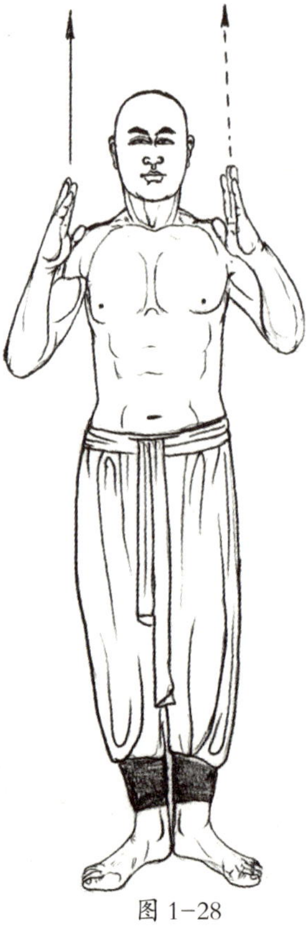
图 1−28

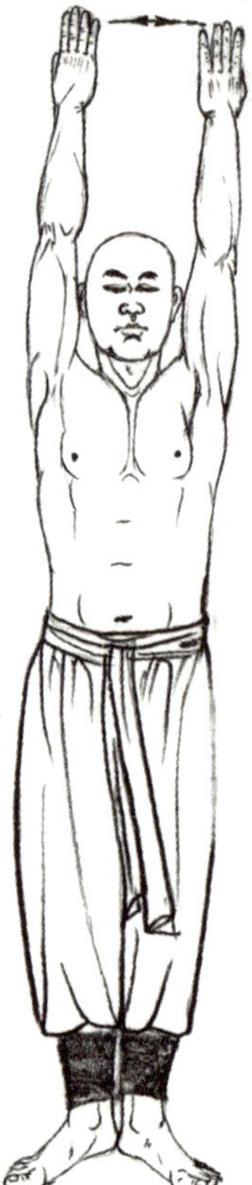
图 1−29

第二十节　三才通气第十势

【练法】

两脚着地不变。两掌向头顶上方合拢，十指交叉，掌心向下，虎口向后；鼻吸气，双掌带臂向上用力一托，然后将气呼出。（图 1–30）

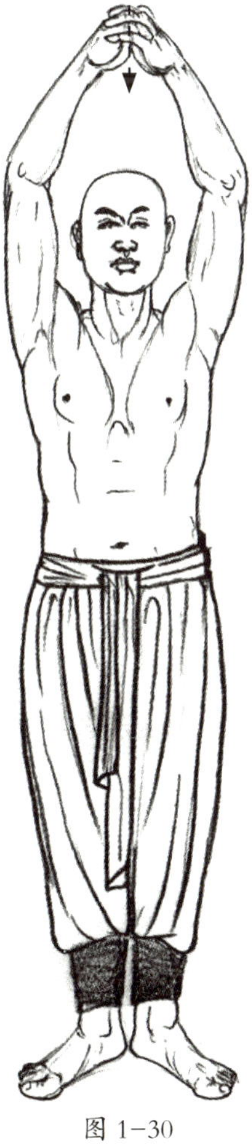

图 1–30

【古谱】

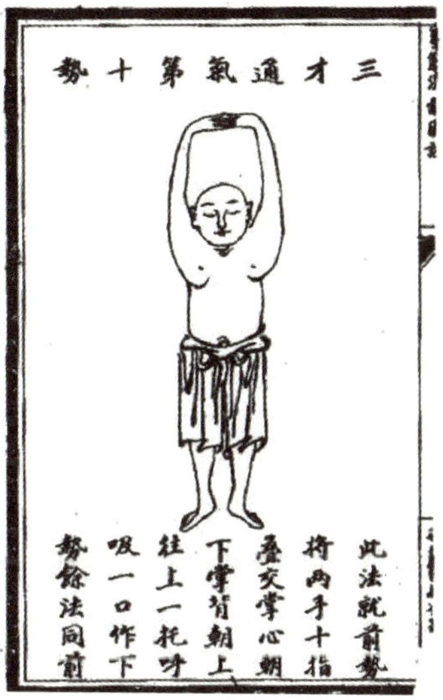

第二十一节　三才通气第十一势

【练法】

两脚着地不变。两掌十指交叉不变，掌心相贴，两臂伸直顺势向前，至掌臂与肩平时，鼻吸气。两掌臂用力向前一推，同时将气呼出。（图1–31）

【古谱】

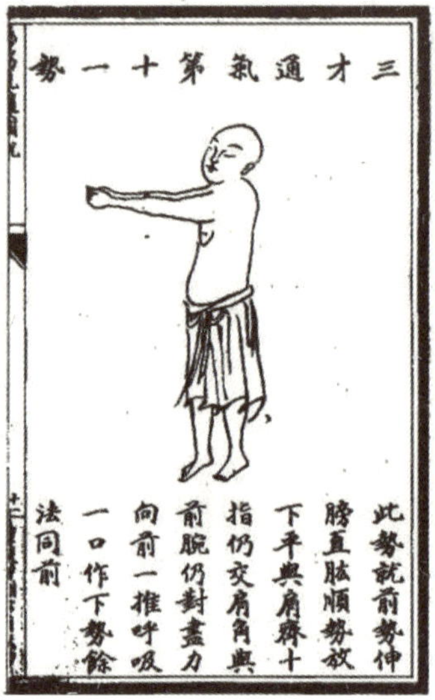

图 1–31

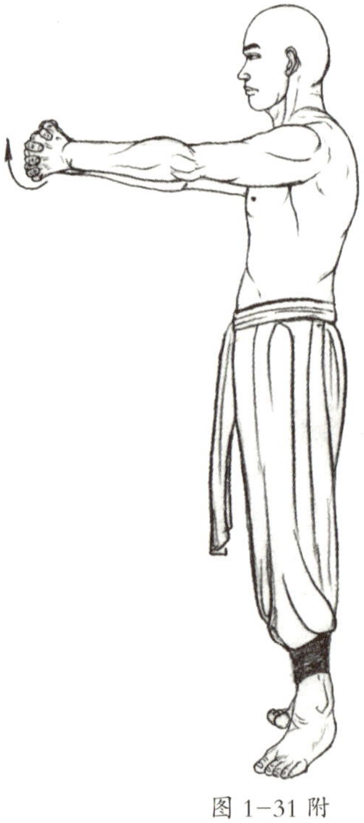
图 1–31 附

第二十二节　三才通气第十二势

【练法】

两脚着地不变。两掌十指交叉不变，翻转成掌心向前，虎口向下，配合鼻吸气用力向前一推，然后将气呼出。（图 1–32）

【古谱】

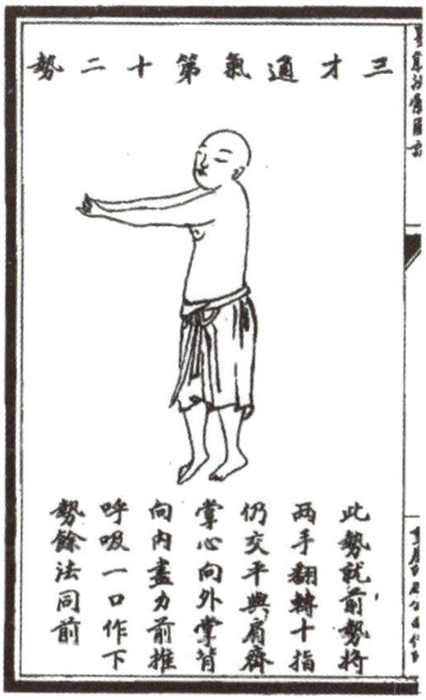

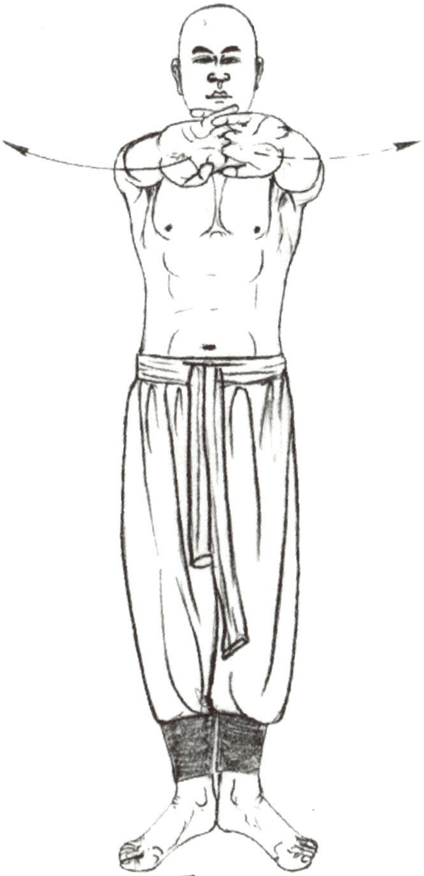

图 1–32

图 1–32 附

第二十三节　三才通气第十三势

【练法】

两脚着地不变。鼻吸气，松开双掌，向左右两侧分开，掌臂平肩；至左右两侧时，指尖斜向前，虎口向下，闭息，双掌用力一排；然后将气呼出。（图 1–33）

【古谱】

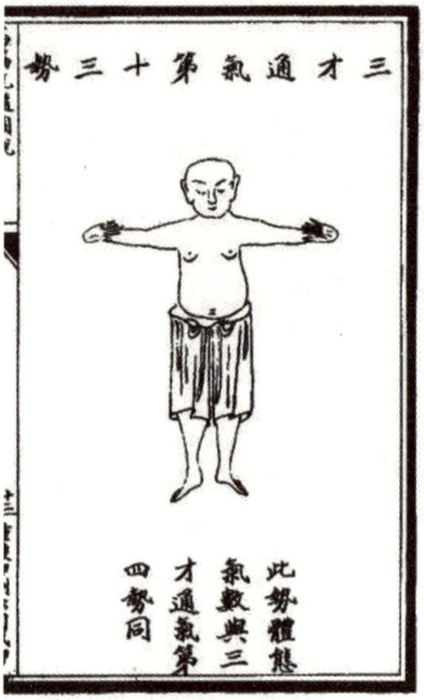

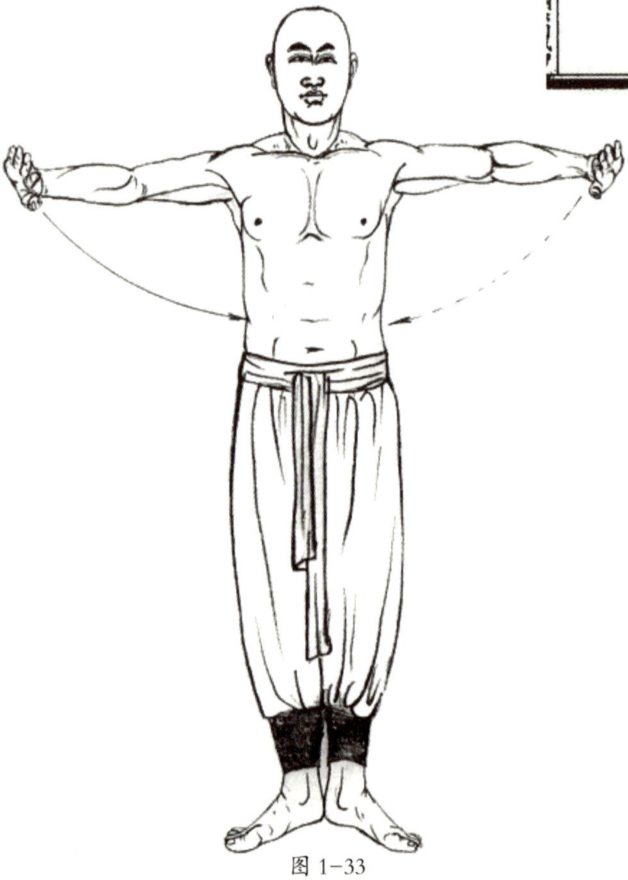

图 1–33

第二十四节　三才通气第十四势

【练法】

1. 两脚着地不变。两掌经左右侧向身后画弧至腰后（命门穴处），两掌掌心向上，十指交叉；自然呼吸。（图1–34）

2. 鼻吸气；同时，以掌带臂用力向下一掷，两臂伸直，两掌位置在尾闾之下；然后将气呼出。（图1–35）

【古谱】

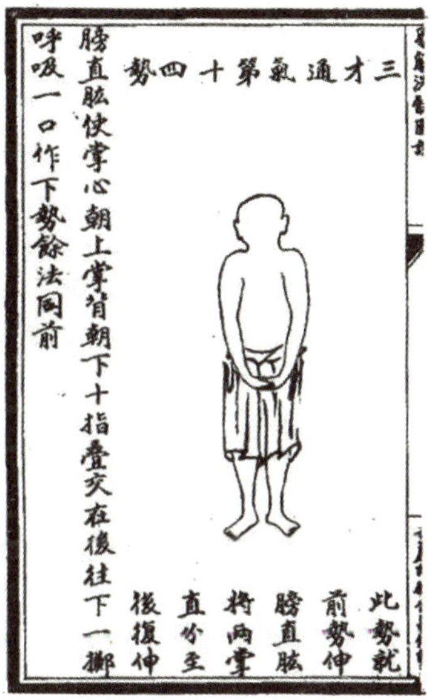
三才通氣第十四勢

此勢就前勢伸膀直肱將兩掌直分至後復伸膀直肱使掌心朝上掌背朝下十指叠交在後往下一擲呼吸一口作下勢餘法同前

图 1–34

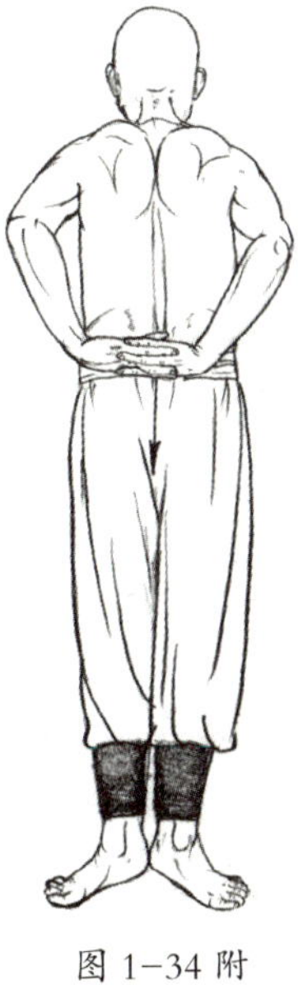
图 1–34 附

图 1–35

图 1–35 附

第二十五节　献杵还原势

【练法】

1. 落下两脚跟，脚掌外八字势不变；松开双掌，由后转前，屈肘回抱，双托掌至胸前，立掌相合；自然呼吸。（图 1–36）

2. 合掌上抬，至指尖与鼻尖平。定势调息 1 次。（图 1–37）

【古谱】

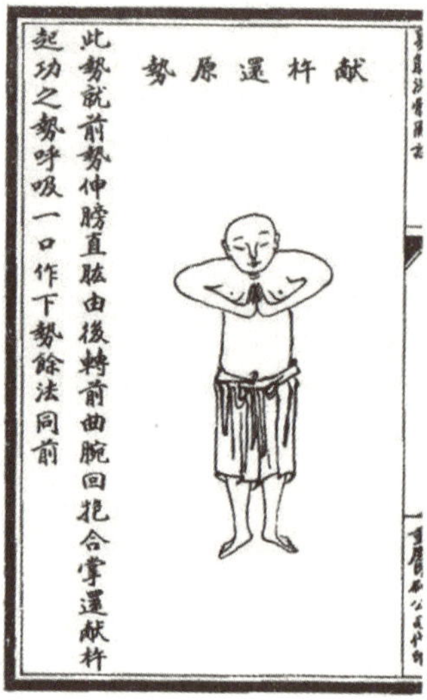
献杵還原勢

此勢就前勢伸膀直肱由後轉前曲腕回抱合掌還献杵起功之勢呼吸一口作下勢餘法同前

图 1–36

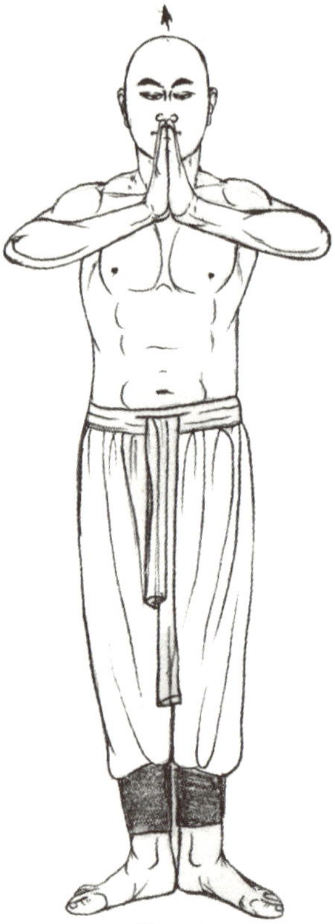
图 1–37

第二十六节　仰面朝天势

【练法】

1. 合掌不变，自然呼吸，上身缓缓向后仰，目光向后反视。后仰势主要是头与掌臂的变化，背部稍向后倾斜而不可过，过则易倒。仰面朝天后，定势调息 3 次。（图 1–38）

2. 调息 3 次毕，缓缓回转原献杵还原势，自然呼吸。（图 1–39）

【古谱】

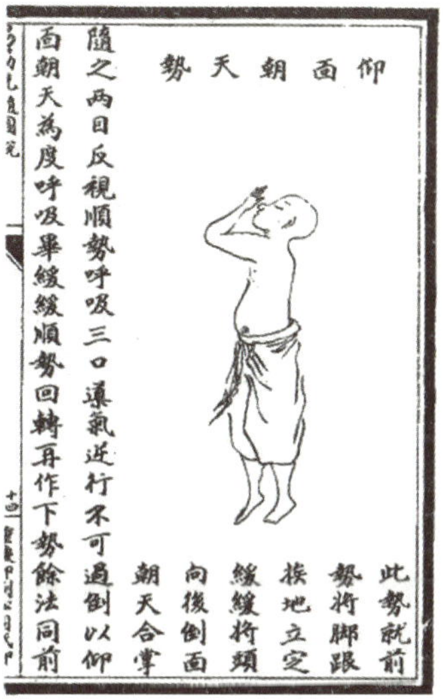
仰面朝天勢

此勢就前勢將脚跟挨地立定緩緩將頭向後倒面朝天合掌隨之兩目反視順勢呼吸三口導氣逆行不可過倒以仰面朝天為度呼吸畢緩緩順勢回轉再作下勢餘法同前

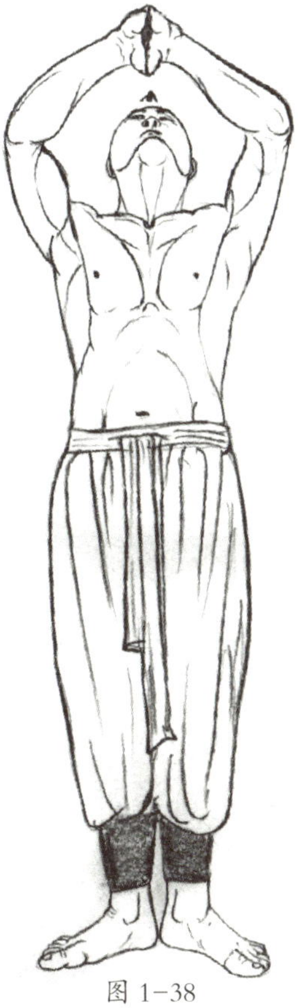
图 1–38

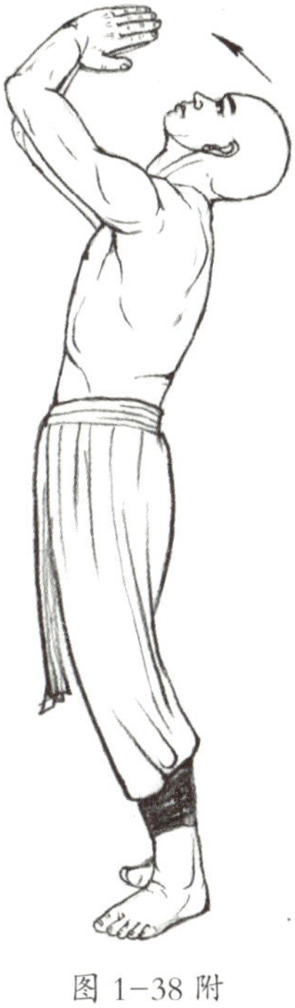
图 1–38 附

图 1–39

第二十七节　拱立归位势

【练法】

先平气1次（平气即意念不着重于呼吸，仅淡淡关照呼吸），再转环拱立正势（两掌于胸前，左掌掌心向上，右掌握拳放于左掌上，拳心向上），仍平气1次；然后调息定气，使呼吸顺其自然一出一入，由快转慢，由粗转细，能达到似有似无为佳。（图1-40）

【古谱】

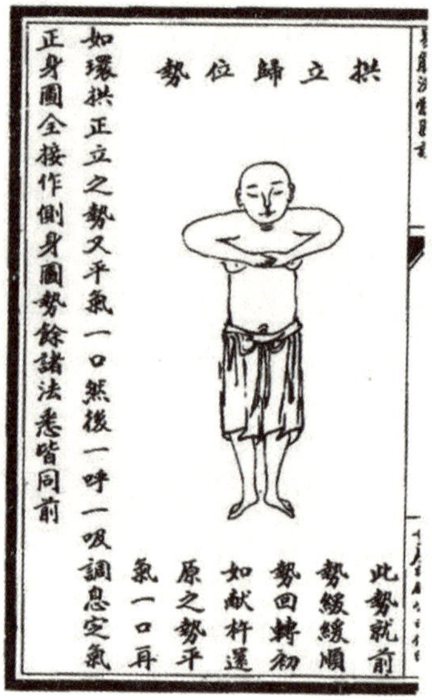
拱立歸位勢

此勢就前勢緩緩順勢回轉初如献杵還原之勢平氣一口再如環拱正立之勢又平氣一口然後一呼一吸調息定氣正身圖全接作側身圖勢餘諸法悉皆同前

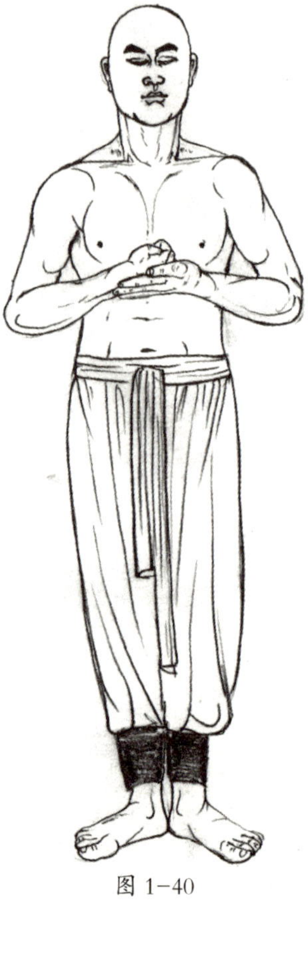
图1-40

注：开始练功的时候，要调息定气，一志凝神。调息，即顺其自然地呼吸；定气，即不僵不动而气息均匀顺畅；一志，即意不纷动而杂念不生；凝神，即抱元守一。

练功中，手脚运动时，周身要灵活而不僵滞，有离地腾空之轻灵之感。

收功时，调节呼吸，使清气上升，浊气下降，这样，气息自然畅通，而经脉顺达。

第二章　侧身势

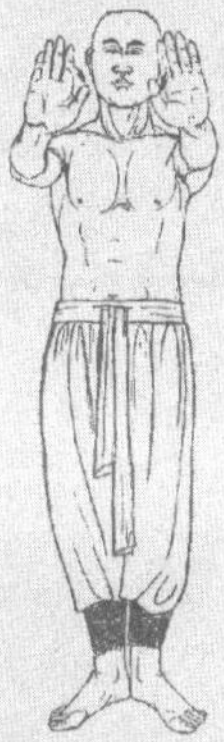

第一节　独手擎天势

【练法】

1. 并步正身直立，两臂自然垂于体侧，自然呼吸，双目下视。（图2-1）

2. 两脚尖外摆，呈“八”字形分开，两脚跟靠紧。两掌上收于胸前，左掌掌心向上；右手握拳放于左掌上，拳心向上。闭唇叩齿，舌抵上腭，以鼻自然呼吸。（图2-2）

【古谱】

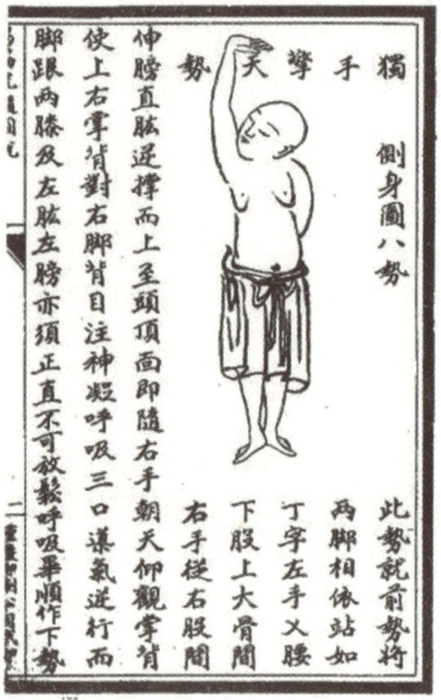

獨手擎天勢　側身圖八勢

此勢就前勢將兩脚相依站如丁字左手叉腰下股上大骨間右手從右股間伸膀直肱逆撑而上至頭頂面即隨右手朝天仰觀掌背使上右掌背對右脚背目注神凝呼吸三口導氣逆行而脚跟兩膝及左肱左膀亦須正直不可放鬆呼吸畢順作下勢

图 2-1

图 2-2

3. 右脚侧转，成丁字步；左掌反贴于腰后（或叉腰）；右掌垂于右大腿侧前方，指尖向下，掌心向前。（图 2–3）

4. 右掌向右上画弧高举于头顶，掌向左平折，掌心向上；双目上视。右掌背要与右脚背上下成一直线，腿膝正直，不可放松。定势前均以自然呼吸为主；定势后，调息 3 次。（图 2–4）

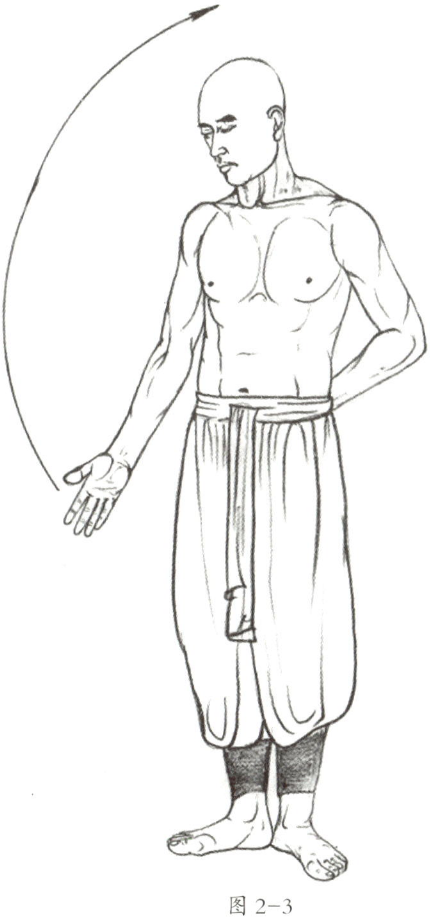

图 2–3

图 2–4

第二节 翻手拔刀势

【练法】

1. 右掌向左屈臂下放，顺头顶绕转至左耳后，指尖向下，掌心对左侧后脑；头左扭仰视左侧上方。（图2-5）

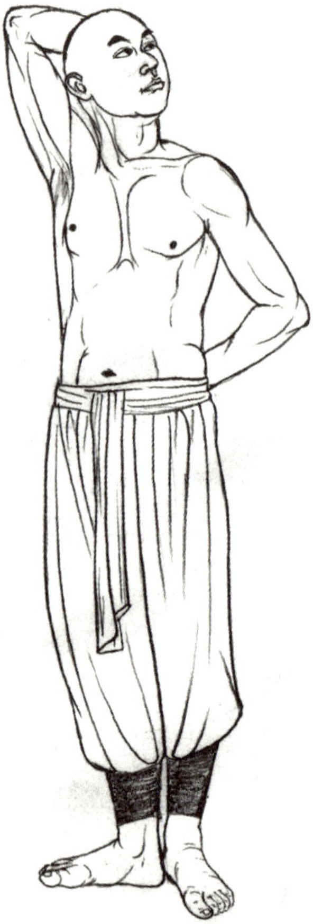

图 2-5

【古谱】

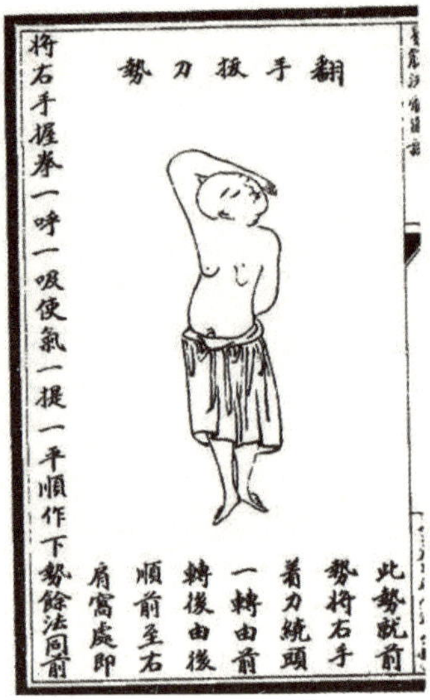

2. 右掌经后脑向右转至右肩上方。（图 2-6）

3. 屈指握拳，拳眼对肩，右肘尖向右斜上方。定势前均以自然呼吸；定势后调息 3 次。（图 2-7）

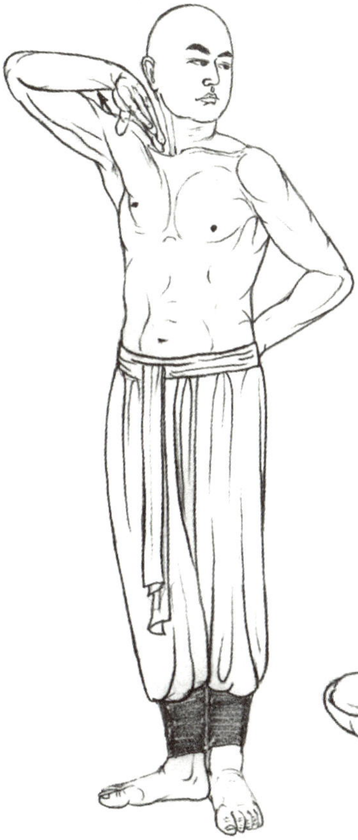

图 2-6

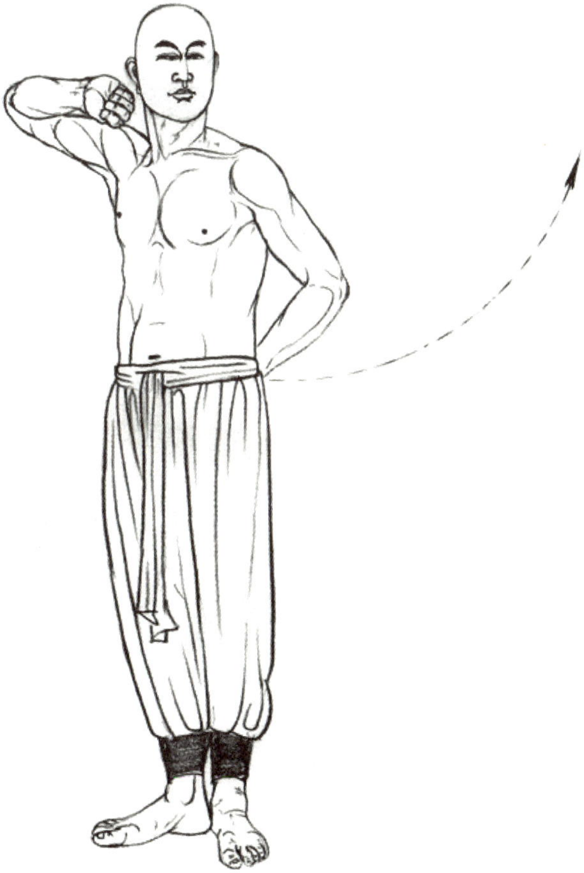

图 2-7

第三节　开弓打蛋势

【练法】

1. 左仰掌抽出向左侧上撑，至与肩平；目视左掌。（图 2-8）

【古谱】

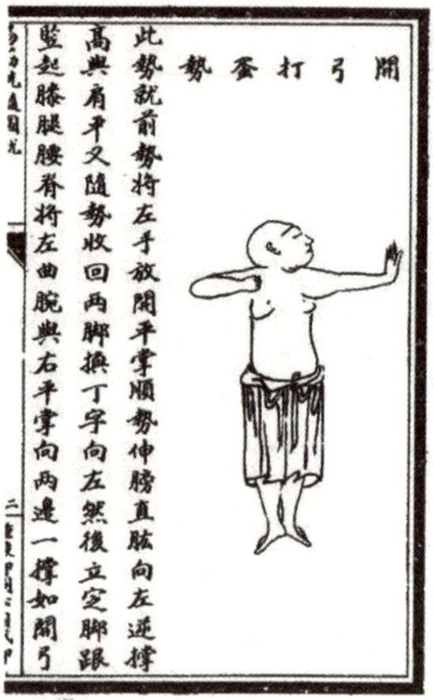
開弓打蛋勢

此勢就前勢將左手放開平掌順勢伸膀直肱向左逆撑高與肩平又隨勢收回兩脚換丁字向左然後立定脚跟竪起膝腿腰脊將左曲腕與右平掌向兩邊一撑如開弓

图 2-8

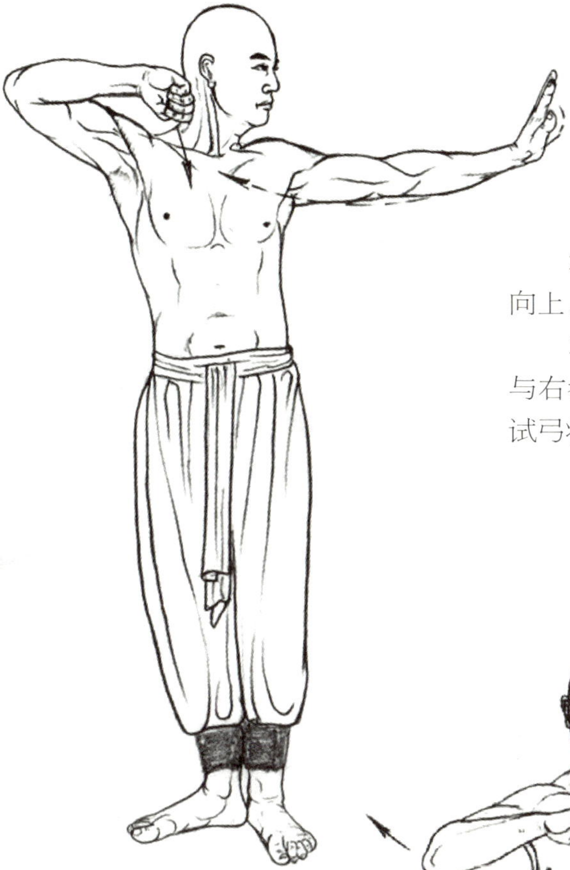

2. 左掌转腕成立掌，指尖向上，掌心向外。（图 2-9）

3. 左掌向胸前收回成拳，与右拳面相对，屈肘端臂，如试弓状。（图 2-10）

图 2-9

图 2-10

图 2-11

4. 然后转换丁字步，即右脚摆正，左脚侧横，两脚跟靠拢。左拳变掌，竖腕立掌向左侧平推，指尖向上，掌心向左；两手右拉左撑，如开弓弹丸状。头随左臂左转，目视左掌背，一志凝神。定势前自然呼吸，定势后调息 3 次。（图 2-11）

图 2-12

5. 调息毕，用鼻呼气；同时，右拳如弹丸般向左侧方打出，拳背向上；左掌护于右肘弯内侧，指尖向上；目视右拳。（图 2-12）

6. 接着，做“独手擎天势”“翻手拔刀势”的左势，以及“开弓打蛋势”的右势。（图2–13 ~图2–22）

左右势各做3次，共计6次。接着练习下一势。

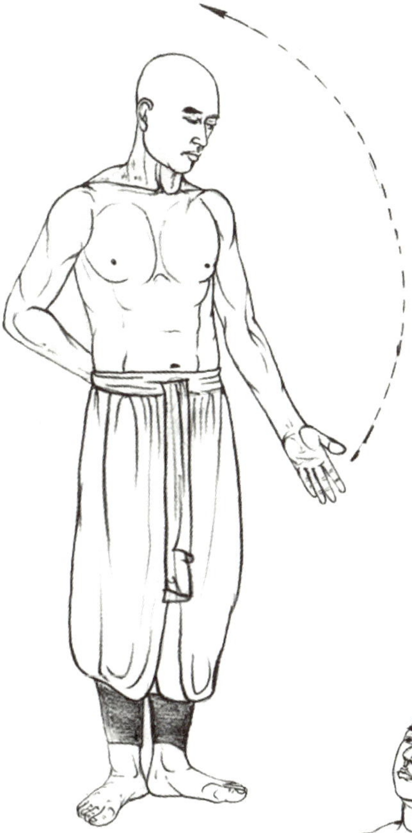

图2–13

图2–14

图2–15

图 2-16

图 2-17

图 2-18

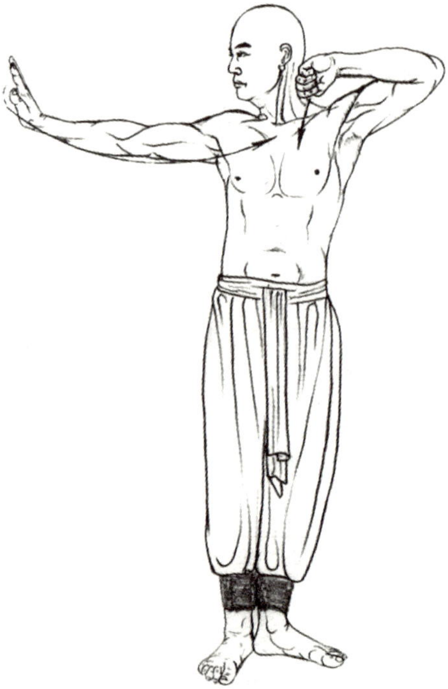

图 2-19

图 2-20

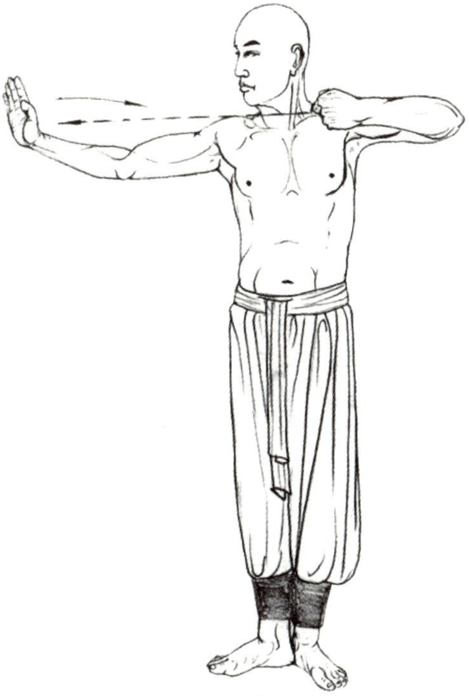

图 2-21

图 2-22

第四节　一字平肩势

【练法】

两脚摆开，与肩同宽，外八字势站立，脚跟离地，脚前掌着地。用鼻吸气的同时，右拳变掌，两臂向左右平撑，两掌心向下，指尖向外；脚跟提起之际，两掌向左右一撑；然后用鼻将气缓缓呼出。（图2-23）

【古谱】

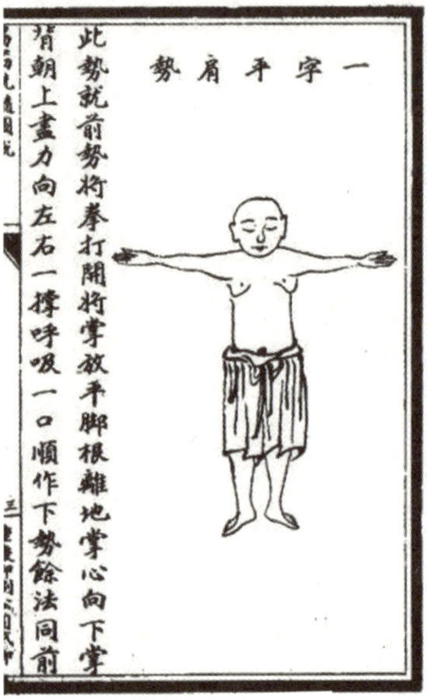
一字平肩勢

此勢就前勢將拳打開將掌放平脚根離地掌心向下掌背朝上盡力向左右一撑呼吸一口順作下勢餘法同前

图 2-23

第五节　白鹤闪翅势

【练法】

1. 两脚着地不变。用鼻将气吸满后，随着呼气，双掌下按；两腿随按掌屈膝，臀部、上身正直下落。（图 2–24）

2. 用鼻吸气；同时，两掌翻转成掌心向上，平端两臂上抬约与肩平，臀部向上抬起，两大腿略高于膝。（图 2–25）

3. 按上述起落共 3 次。（图 2–26 ~ 图 2–28）

【古谱】

白鶴閃翅勢

此勢就前勢腳根離地伸膀直肱將兩陰掌平肩按下上身隨之隔地尺餘呼氣一口隨即伸膀直肱翻陽掌提上平肩直撑如前吸氣一口復按復起連依三次餘皆同前

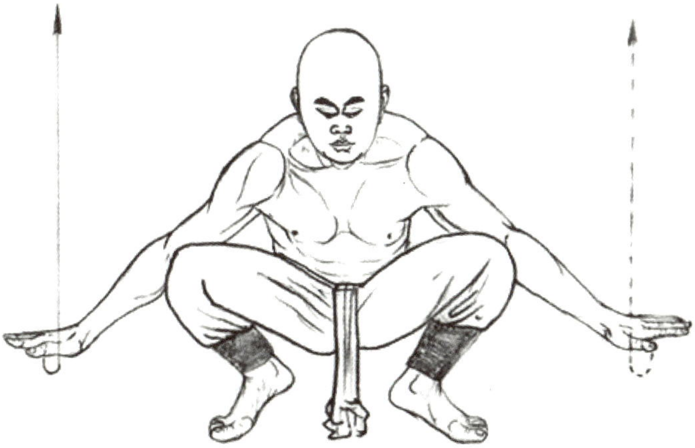

图 2–24

图 2-25

图 2-26

图 2-27

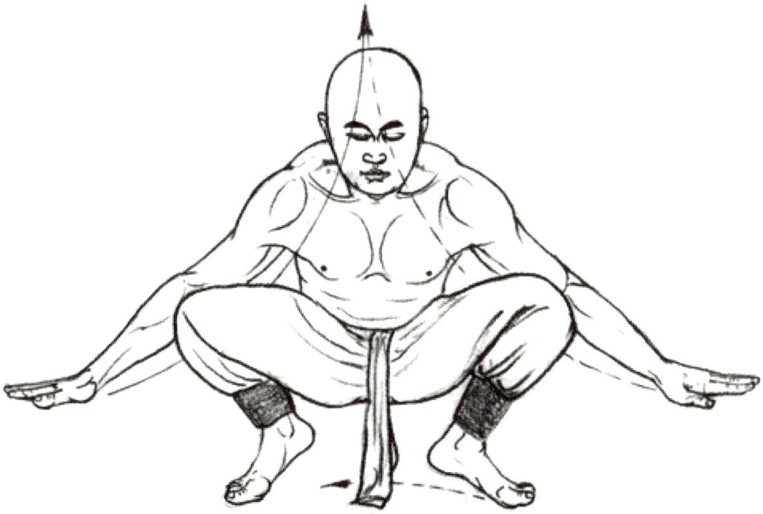

图 2-28

第六节　献杵团结势

【练法】

1. 两脚跟落地，收拢成八字步；两掌向前伸臂合拢，两掌心相贴，虎口向上。（图 2–29）

2. 屈臂立掌，收于胸前，指尖与鼻尖相照；深长呼吸，气沉丹田于中宫。（图 2–30）

【古谱】

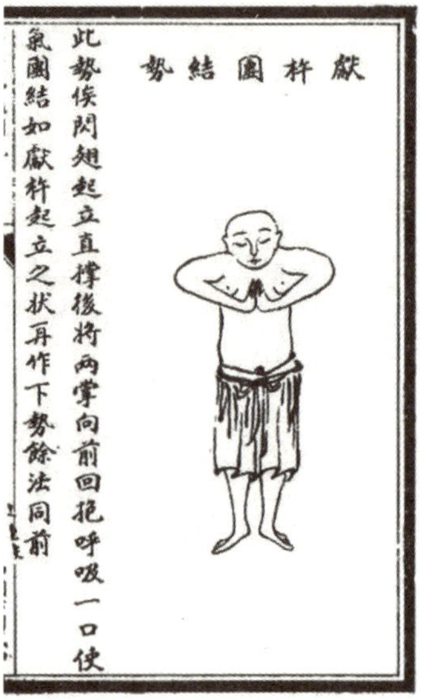

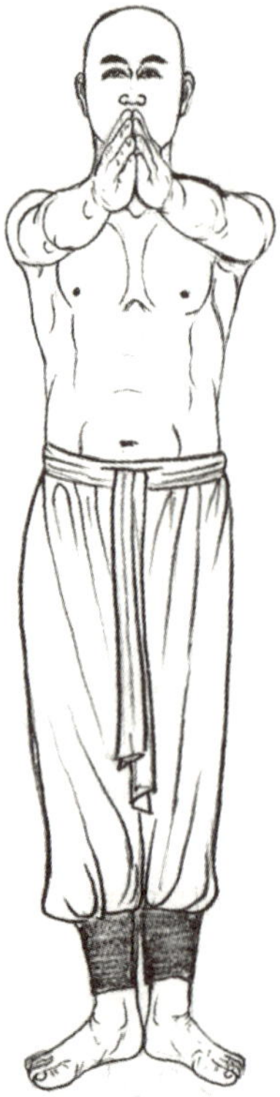
图 2–29

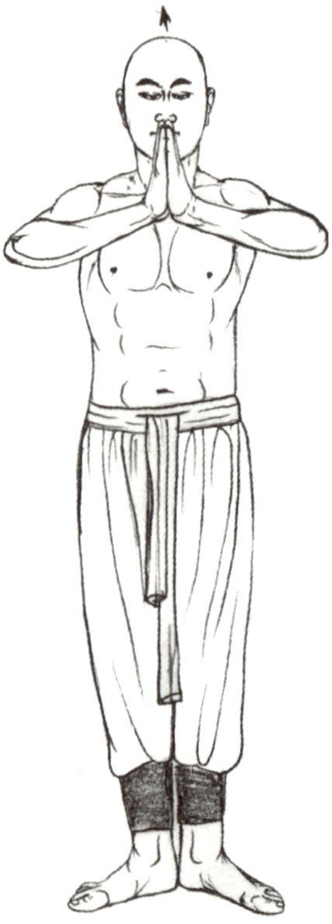
图 2–30

第七节　仰面朝天势

【练法】

1. 合掌不变，上身缓缓向后仰，目光反视。仰面朝天后顺势呼吸 3 次。（图 2–31）

2. 缓缓顺势回转原献杵势。（图 2–32）

【古谱】

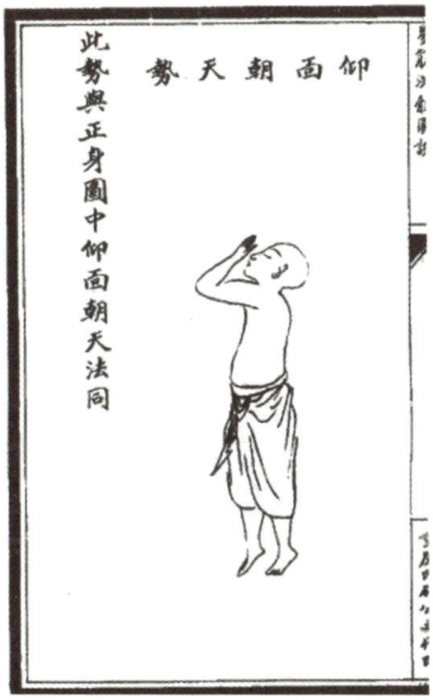

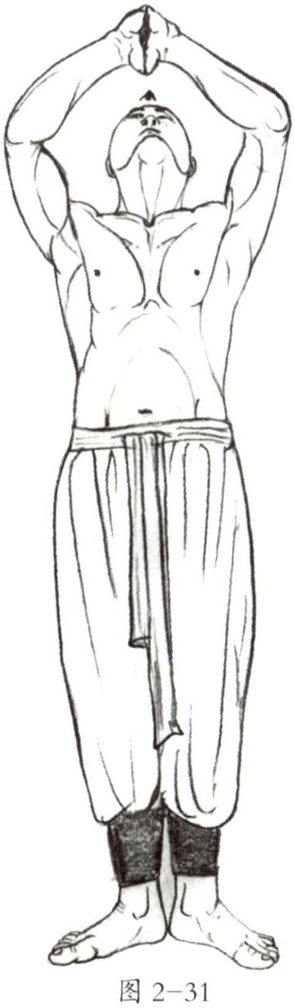

图 2–31

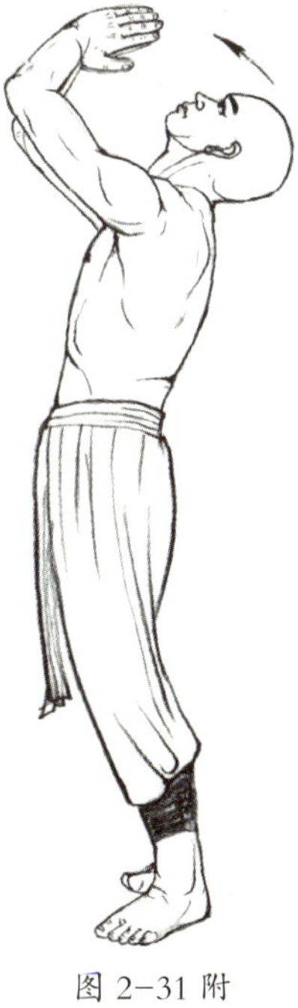

图 2–31 附

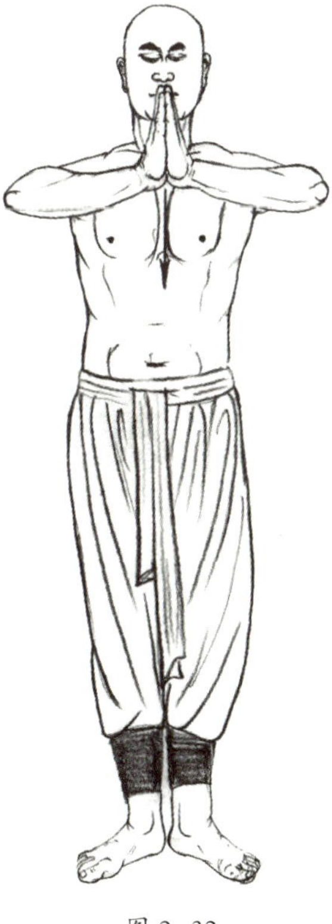

图 2–32

第八节　拱立归位势

【练法】

先平气 1 次。再转环拱立正势（两掌置于胸前，左掌掌心向上，右掌握拳放于左掌上，拳心向上），仍平气 1 次；然后调息定气，使呼吸顺其自然一出一入，由快转慢，由粗转细，能达到似有似无为佳。（图 2–33）

图 2–33

【古谱】

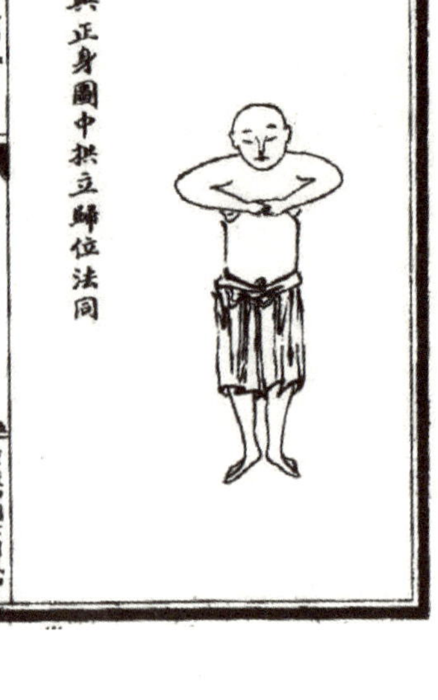

第三章　半身势

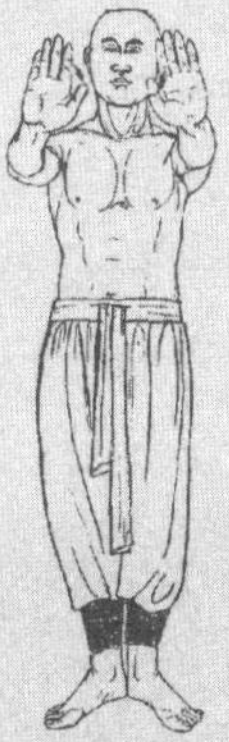

第一节　马上献杵势

【练法】

1. 并步正身直立，两臂自然垂于体侧，自然呼吸，双目下视。（图3-1）

2. 左脚向左横跨一步，两脚间距比肩略宽（或与肩同宽，不必过拘），脚尖外摆成外八字直立；两掌上收于胸前，立掌相合。（图3-2）

【古谱】

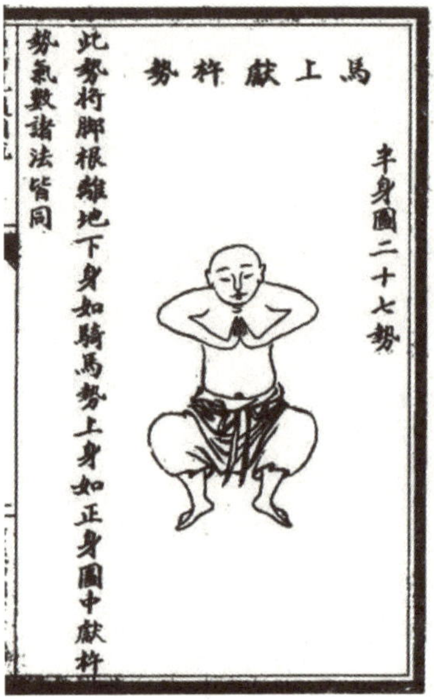

图 3-1

图 3-2

3. 脚跟离地，以两脚前掌着地，屈膝沉身蹲成马步；双掌合十平臂端放于胸前，如献杵状。定势后，用鼻调息 3 次。（图 3–3）

图 3–3

第二节　马上抛缰势

【练法】

马步桩不变。两掌分开，掌心向前，指尖向上；用鼻吸气的同时，两掌向前用力推出，如抛缰之状；目视前方。然后放松，用鼻将气缓缓呼出。（图 3-4）

【古谱】

图 3-4

图 3-4 附

第三节　马上收缰势

【练法】

马步桩不变。用鼻吸气；同时，屈臂抬肘，使腕臂与肩大约端平，双掌收回，立于肩井前，上置脸两侧，指尖向上，两掌心遥遥相对，如双凤朝阳之势；双目下视。定势后，用鼻将气缓缓呼出。（图 3–5）

【古谱】

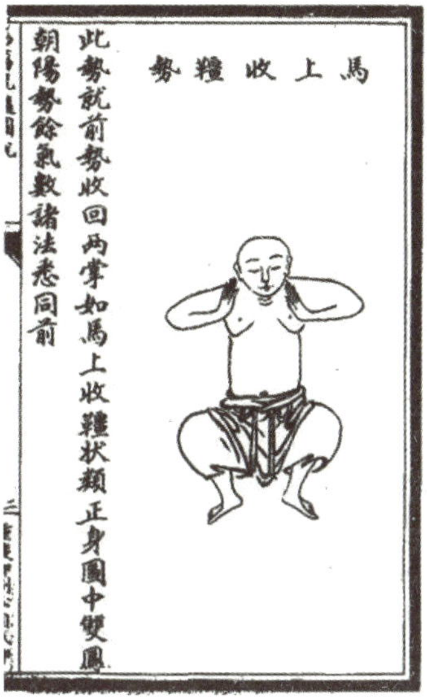

图 3–5

第四节　马上振衣势

【练法】

马步桩不变。两掌缓缓向左右推开，指尖向上，掌心向外，两臂用力伸展，高与肩平。两掌向左右开展时呼气 1 次，定势后吸气 1 次。（图 3–6）

【古谱】

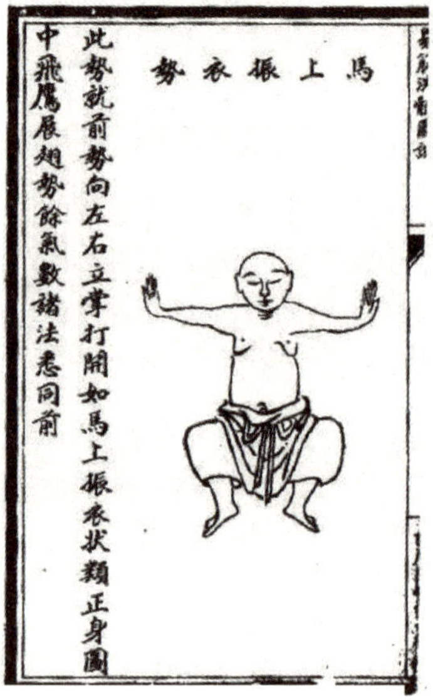
马上振衣勢
此勢就前勢向左右立掌打開如馬上振衣狀類正身圖中飛鷹展翅勢餘氣數諸法悉同前

图 3–6

第五节　马上整盔势

【练法】

马步桩不变。用鼻吸气；同时，两掌自左右两侧向头顶上方缓缓托起，指尖相对，掌心向上，两臂伸直。定势后，用鼻将气缓缓呼出。（图3–7）

【古谱】

馬上整盔勢

此勢就前勢逆翻兩掌向上如馬整盔上狀類正身圖中雙手托塔勢餘氣數諸法悉同前

图 3–7

第六节　马上乘风势

【练法】

马步桩不变。用鼻吸气；同时，两掌心向前，顺掌下落至头两侧，臂膀下垂，屈肘，掌、腕、肘与上臂垂直，两腋夹紧，掌与头似三峰峙立。定势后，用鼻将气缓缓呼出。（图 3–8）

【古谱】

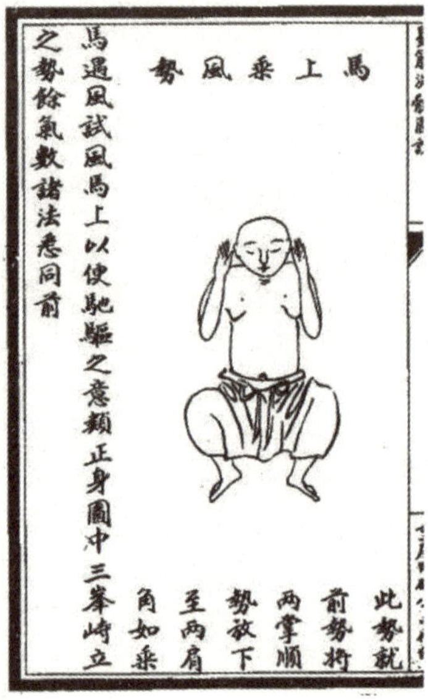
馬上乘風勢

此勢就前勢將兩掌順勢放下至兩肩角如乘馬遇風試風馬上以使馳驅之意頼正身圖中三峯峙立之勢餘氣數諸法悉同前

图 3–8

第七节 向左勒马势

【练法】

马步桩不变。左掌下收，从右腋下向后抱右肩胛骨；用鼻吸气的同时，右掌顺胸前向左前撑，掌心向下，指尖犹如探物未得之状，手臂约与肩平，头向左扭；目视左侧方，一志凝神；然后用鼻将气缓缓呼出。定势后再调息3次。（图3–9）

【古谱】

向左勒馬勢

此勢上身如正身圖中龍探右爪勢下身本圖中之騎馬勢合而觀之不啻向左勒馬狀所有呼吸氣數凝注導引諸法亦悉與龍探右爪同

图 3–9

第八节　向右勒马势

【练法】

1. 马步桩不变。左掌下收于小腹前，右掌同时回收于胸前，两掌心相对，如抱球状。（图 3–10）

【古谱】

向右勒馬勢

此勢上身如正身圖中龍探左爪勢下身如本圖中騎馬勢合而觀之類向右勒馬狀所有凝注導引呼吸氣數諸法亦悉與龍探左爪同

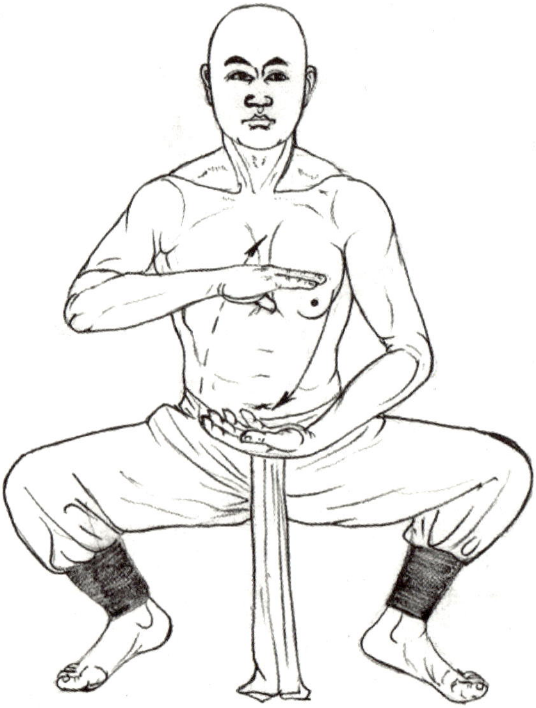

图 3–10

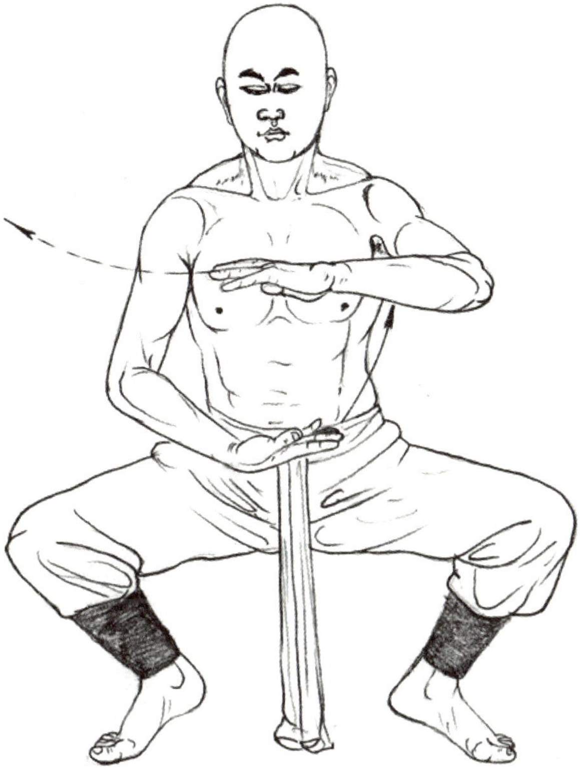

图 3-11

2. 两掌以抱球势旋转，转成右掌在下，左掌在上，掌心仍相对；自然呼吸。（图 3-11）

3. 用鼻吸气的同时，右掌从左腋下向后抱左肩胛骨；左掌从胸前向右前撑，如探物未得之状，掌心向下，指尖向右，手臂约与肩平；头向右扭，目视右侧方；然后用鼻将气缓缓呼出。定势后再调息 3 次。（图 3-12）

图 3-12

第九节 马上横肱势

【练法】

马步桩不变。自然呼吸的同时，两掌收回至胸前，两掌指尖相对，掌心向下，两臂端平。定势调息3次。（图3-13）

【古谱】

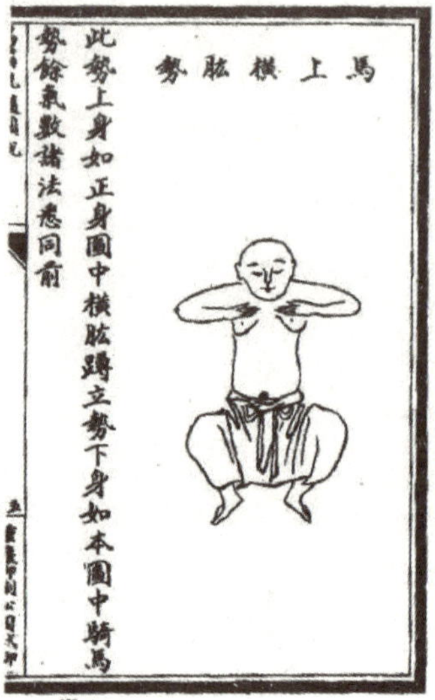

图3-13

第十节　马上交关势

【练法】

马步桩不变。两掌向内翻转、交叠，左掌心贴于右掌背，虎口向上，两臂平端；自然呼吸。（图 3–14）

【古谱】

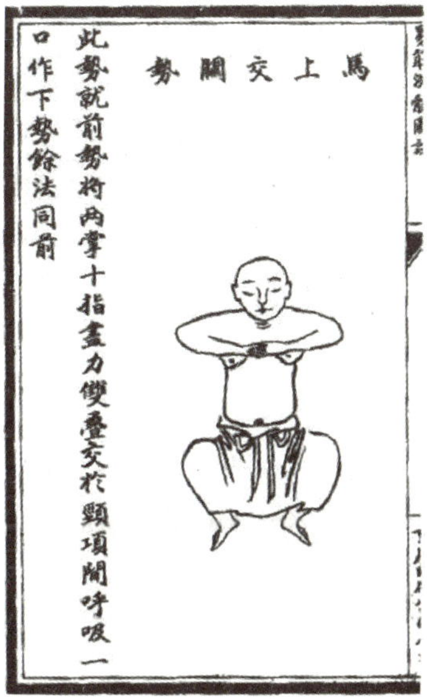
馬上交關勢

此勢就前勢將兩掌十指盡力攣疊交於頸項間呼吸一口作下勢餘法同前

图 3–14

第十一节　向前正鞍势

【练法】

1. 马步桩不变。用鼻吸气；同时，两掌相叠，自胸前转成掌心向下，并顺势下按，至小腹前下方。（图 3–15）

2. 双掌抱住丹田，用鼻将气缓缓呼出。（图 3–16）

【古谱】

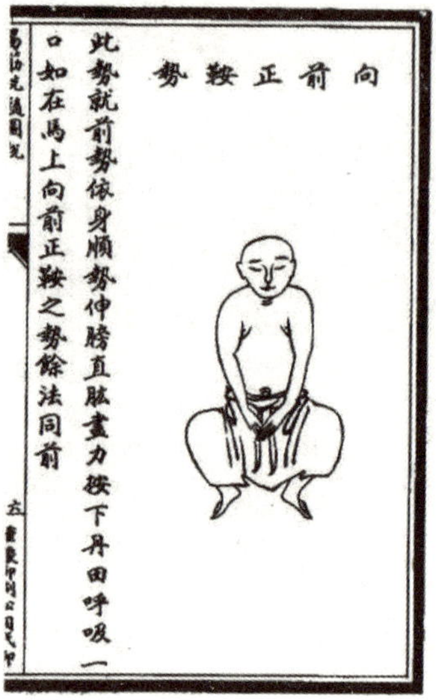

图 3–15

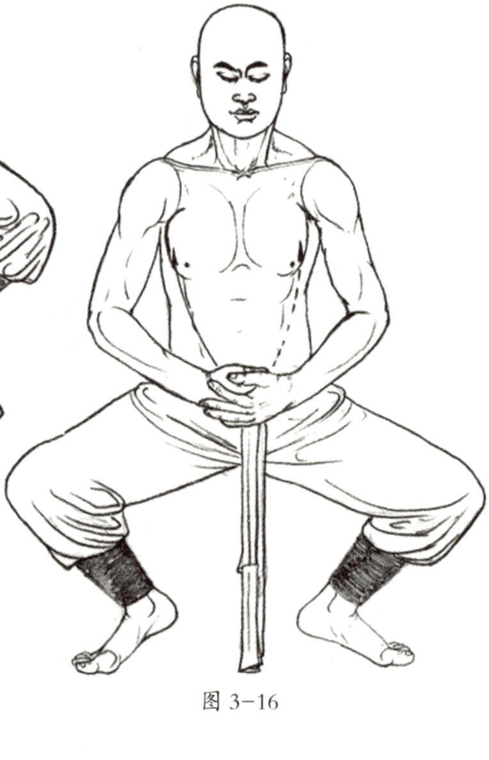

图 3–16

第十二节　向前抛缠势

【练法】

1. 马步桩不变。两掌顺腹部翻转成掌心向上，抹至乳下肋间；两掌指尖斜对，肘尖向后。（图3–17）

【古谱】

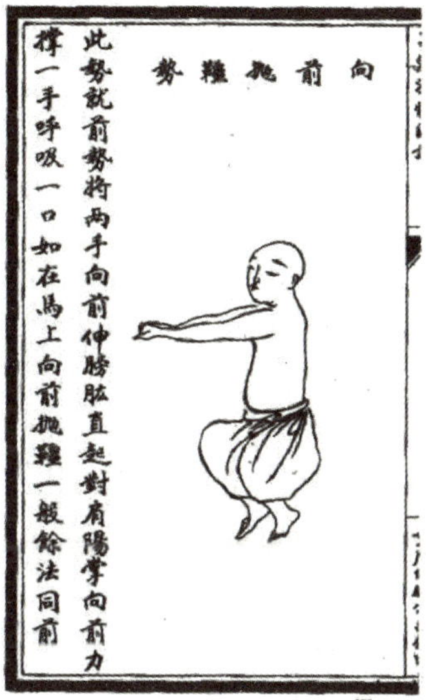

图 3–17

图 3–18

2. 用鼻吸气；同时，两掌掌尖向前，掌心向上，向前伸（推）出；至两掌臂与肩相平时，手臂用力向前一撑；然后放松，用鼻将气缓缓呼出。（图 3–18）

图 3–18 附

第十三节　左右分缠势

【练法】

1. 马步桩不变。翻转两掌成掌心向下。（图 3–19）

【古谱】

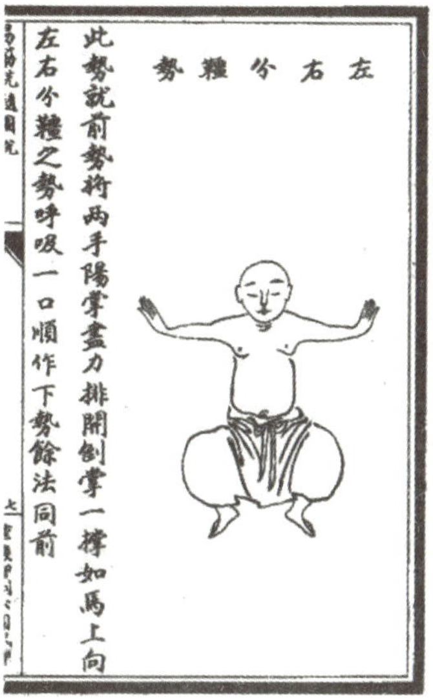

图 3–19

图 3–19 附

2. 用鼻吸气；同时，挺腕立掌，向左右排开，两臂展平，指尖向上，掌心向外。定势后，两掌用力一撑，同时用鼻将气缓缓呼出。（图 3-20）

图 3-20

第十四节　向后正鞍势

【练法】

1. 马步桩不变。两掌经左右侧向身后画弧至腰后（命门穴处），右掌心向上托住左掌心，两掌指尖按住两腕部内侧。（图 3-21）

【古谱】

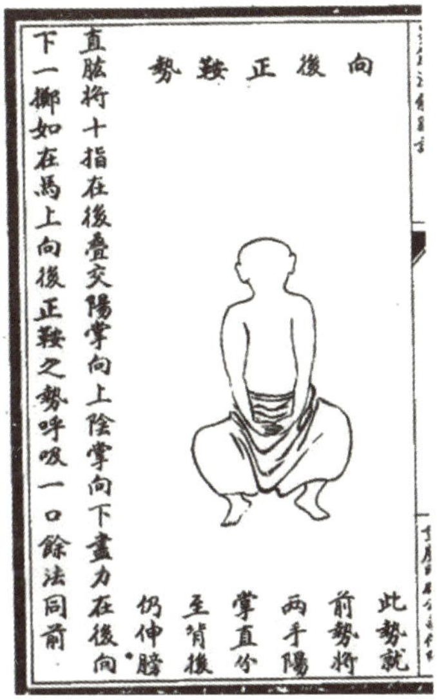
向後正鞍勢

此勢就前勢將兩手陽掌直分至背後仍伸膝直肱將十指在後疊交陽掌向上陰掌向下盡力在後向下一擲如在馬上向後正鞍之勢呼吸一口餘法同前

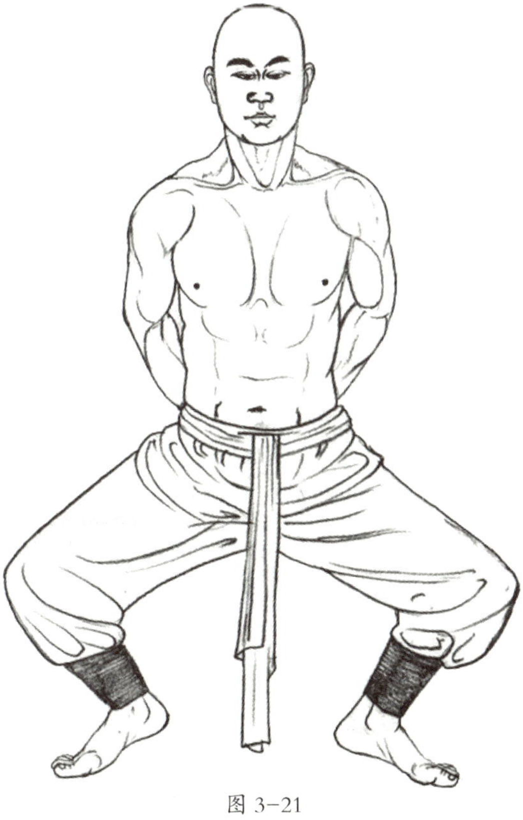
图 3-21

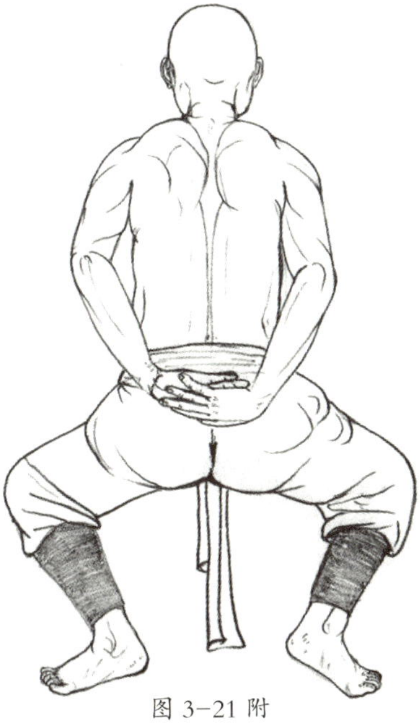
图 3-21 附

2. 用鼻吸气；同时，以掌带臂用力向下一掷，两臂伸直，两掌位置在尾闾之下。定势后，用鼻将气缓缓呼出。（图 3-22）

图 3-22

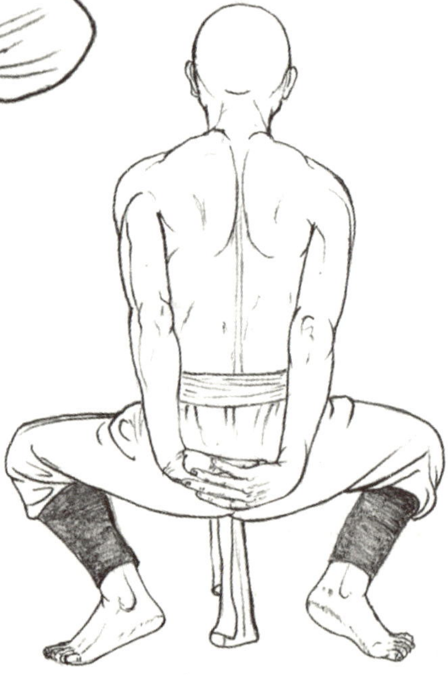

图 3-22 附

第十五节　向前提缠势

【练法】

1. 马步桩不变。两掌松开上提前伸，直至两臂掌与肩平，掌心相对，虎口向上；自然呼吸。（图 3-23）

图 3-23

【古谱】

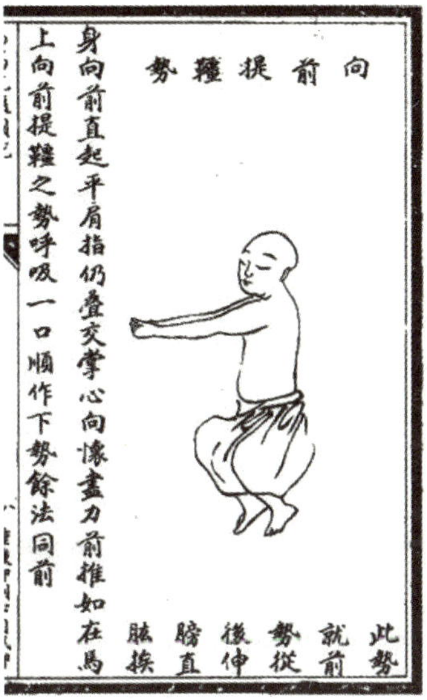
向前提纏勢

此勢就前勢從後伸膀直脇挨身向前直起平肩指仍疊交掌心向懷盡力前推如在馬上向前提纏之勢呼吸一口順作下勢餘法同前

2. 两掌向内合拢相叠，左掌背贴住右掌心，掌心向内，虎口向上；用鼻吸气的同时，双掌用力前推。定势后，用鼻将气缓缓呼出。（图 3-24）

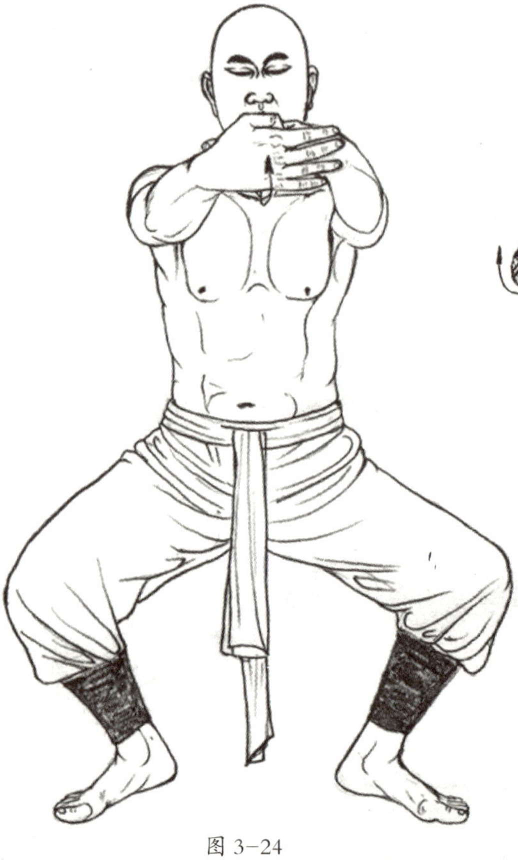

图 3-24

图 3-24 附

第十六节　向前抛缠势

【练法】

马步桩不变。双掌叠交同时翻转，掌心向前，虎口向下，用鼻吸气的同时，用力前撑。定势后，用鼻将气缓缓呼出。（图 3-25）

【古谱】

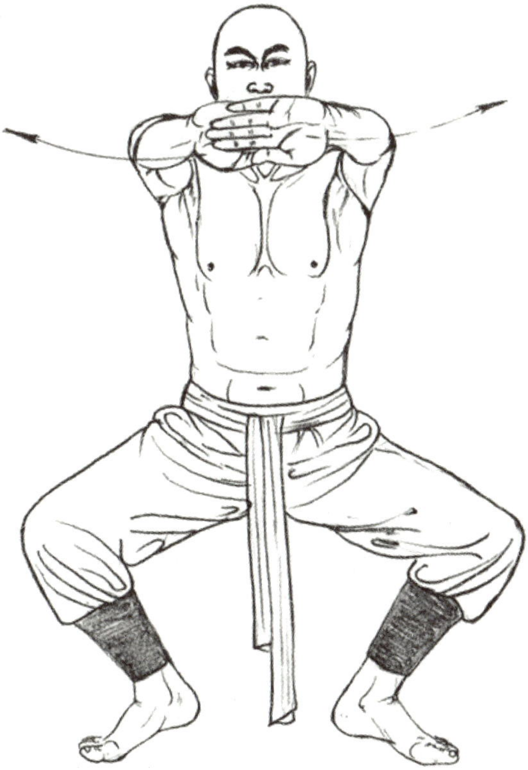

图 3-25

图 3-25 附

第十七节　左右分缠势

【练法】

马步桩不变。用鼻吸气；同时，两手挺腕立掌，向左右排开，两臂展平，指尖向上，掌心向外。定势后，用鼻将气呼出的同时，两掌用力一撑。（图 3–26）

【古谱】

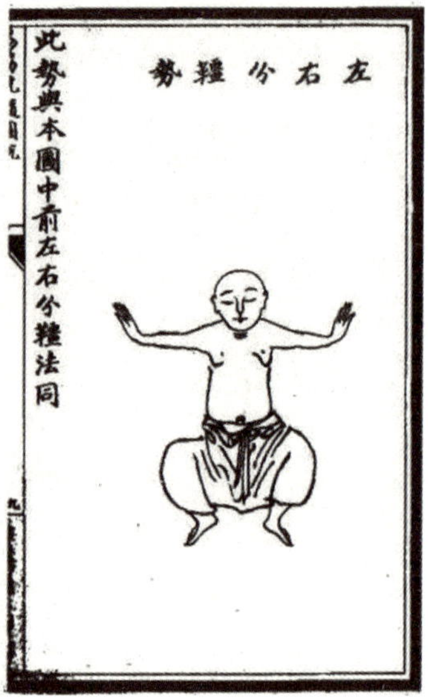

图 3–26

第十八节　马上攀杨势（一）

【练法】

1. 马步桩不变。两掌画弧收回，至两肩前立掌，掌心相对，指尖向上；自然呼吸。（图 3–27）

2. 用鼻吸气；同时，直臂上举，臂膀用力伸尽，掌旋转成掌心向前，虎口相对，两掌带臂似有向上攀杨之势。定势后，用鼻将气缓缓呼出。（图 3–28）

【古谱】

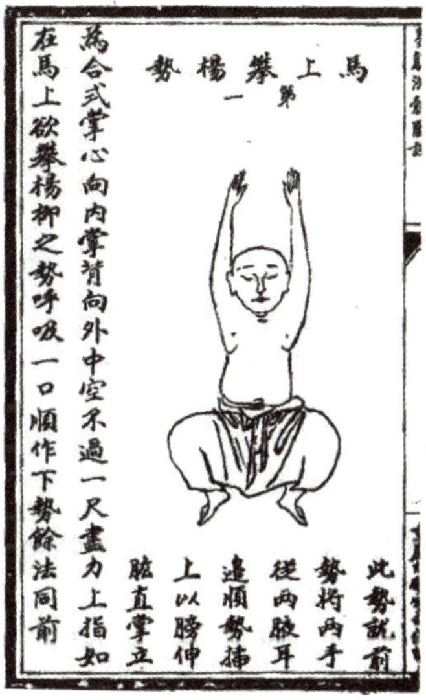

图 3–27

图 3–28

第十九节　马上攀杨势（二）

【练法】

马步桩不变。两掌向头顶上方合拢，两掌交叠（左上右下），掌心向下，掌背向上；用鼻吸气的同时，双掌带臂向上用力一托，如同攀着树枝之状。定势后，用鼻将气缓缓呼出。（图 3–29）

【古谱】

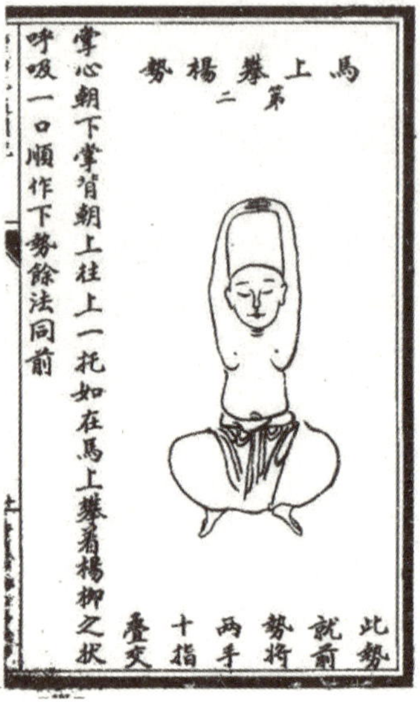
馬上攀楊勢　第二

此勢就前勢將兩手十指叠交掌心朝下掌背朝上往上一托如在馬上攀着楊柳之狀呼吸一口順作下勢餘法同前

图 3–29

第二十节　向前提缰势

【练法】

1. 马步桩不变。两掌松开上提前伸直至两臂，掌与肩平，掌心相对，虎口向上；自然呼吸。（图 3-30）

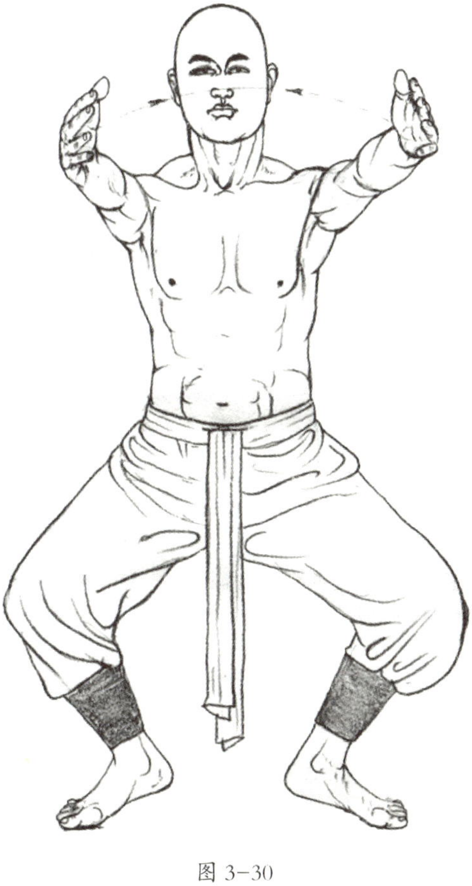

图 3-30

【古谱】

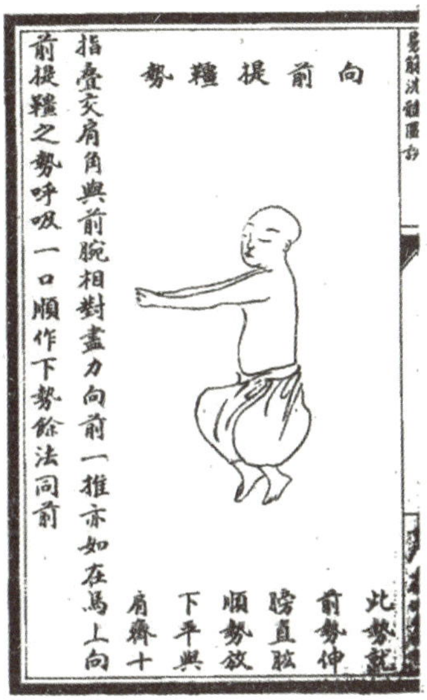

2. 两掌向内合拢相叠，右掌心贴左掌背，右掌心向里，虎口向上；用鼻吸气的同时，双掌用力前推。定势后，用鼻将气缓缓呼出。（图 3–31）

图 3–31

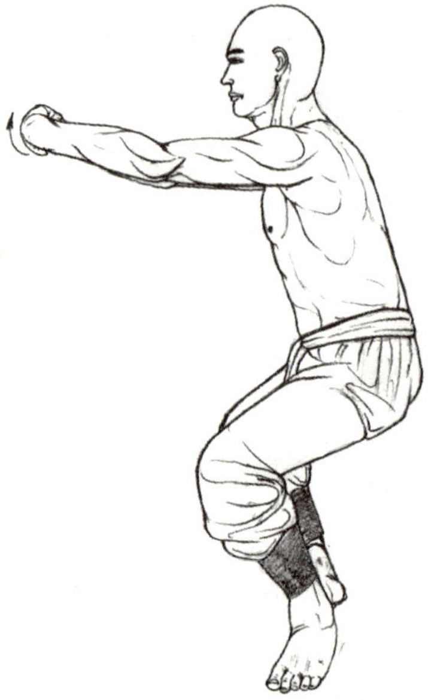

图 3–31 附

第二十一节　向前抛缠势

【练法】

马步桩不变。两掌交叠翻转，掌心均向前，虎口向下；用鼻吸气的同时，两掌用力前撑。定势后，用鼻将气缓缓呼出。（图 3–32）

【古谱】

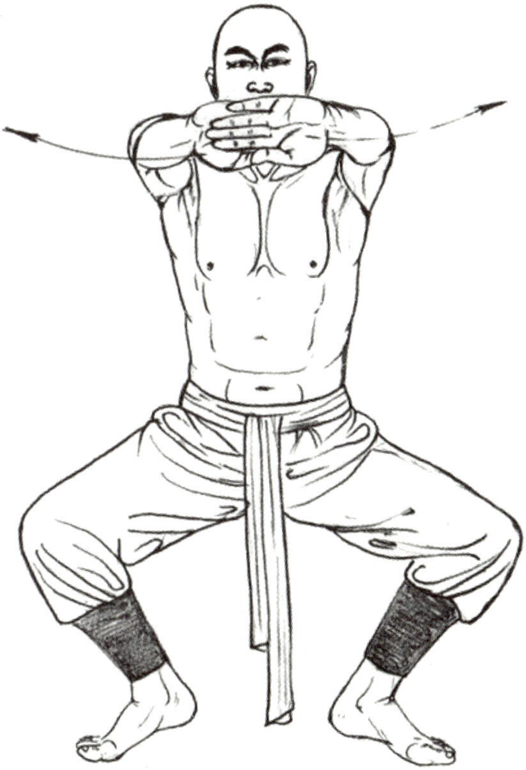

图 3–32

图 3–32 附

第二十二节　左右分缠势

【练法】

马步桩不变。用鼻吸气；同时，两手挺腕立掌，向左右排开，两臂展平，指尖向上，掌心向外。定势后，用鼻呼气的同时，两掌用力一撑。（图3-33）

【古谱】

图 3-33

第二十三节　向后正鞍势

【练法】

1. 马步桩不变。两掌经左右侧向身后画弧至腰后（命门穴处），右掌心向上托住左掌心，两掌指尖按住两腕部内侧。（图 3–34）

【古谱】

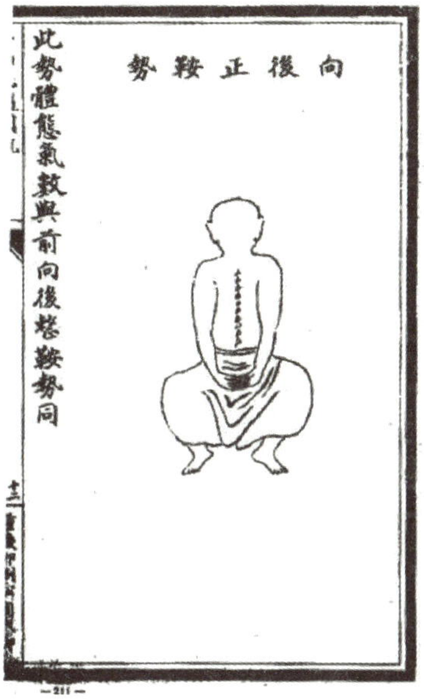

向後正鞍勢

此勢體態氣數與前向後鞍勢同

图 3–34

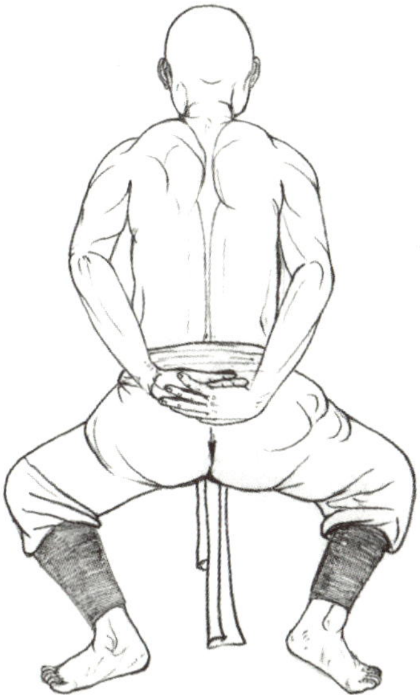

图 3–34 附

2. 用鼻吸气的同时，以掌带臂用力向下一掷，两臂伸直，两掌位置在尾闾之下。定势后，用鼻将气缓缓呼出。（图 3-35）

图 3-35

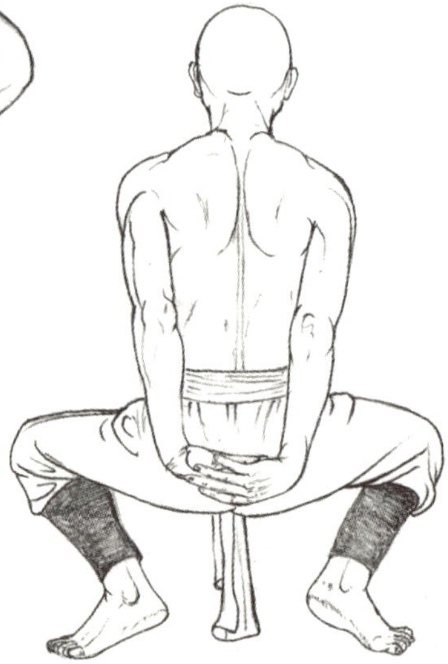

图 3-35 附

第二十四节　献杵归原势

【练法】

马步桩不变。自然呼吸；同时，松开双掌，由后转前，屈肘回抱，立掌相合，端放于胸前，如献杵状。调息 3 次。（图 3-36）

【古谱】

图 3-36

第二十五节 起立朝天势

【练法】

1. 两脚前掌着地不变。直立起身，双掌指尖与鼻尖相照。（图 3–37）

2. 合掌不变，上身缓缓向后仰，目光反视。合掌仰面 3 次，呼吸 3 次。（图 3–38）

【古谱】

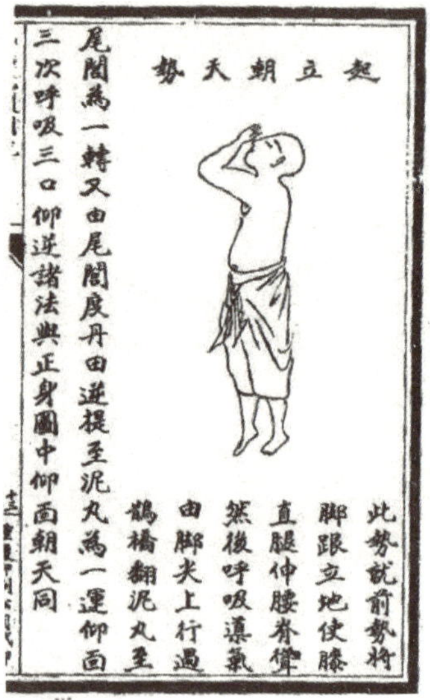

图 3–37

图 3–37 附

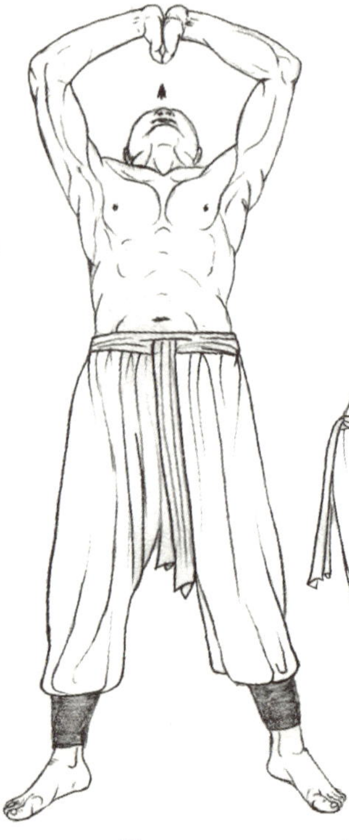
图 3–38

图 3–38 附

第二十六节　献杵还原势

【练法】

1. 还原成立身，合掌于胸前。（图3–39）

2. 脚跟落地，缓缓顺势回转成立身献杵势。（图3–40）

【古谱】

獻杵還原勢

此勢與正身圖中獻杵還原法同

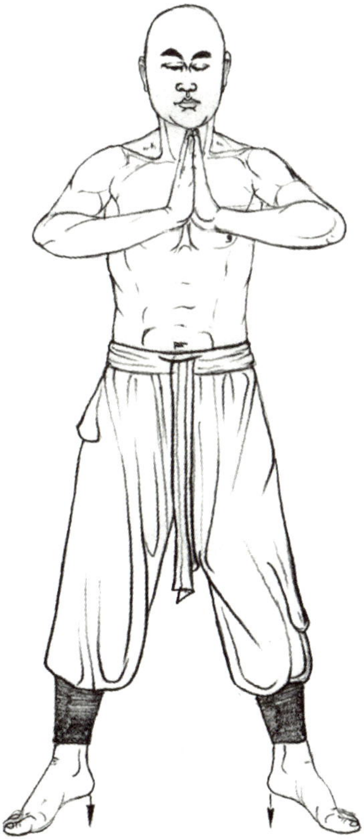

图 3–39

图 3–39 附

图 3–40

第二十七节　拱立归位势

【练法】

先平气1次。收拢两脚跟相靠，脚尖外摆成八字步直立；两掌置于胸前，左掌掌心向上，右掌握拳放于左掌上，拳心向上，仍平气1次。然后调息定气，使呼吸顺其自然一出一入，由快转慢，由粗转细，能达到似有似无为佳。（图3-41）

【古谱】

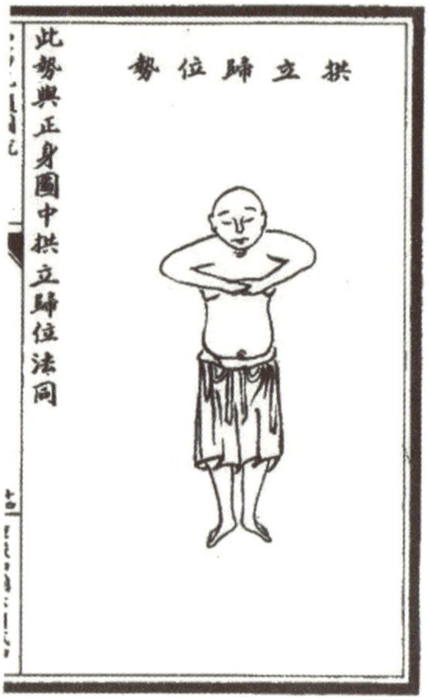

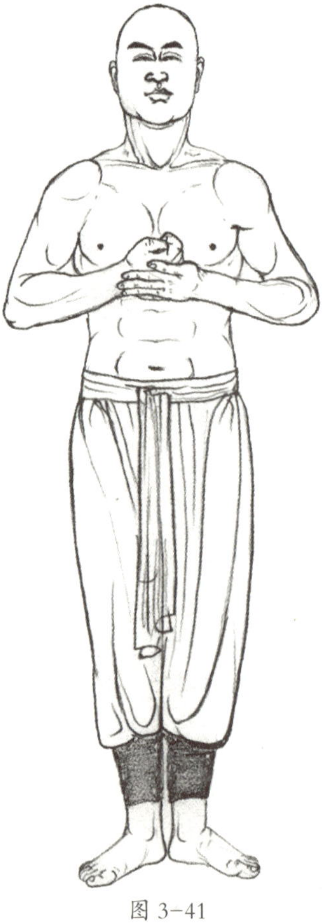

图3-41

第四章　屈身势

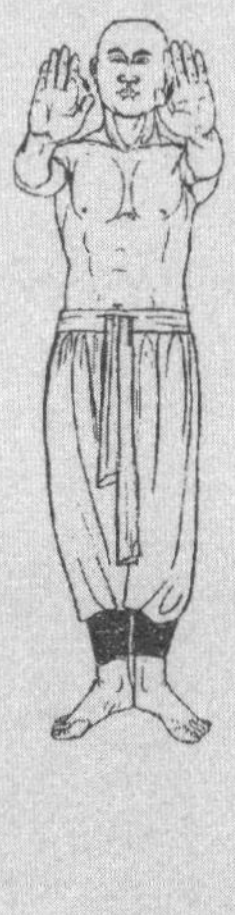

第一节　马上献杵势

【练法】

1. 并步正身直立，两臂自然垂于体侧，自然呼吸，双目下视。（图4-1）

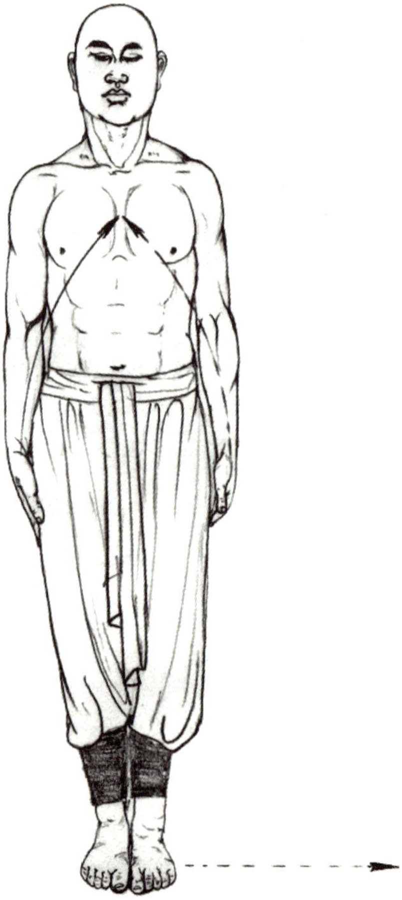

图 4-1

【古谱】

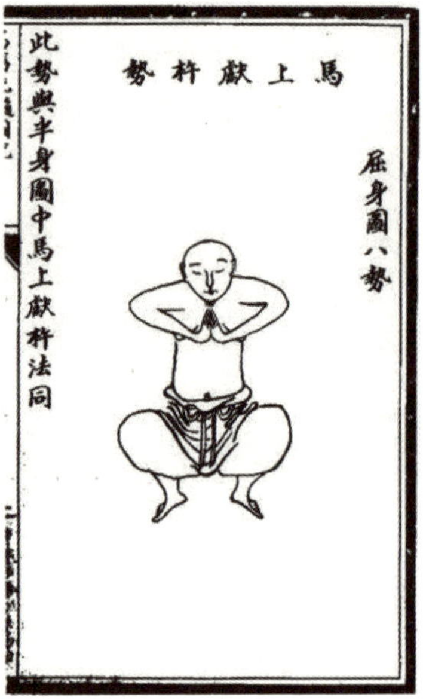

图 4-2

2. 左脚向左横跨一步，两脚间距略比肩宽，脚尖外摆成外八字开步直立；两掌上收于胸前，立掌相合；自然呼吸。（图 4-2）

3. 脚跟离地，以两脚前掌着地，下蹲成马步；双掌合十，端放于胸前，如献杵状。定势后，调息 3 次。（图 4-3）

图 4-3

第二节　马上打恭上势

【练法】

1. 马步桩不变。用鼻吸气；同时，将合掌上推至神庭（额上部位）。定势后，用鼻将气缓缓呼出。（图4-4）

【古谱】

馬上打恭勢

上圖

此勢就前勢將合掌初放在神庭上呼吸一口次推上泥丸宮呼吸一口然後由泥丸向上盡力一撐如打恭在上狀呼吸一口順作下勢餘法同前

图 4-4

图 4-5

2. 用鼻吸气，合掌再推至泥丸上方（天顶部位）。定势后，用鼻将气缓缓呼出。（图 4-5）

3. 再吸气，合掌由泥丸向上用力一撑（如对天上神佛打恭之状），双臂用力上撑。定势后，用鼻将气缓缓呼出。（图 4-6）

图 4-6

第三节　马上打恭下势

【练法】

1. 马步桩不变。用鼻缓缓吸气；同时，将上举双臂由前下落，掌尖抵于地面。合掌不变，上臂贴腹往下一撑，同时用鼻呼气。（图4-7）

2. 接着，将“马上打恭上势”和“马上打恭下势”连做3遍。（图4-8 ~图4-15）

【古谱】

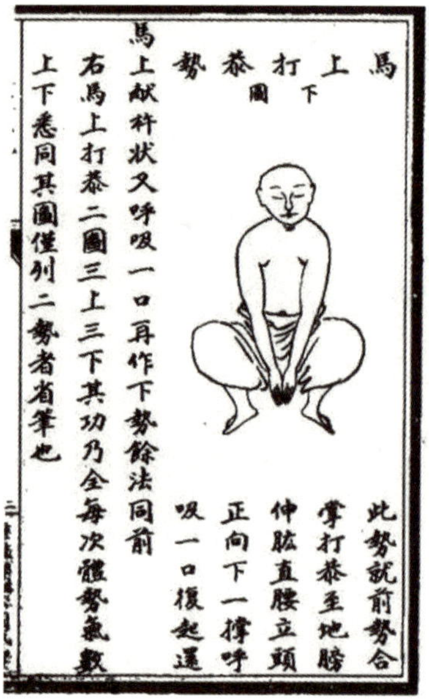
馬上打恭勢
下圖
此勢就前勢合掌打恭至地膝伸肱直腰立頭正向下一撐呼吸一口復起還馬上獻杵狀又呼吸一口耳作下勢餘法同前
右馬上打恭二圖三上三下其功乃全每次體勢氣數上下悉同其圖僅列二勢者省筆也

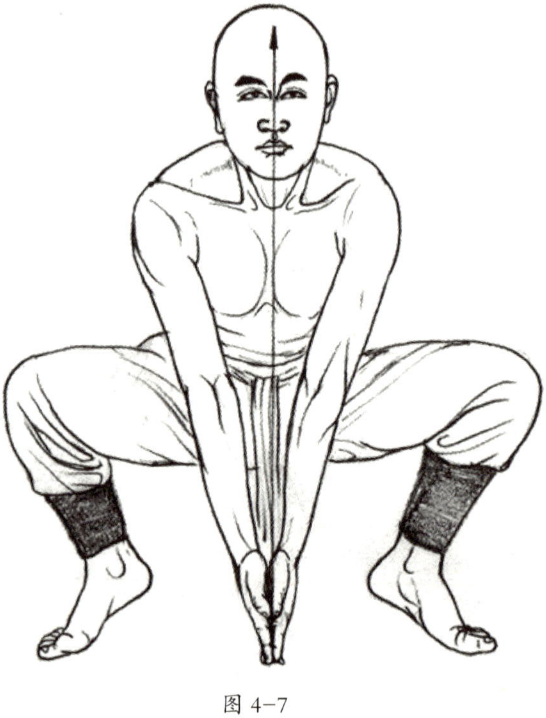

图4-7

图 4-8

图 4-9

图 4-10

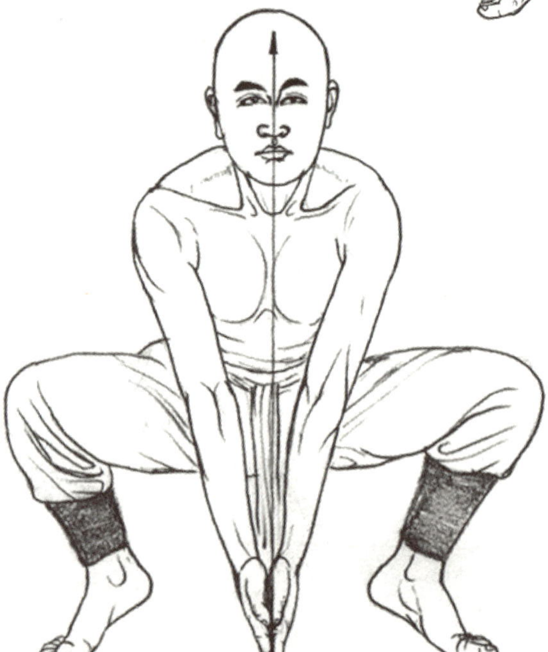
图 4-11

图 4-12

图 4-13

图 4－14

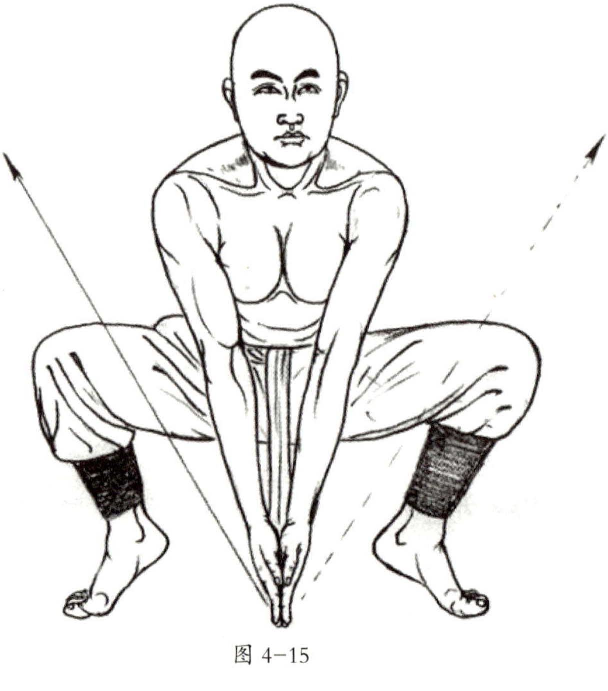

图 4－15

第四节　左右排闼势

【练法】

1. 两掌掌背向外，张开两臂向左右分开，至与肩平；用鼻吸气的同时，两掌向两边犹如推中门状，两虎口向上，指尖向外。定势后，用鼻将气缓缓呼出。（图 4-16）

【古谱】

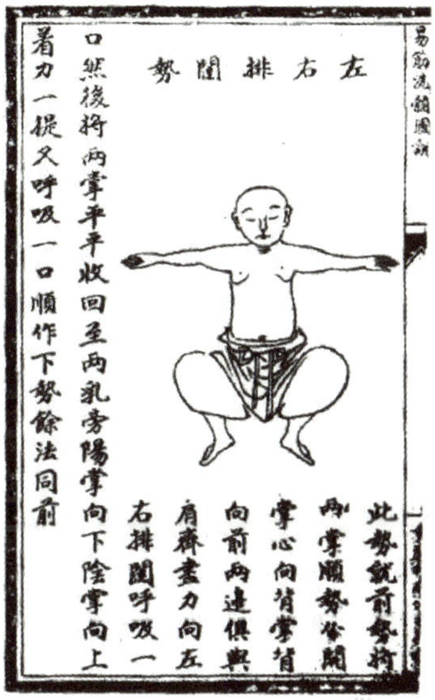
易筋洗髓圖說

左右排闥勢

此勢就前勢將兩掌順勢分開掌心向背掌背向前兩邊俱與肩齊盡力向左右排闥呼吸一口然後將兩掌平平收回至兩乳旁陽掌向下陰掌向上著力一提又呼吸一口順作下勢餘法同前

图 4-16

2. 屈肘使前臂回拢，两臂平端于两乳前，掌心向下，虎口向里；用鼻吸气的同时，掌、臂着力上提（注：非真用力提，而是用意提）。然后放松，用鼻将气缓缓呼出。（图 4-17）

图 4-17

第五节　三盘落地势

【练法】

1.自然呼吸；双掌沿腹前下落，掌面按于地面，两指尖相对，虎口向后；上身正直，目视前方。定势后，调息1次（注：双掌按下时是紧挨身子，压膝，而不是俯身前倾，脚跟离地，仍以两脚前掌着地）。（图4-18）

2. 接着，抬臂做“左右排闼势”接“三盘落地势”。如此三排闼，三按地。（图 4-19 ~图 4-24）

【古谱】

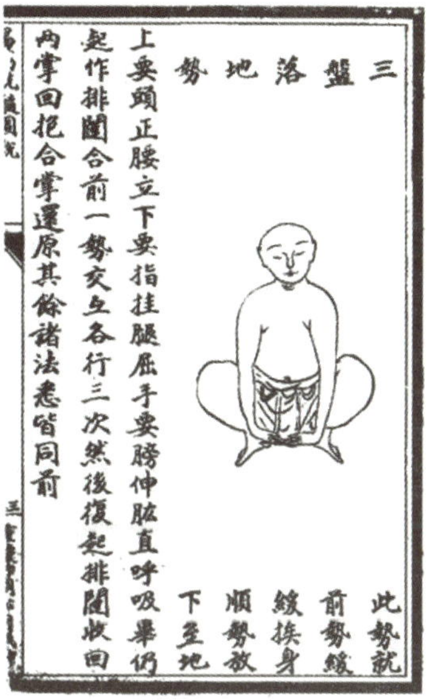

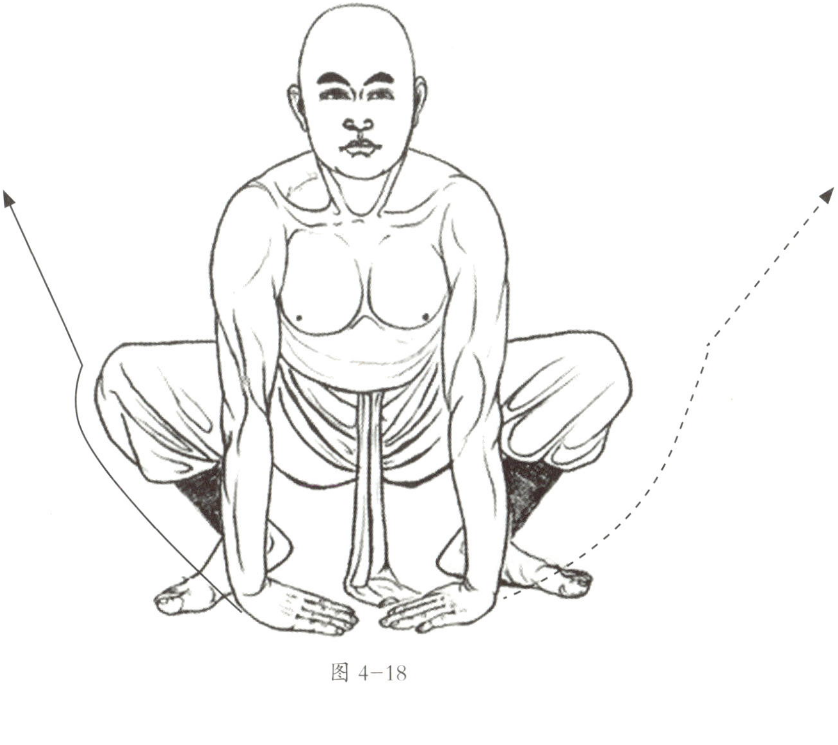
图 4-18

图 4-19

图 4-20

图 4-21

图 4-22

图 4-23

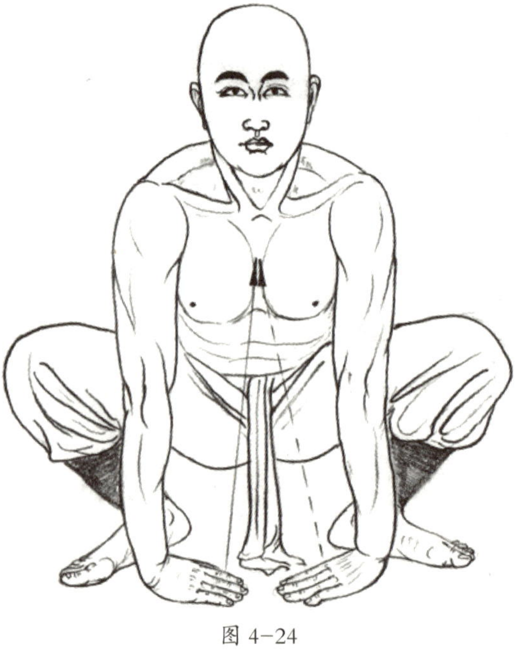

图 4-24

第六节　献杵还原势

【练法】

1. 马步桩不变。托掌至胸前，立掌相合，平端放于胸前，如献杵状。调息 3 次。（图 4-25）

【古谱】

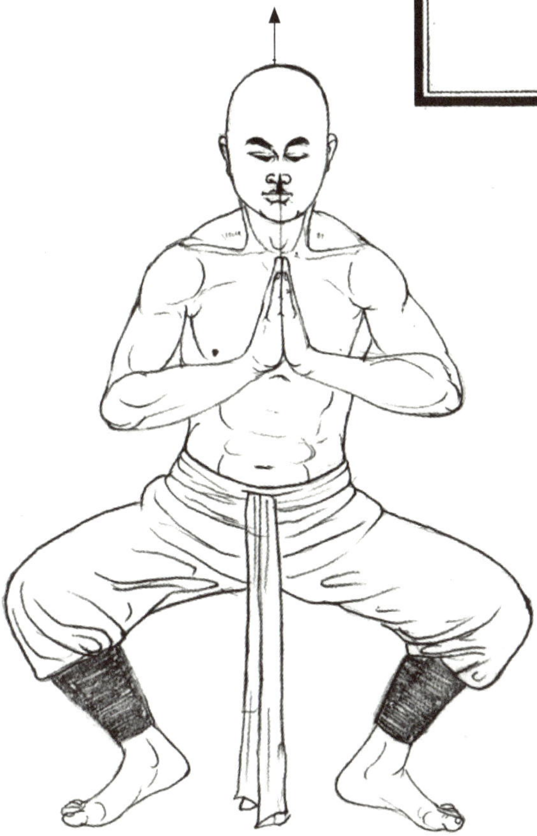

图 4-25

第七节　仰面朝天势

【练法】

1. 两脚前掌着地不变。直立起身，双掌指尖与鼻尖相照。（图 4-26）

【古谱】

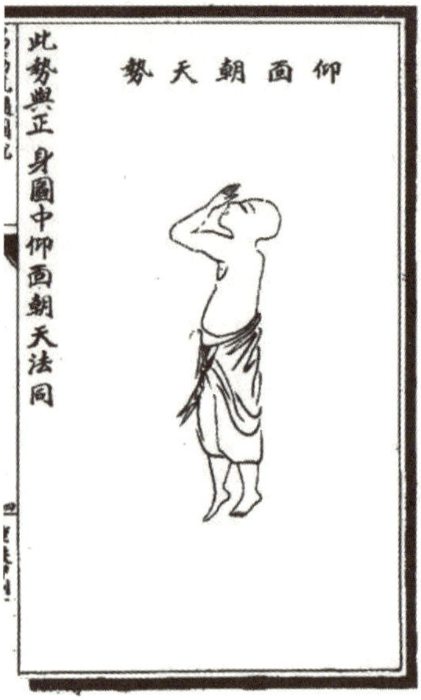

图 4-26

图 4-26 附

2. 合掌与头保持原距离，上身缓缓向后仰，目光反视。后仰势主要是头与掌臂的变化，背部稍向后倾斜而不可过，过则易倒。合掌仰面 3 次，每次呼吸 1 次。（图 4–27）

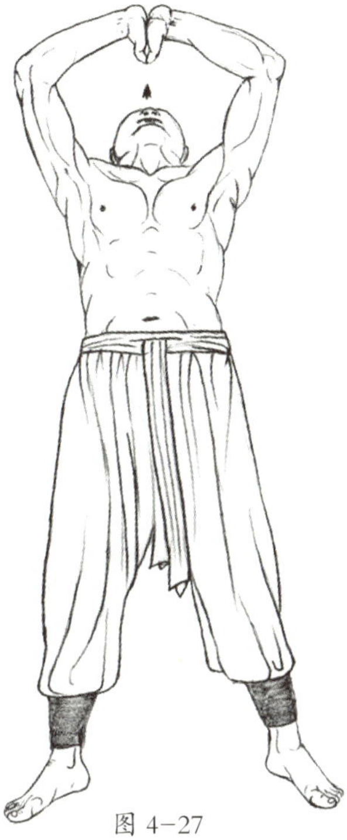
图 4–27

图 4–27 附

图 4–29

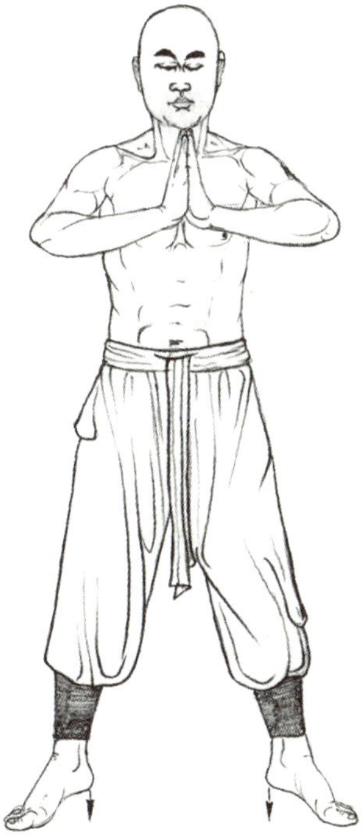
图 4–28

图 4–28 附

3. 还原成立身，合掌于胸前。（图 4–28）

4. 脚跟落地，顺势缓缓回转成立身献杵势。（图 4–29）

第八节　拱立归位势

【练法】

先平气 1 次。收拢两脚跟相靠，脚尖外摆成八字步直立；两掌置于胸前，左掌掌心向上，右掌握拳放于左掌上，拳心向上，仍平气 1 次；然后调息定气，使呼吸顺其自然一出一入，由快转慢，由粗转细，能达到似有似无为佳。（图 4-30）

图 4-30

【古谱】

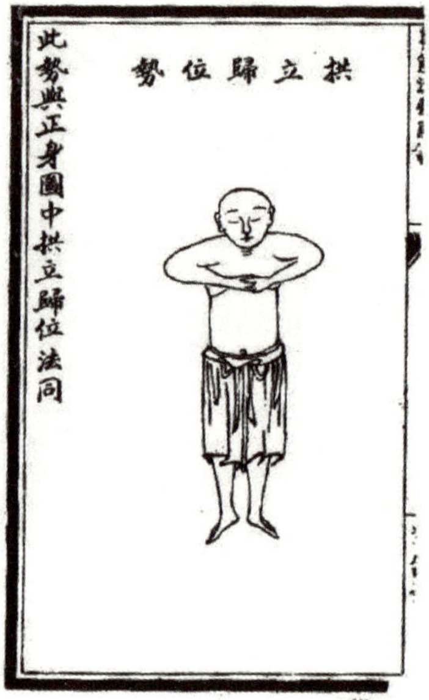

第五章　折身势

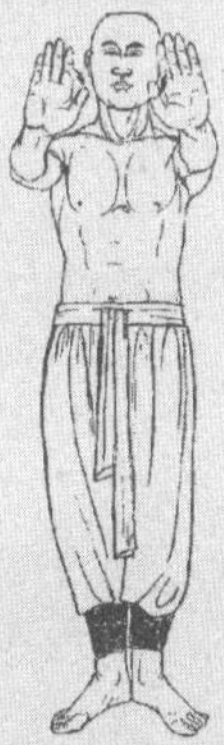

第一节　马上献杵势

【练法】

1. 并步正身直立，两臂自然垂于体侧，自然呼吸，双目下视。（图5-1）

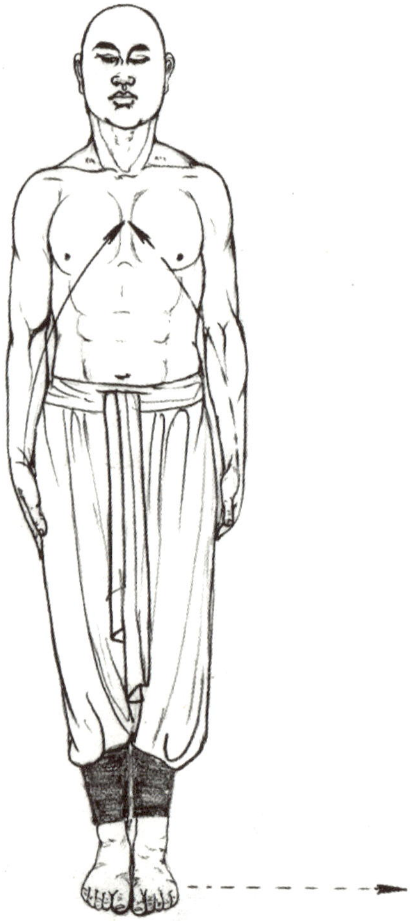

图 5-1

【古谱】

图 5-2

2. 左脚向左横跨一步，两脚间距略比肩宽，脚尖外摆成外八字开步直立；两掌上收于胸前，立掌相合；自然呼吸。（图 5-2）

3. 脚跟离地，以两脚前掌着地，下蹲成马步；双掌合十端于胸前，如献杵状。定势后，调息 3 次。（图 5-3）

图 5-3

第二节　伏耳抱柱势

【练法】

马步桩不变。两掌松开，上抬置于脑后，两掌根按住两耳（注：由后向前按，使耳郭盖住耳孔），两掌的食、中、无名三指紧按脑后天柱；正身，排除杂念，一志凝神。定势后，调息 1 次。（图 5–4）

【古谱】

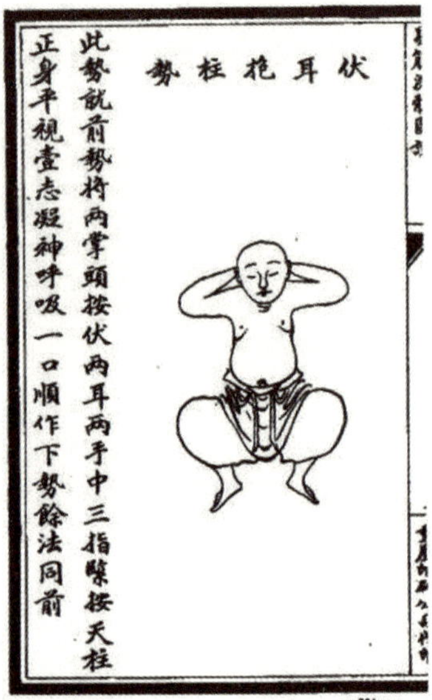

图 5–4

第三节　稽首崩角势

【练法】

自然呼吸；按头俯身，头至膝间；挺膝绷直，脚前掌着地，脚后跟抬起。定势后，调息3次。（图5–5）

【古谱】

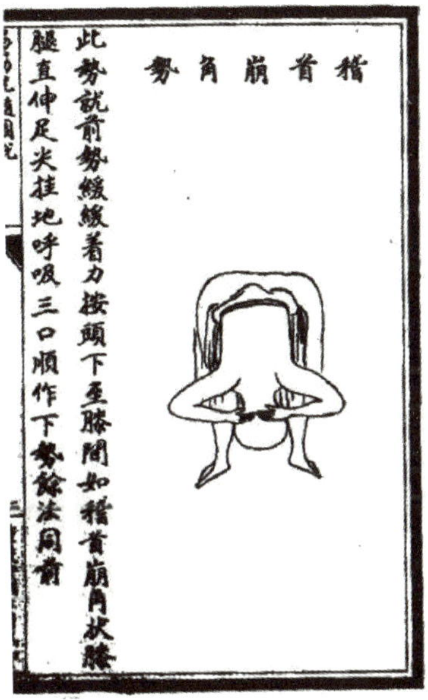
稽首崩角勢

此勢就前勢緩緩着力按頭下至膝間如稽首崩角狀膝腿直伸足尖拄地呼吸三口順作下勢餘法同前

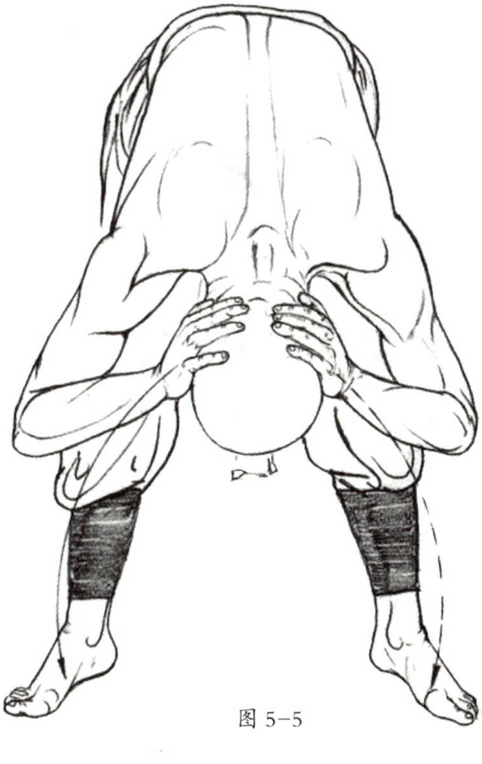
图 5–5

第四节　倒运河车势

【练法】

自然呼吸；将两掌收至脖颈处，依肩下落至两脚外侧；落下脚跟，将脚平放，用手搬脚掌使之内侧起、外侧着地，成侧脚立地状。定势后，调息3次。（图5-6）

【古谱】

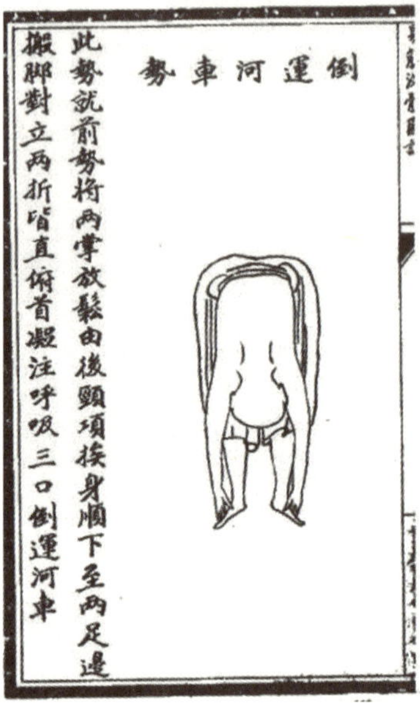
倒運河車勢

此勢就前勢將兩掌放鬆由後頸項按身順下至兩足邊搬腳對立兩折皆直俯首凝注呼吸三口倒運河車

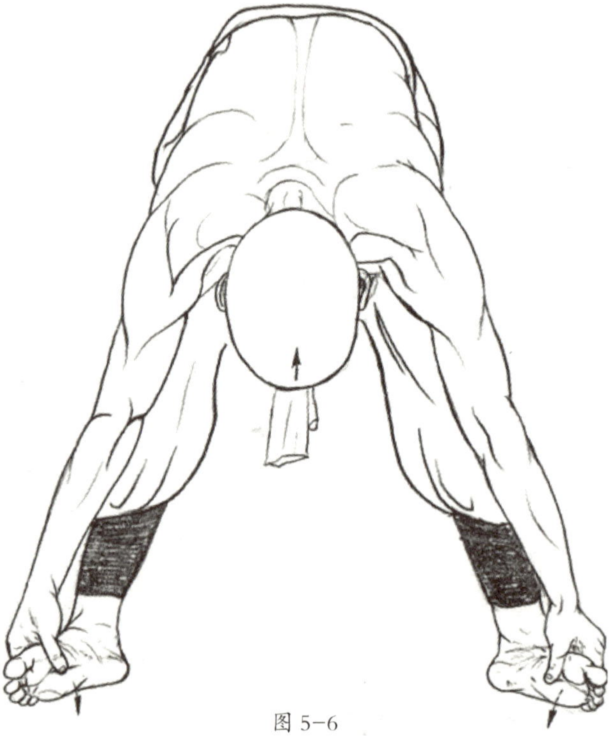

图 5-6

第五节　昂头掉尾势

【练法】

脚掌落地，两掌十指尖挨着两脚十趾，臀部向上撅起，双腿挺膝直立；头部昂起，注目凝神。定势后，调息 3 次。（图 5–7）

【古谱】

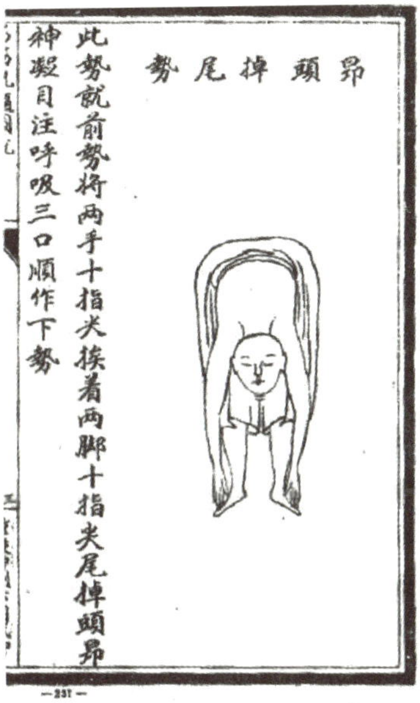
昂頭掉尾勢

此勢就前勢將兩手十指尖挨着兩脚十指夹尾掉頭昂神凝目注呼吸三口順作下勢

—237—

图 5–7

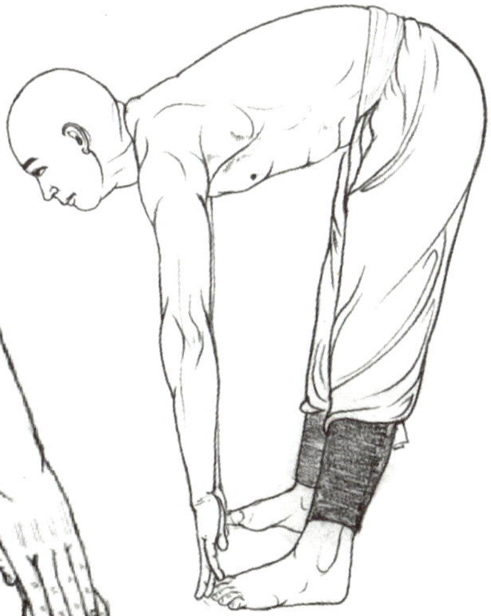

图 5–7 附

第六节　合掌定气势

【练法】

立起上身，移开两脚，以两脚前掌着地，臀部下坐，屈膝下蹲成马步桩；同时，两臂回抱，两掌相合于胸前。先定气，然后调息 1 次。（图 5-8）

【古谱】

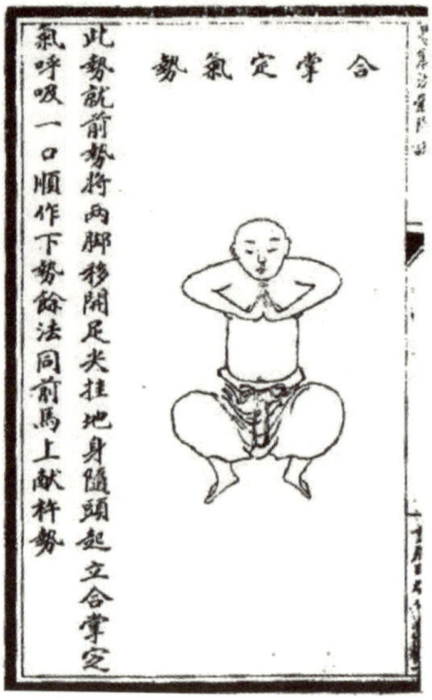
合掌定氣勢

此勢就前勢將兩脚移開足尖拄地身隨頭起立合掌定氣呼吸一口順作下勢餘法同前馬上献杵勢

图 5-8

第七节　伸手舒脉势

【练法】

马步桩不变。用鼻吸气的同时，两掌向左右振臂打开，两臂一字端开，立掌竖腕，指尖向上，掌心向外。定势后，用鼻将气缓缓呼出。（图5-9）

【古谱】

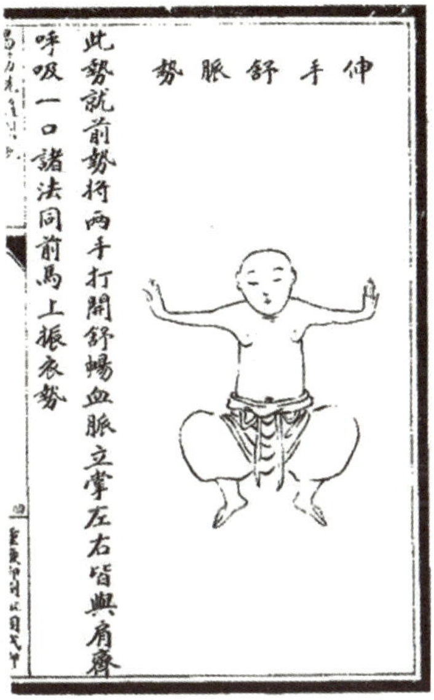

图 5-9

第八节　提空起立势

【练法】

1. 直膝立身；两掌翻下，指尖向下，虎口向前，展臂平肩不变；然后，以意（暗劲）用力端臂提掌向上；同时脚跟离地，吸气 1 次。（图 5–10）

2. 脚跟落地，呼气。（图 5–11）

【古谱】

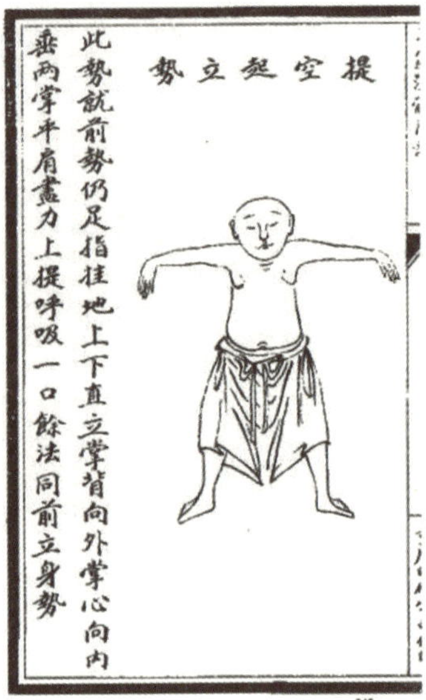

图 5–10

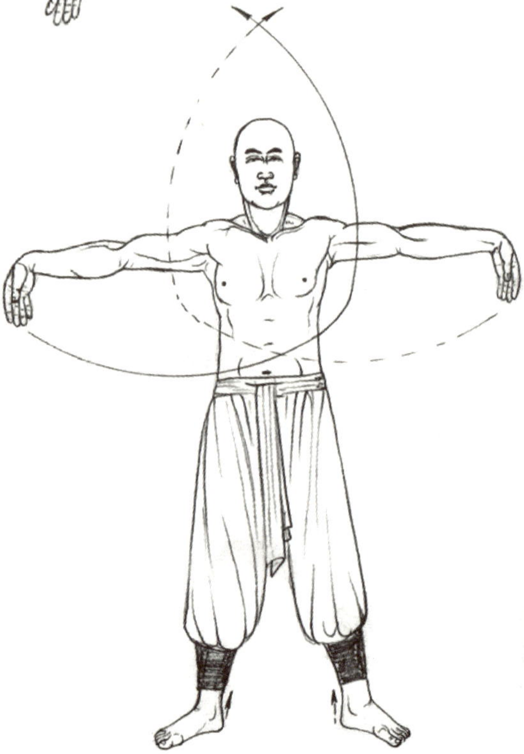

图 5–11

第九节　踏云拨雾势

【练法】

1. 两掌向下、向内再向上画弧而高举，至头顶上方两腕交叉，掌心向上（左腕背贴右腕内侧）。向上举掌时，脚跟抬起，吸气1次。（图5–12）

【古谱】

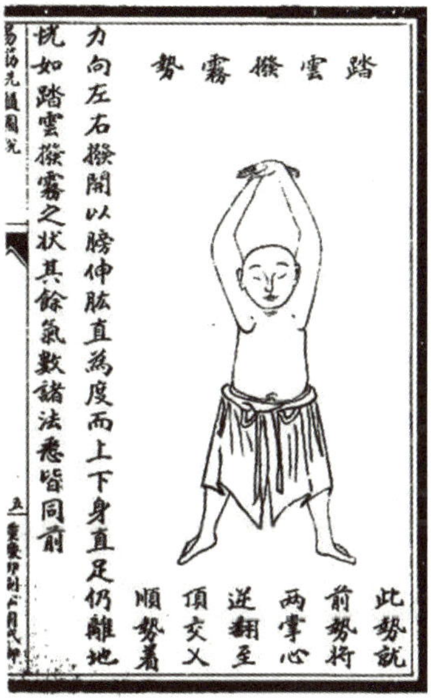

图 5–12

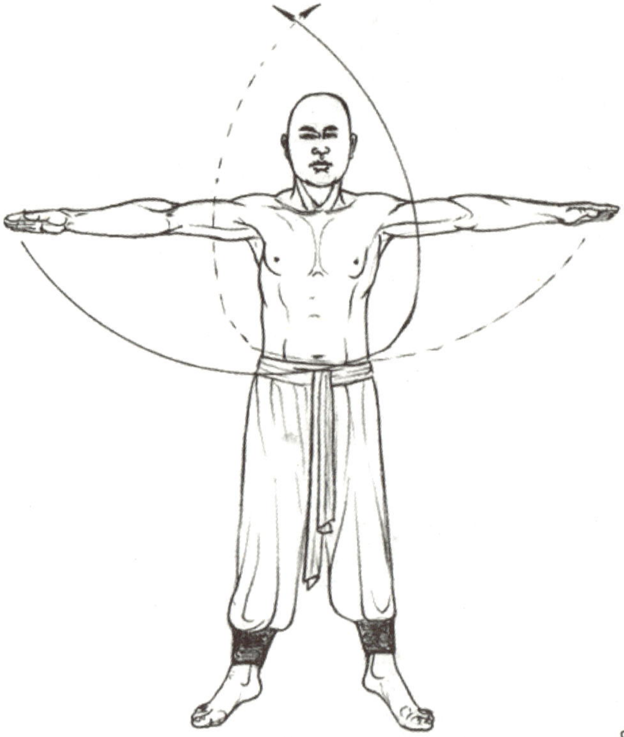

图 5-13

2. 两脚前掌着地不变。两掌伸臂向左右分开，以平肩为度，掌心向下，指尖向外。呼气 1 次。（图 5-13）

3. 两掌再向上画弧举至头顶上方，两腕交叉，掌心向上。整势连贯起来好似“踏云拨雾”一般。吸气 1 次。（图 5-14）

图 5-14

第十节　托天镇地势

【练法】

两脚前掌着地不变。两掌向外旋转，两臂向左右伸开，成斜举掌姿势，指尖斜向上，掌心向上，虎口向后；然后，两掌用力往上一托（呼气），两腿往下一振（吸气）。（图5-15）

图 5-15

【古谱】

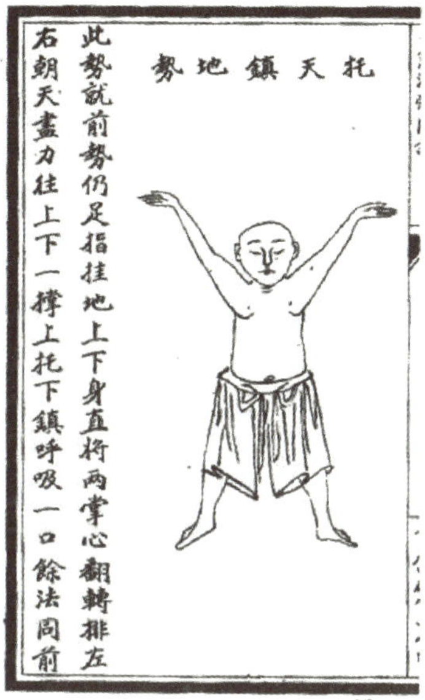
托天鎮地勢

此勢就前勢仍足指拄地上下身直將兩掌心翻轉排左右朝天盡力往上下一撑上托下鎮呼吸一口餘法同前

第十一节　四肢通关势

【练法】

两脚前掌着地不变。两掌里旋，掌心向上，指尖略向后，成托天之势，左掌臂与右腿斜线相对，右掌臂与左腿斜线相对，然后四肢一撑。撑时一呼，撑毕吸气，如此呼吸 1 次。（图 5–16）

【古谱】

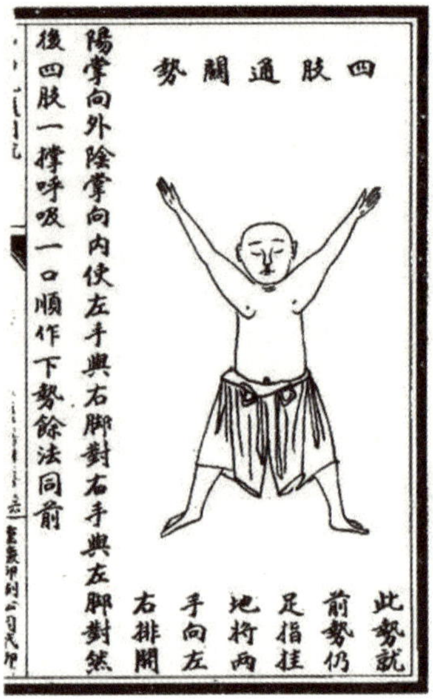

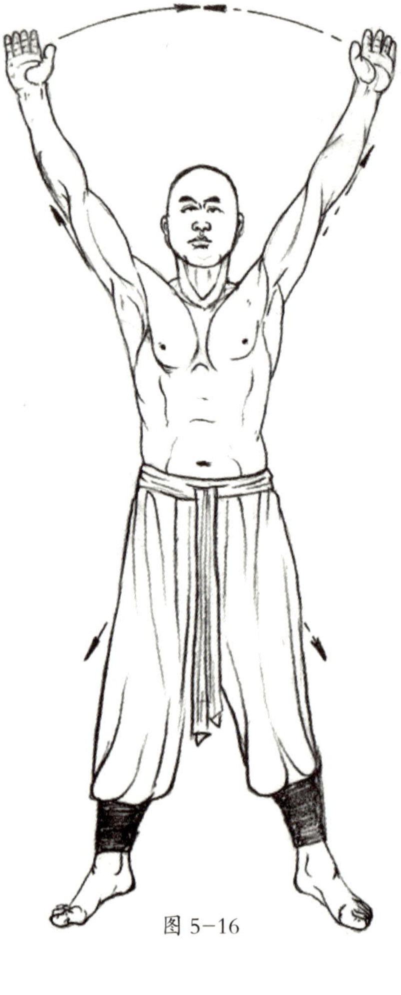

图 5–16

第十二节 悬吊如钟势

【练法】

两脚着地不变。两掌合拢于头顶上方，手臂如吊环，身如悬钟。定势后，调息 3 次。（图 5-17）

【古谱】

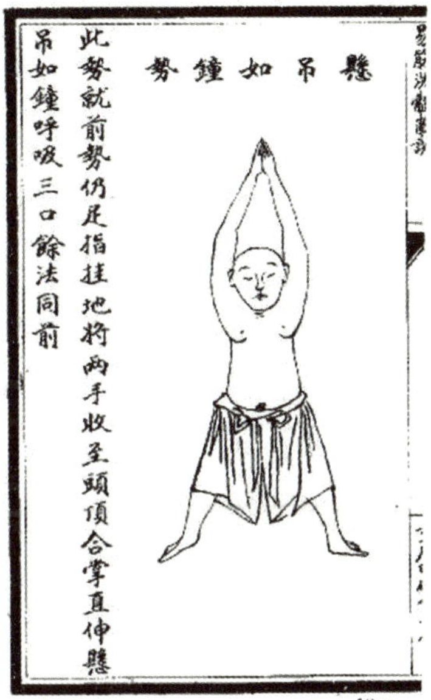

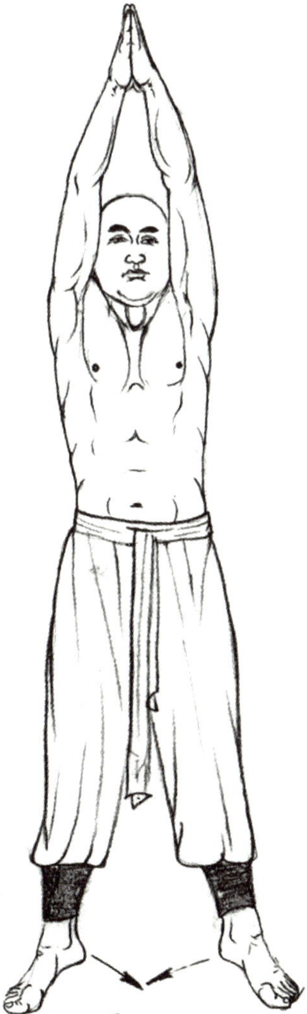
图 5-17

第十三节　直立如松势

【练法】

1. 两脚收回，脚跟紧靠，两脚尖分开如八字；合掌举臂不变。（图 5-18）

2. 提起两脚跟向上一撑。（图 5-19）

3. 脚跟落下，周身向下一沉（沉身不是屈身），直立如松。一撑一落，撑吸落呼，呼吸 3 次。（图 5-20）

【古谱】

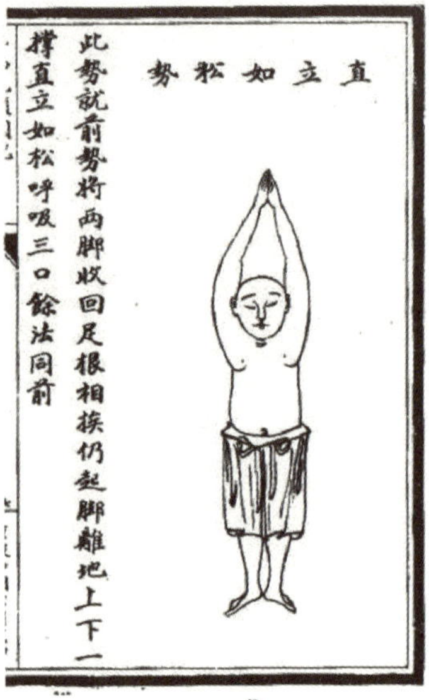

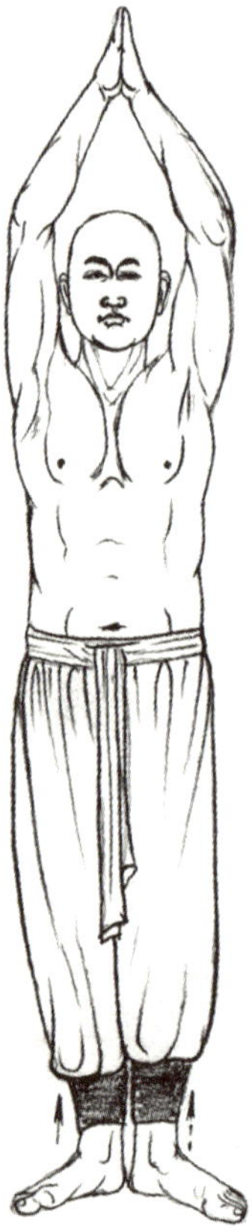
图 5-18

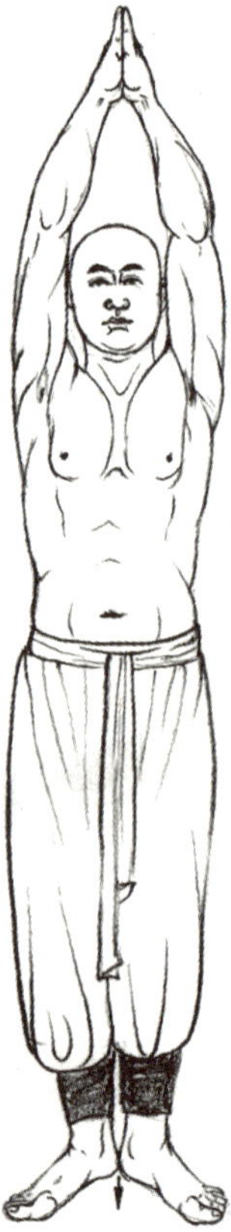
图 5-19

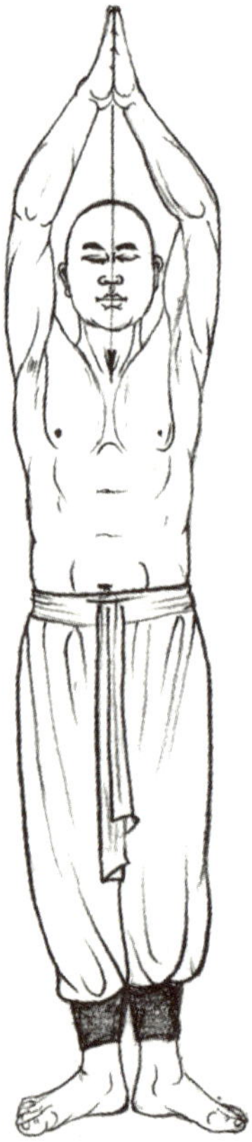
图 5-20

第十四节　献杵还原势

【练法】

双掌缓缓落于胸前，臂平掌立，指尖与鼻尖平。自然呼吸 1 次。（图 5-21）

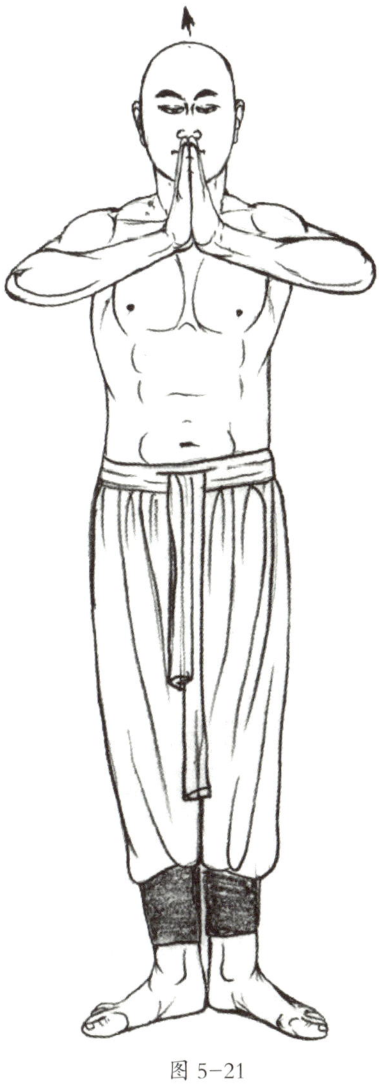

图 5-21

【古谱】

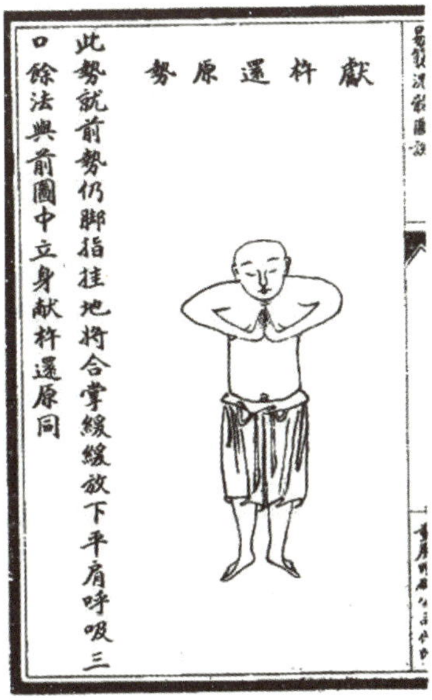

獻杵還原勢

此勢就前勢仍脚指拄地將合掌緩緩放下平肩呼吸三口餘法與前圖中立身獻杵還原同

第十五节　仰面朝天势

【练法】

1. 合掌不变，上身缓缓向后仰，目光反视。后仰势主要是头与掌臂的变化，背部稍向后倾斜而不可过，过则易倒。仰面朝天后顺势呼吸 3 次。（图 5–22）

2. 顺势缓缓回转还原成献杵势。（图 5–23）

【古谱】

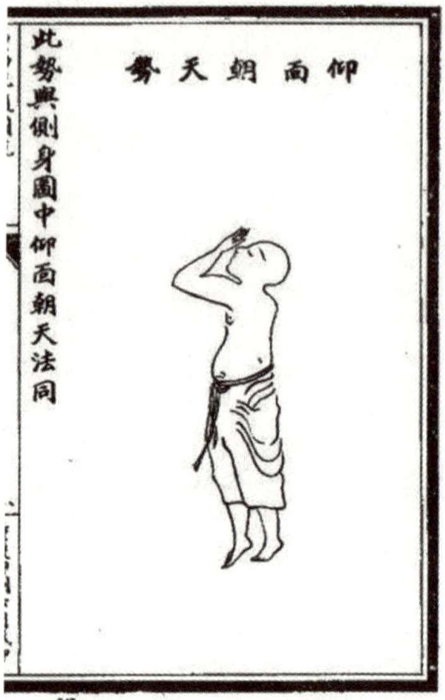

图 5–22

图 5–22 附

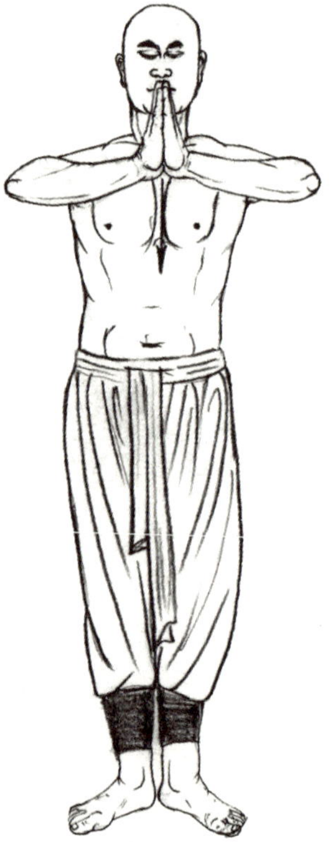
图 5–23

第十六节　拱立归位势

【练法】

先平气 1 次。两掌置于胸前，左掌掌心向上；右掌握拳放于左掌上，拳心向上，仍平气 1 次；然后调息定气，使呼吸顺其自然一出一入，由快转慢，由粗转细，能达到似有似无为佳。（图 5-24）

图 5-24

【古谱】

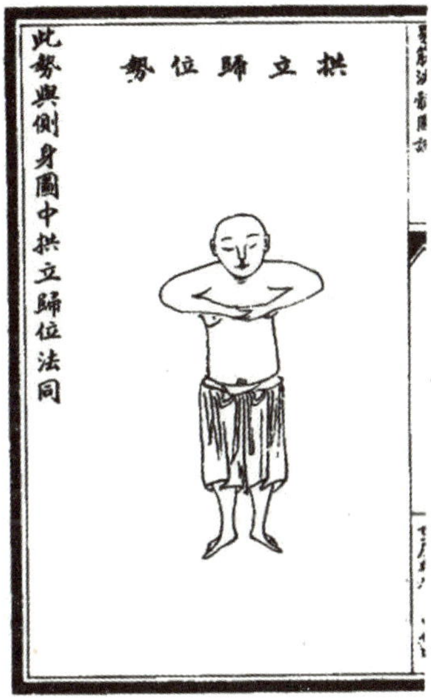

第六章　扭身势

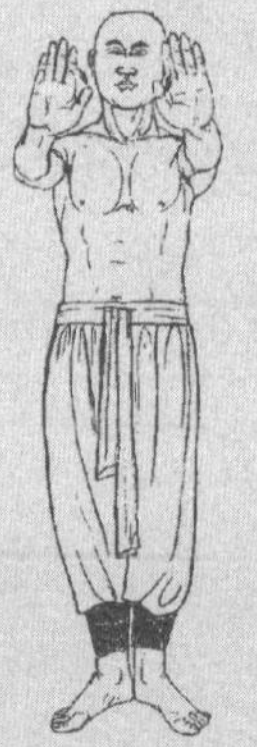

第一节　马上献杵势

【练法】

1. 并步正身直立，两臂自然垂于体侧，自然呼吸，双目平视身前约 33 厘米距离。（图 6-1）

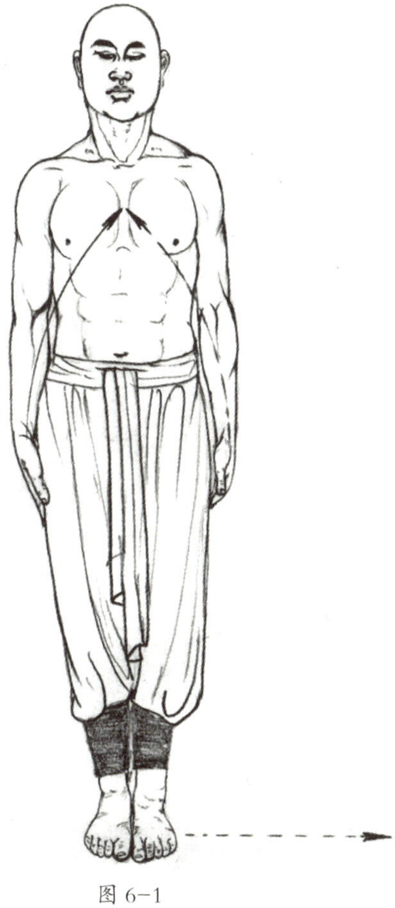

图 6-1

【古谱】

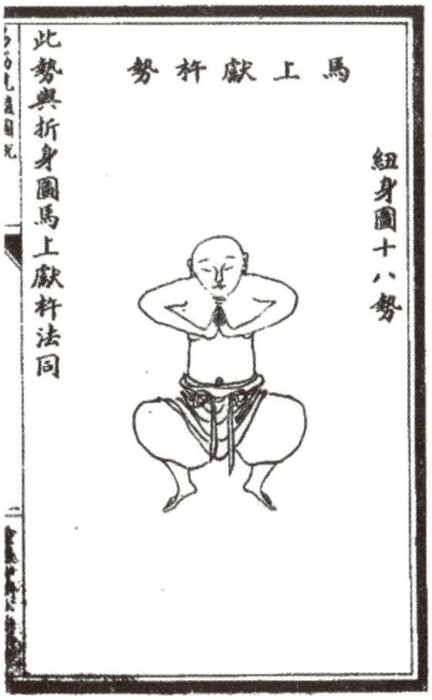

图 6-2

2. 左脚向左横跨一步，两脚间距略比肩宽，脚尖外摆成外八字开步直立。两掌上收于胸前，立掌相合。（图 6-2）

3. 脚跟离地，以两脚前掌着地，下蹲成马步；双掌合十平臂端放于胸前，如献杵状。定势后，调息 3 次。（图 6-3）

图 6-3

第二节　左旋回抱势

【练法】

1. 起身站立，两脚跟落地，合掌对鼻。（图 6-4）

2. 自然呼吸；左脚向左跨出大半步，成左弓步；右腿伸直，右脚跟离地；头身随左脚跨出而向左扭转，腰直头正；然后凝神注目，调息 1 次。（图 6-5）

【古谱】

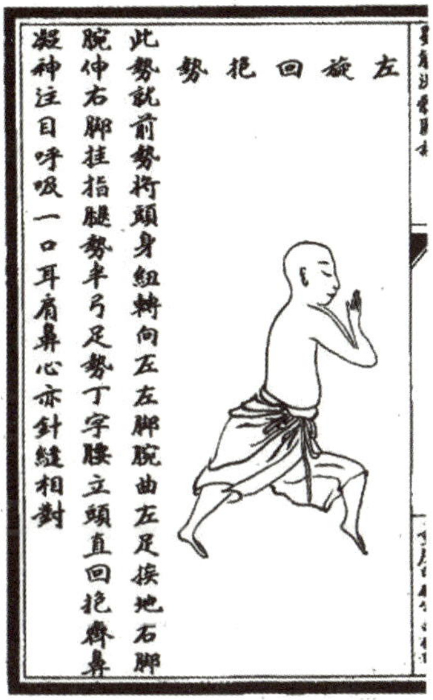

左旋回抱勢

此勢就前勢將頭身紐轉向左左腳腕曲左足按地右腳腕伸右腳挂指腿勢半弓足勢丁字膝立頭直回抱齊鼻凝神注目呼吸一口耳肩鼻心亦針縫相對

图 6-4

图 6-5

第三节　左旋提空势

【练法】

用鼻将气吸满后，将合掌向前探出，掌尖向前下成空提之势；同时，用鼻呼气。（图6–6）

【古谱】

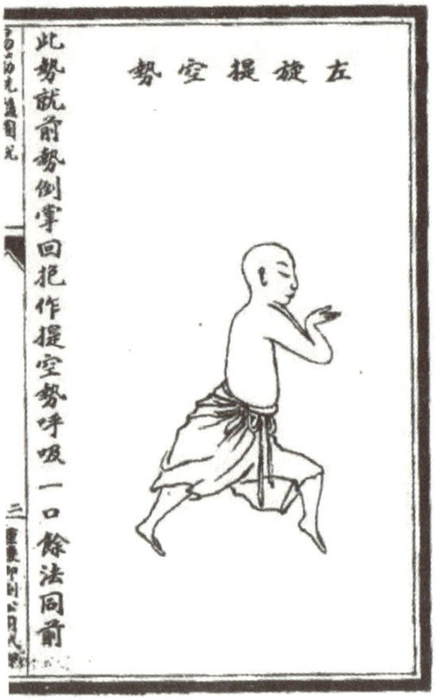

图 6–6

第四节　左旋伏地势

【练法】

1. 两掌分开，掌心向下，收回触肩。（图 6–7）

2. 两掌由肩部贴身翻转向下按至地面；身随双掌下按而伏下，头与身保持一致，不要过低；身下伏时，左脚与右脚跟抬起；定势后，以四肢撑起身体，扬头，注目凝神；调息 3 次。（图 6–8）

【古谱】

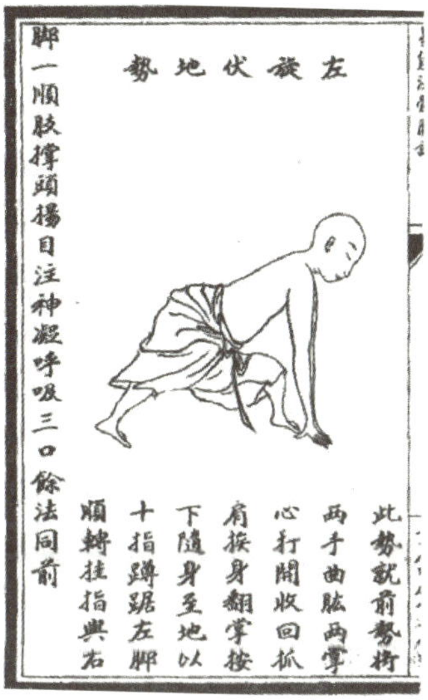
左旋伏地勢

此勢就前勢將兩手曲肱兩掌心打開收回抵肩挨身翻掌按下隨身至地以十指蹲踞左腳順轉挂指與右腳一順肢撐頭揚目注神凝呼吸三口餘法同前

图 6–7

图 6–8

第五节　回抱还左势

【古谱】

【练法】

将身缓缓直起；同时，合掌回抱对鼻。左脚尖（以脚跟为轴）向右摆，与右脚成丁字步，屈膝；右腿伸直，踮起脚尖，还原成左旋回抱势；自然呼吸 1 次。（图 6-9）

图 6-9

第六节　右旋回抱势

【练法】

右脚尖（以右脚跟为轴）向左摆，屈膝，脚落地踏实；合掌回抱，头身向右扭转；左脚尖右摆成顺步，腿伸直，脚跟踮起，形成右丁字步。注目凝神，调息 1 次。（图 6–10）

【古谱】

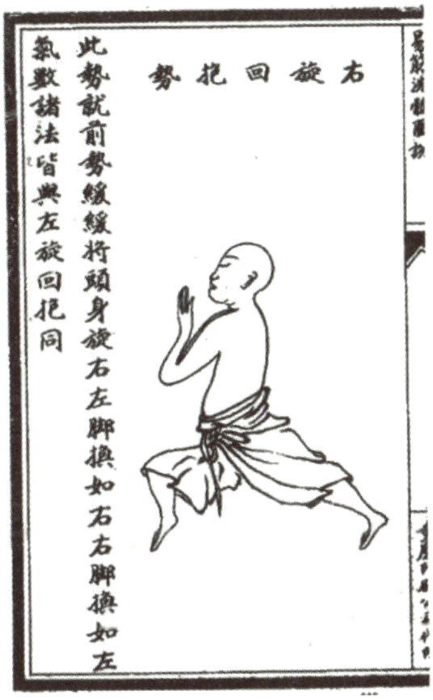

图 6–10

第七节　右旋提空势

【练法】

动作与“左旋提空势”相同，方向相反。（图 6-11）

【古谱】

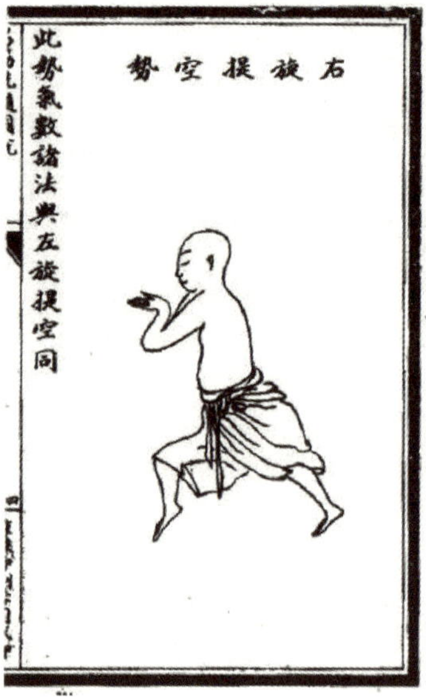

图 6-11

第八节　右旋伏地势

【练法】

动作与“左旋伏地势”相同，方向相反。（图 6–12、图 6–13）

【古谱】

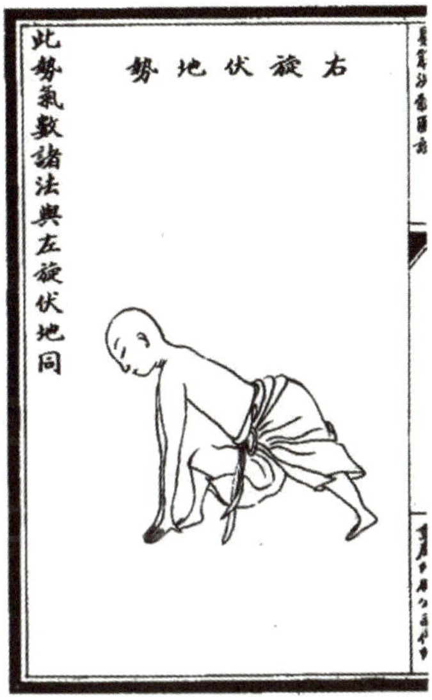

图 6–12

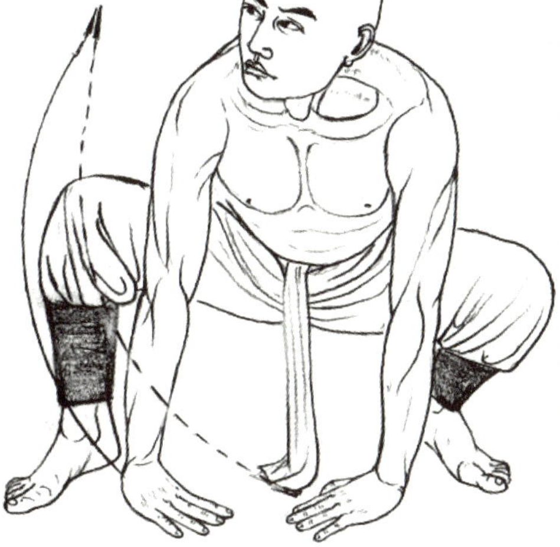

图 6–13

第九节　回抱还右势

【练法】

动作与“回抱还左势”相同，方向相反。（图 6-14）

【古谱】

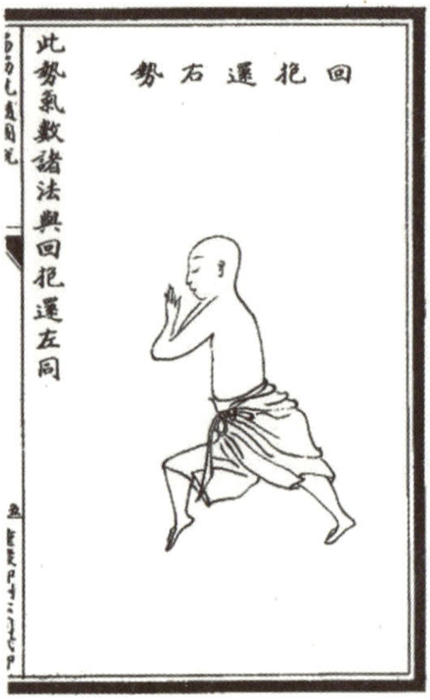

图 6-14

第十节　左拽牛尾势

【练法】

两手握拳（握紧），左转身成左弓步；左拳拳面向前，以肘回旋抬起于左肩上方，再屈肘立臂，拳心对鼻，拳面向前；右拳从身中落下，转肘将右拳落于右胯外侧，拳面向下，拳心向后，头、右拳、右腿约成一条线，势如用劲倒拽牛尾一般。定势后，调息 3 次。（图 6-15）

【古谱】

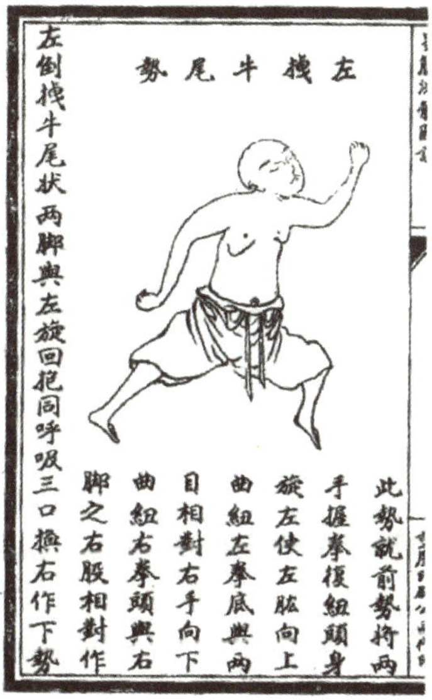
左拽牛尾勢

此勢就前勢將兩手握拳復紐頭身旋左使左肱向上曲紐左拳底與兩目相對右手向下曲紐右拳頭與右腳之右股相對作

左倒拽牛尾狀兩腳與左旋回抱同呼吸三口換右作下勢

图 6-15

第十一节　右拽牛尾势

【练法】

动作与“左拽牛尾势”相同，方向相反。（图 6–16）

【古谱】

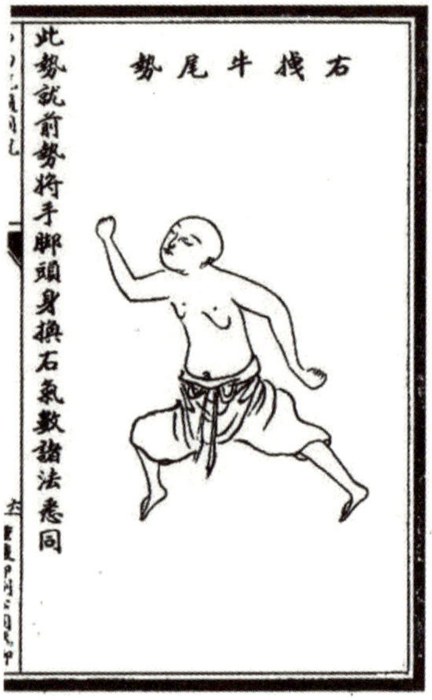

图 6–16

第十二节　献杵还左势

【练法】

1. 收回手脚，成开步正身直立，两脚稍宽于肩，两臂自然垂于体侧。（图 6-17）

2. 屈膝下蹲，两脚跟离地提悬，用两脚前掌着地成马步桩；同时，平端左掌放于心窝前，掌心向上；右臂端起，右立掌放于左掌心上（双掌动作同时完成）。平气 1 次。（图 6-18）

【古谱】

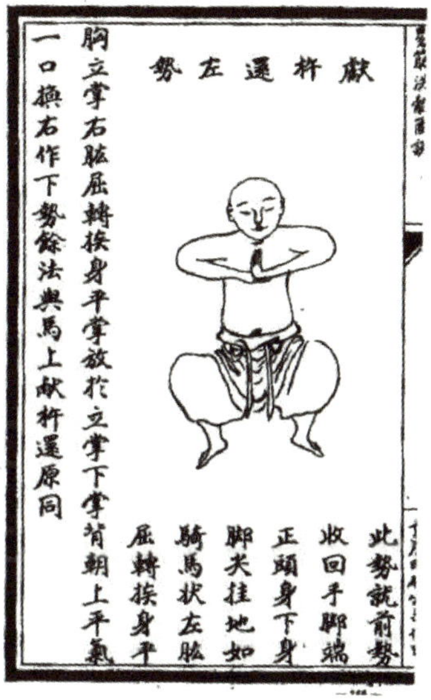
献杵還左勢

此勢就前勢收回手腳端正頭身下身腳尖拄地如騎馬狀左肱屈轉挨身平胸立掌右肱屈轉挨身平掌放於立掌下掌背朝上平氣一口換右作下勢餘法與馬上献杵還原同

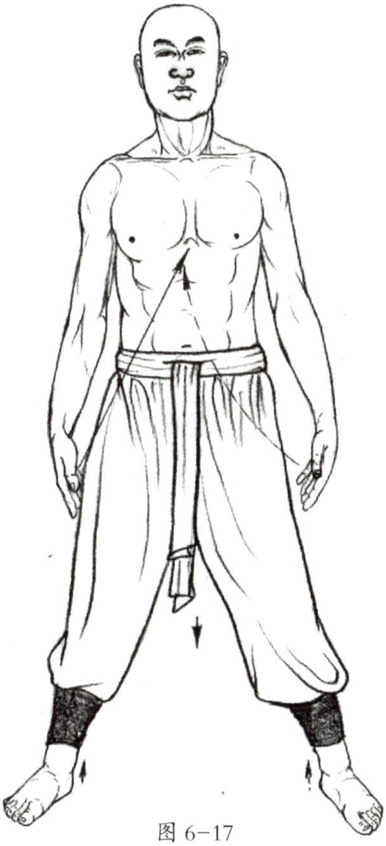
图 6-17

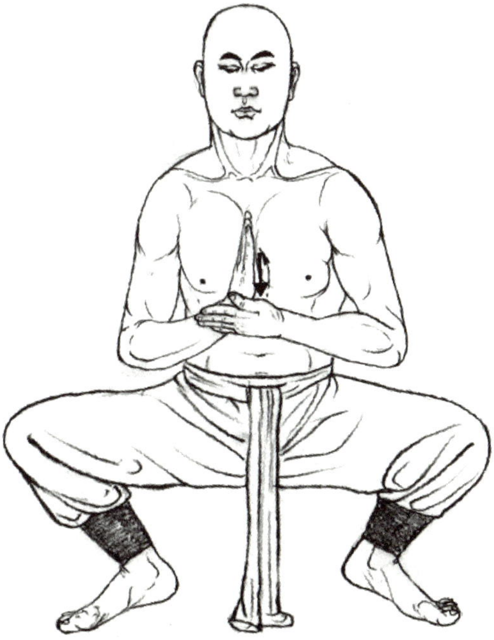
图 6-18

第十三节　献杵还右势

【练法】

两掌交换位置；平气1次。（图6-19）

【古谱】

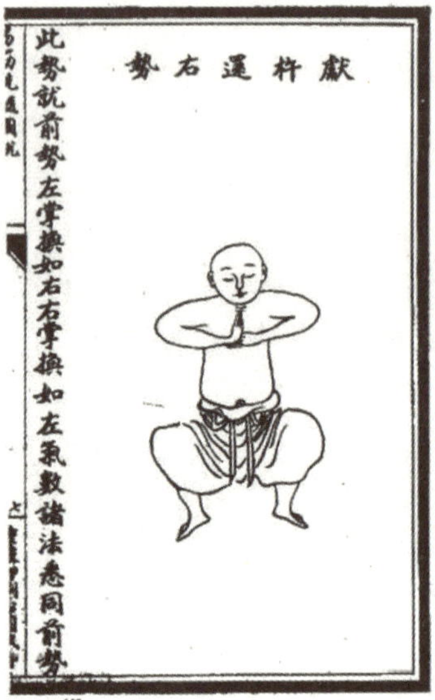
獻杵還右勢

此勢就前勢左掌換如右右掌換如左氣數諸法悉同前勢

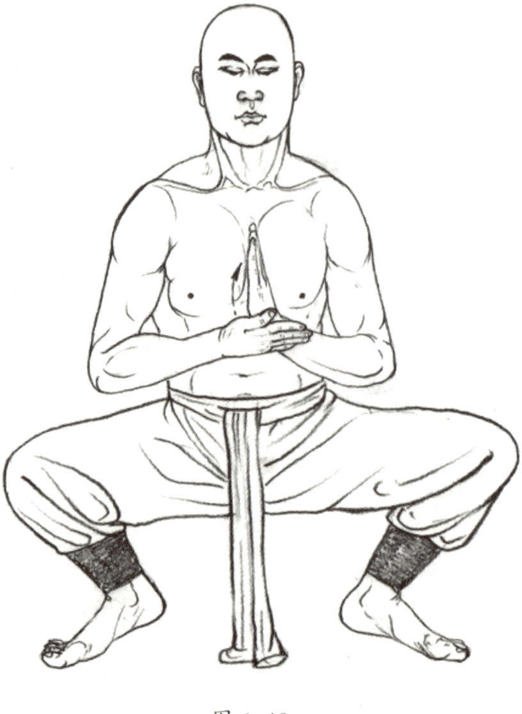

图 6-19

第十四节　献杵还中势

【练法】

两掌相合，端于胸前；平气1次。（图 6-20）

【古谱】

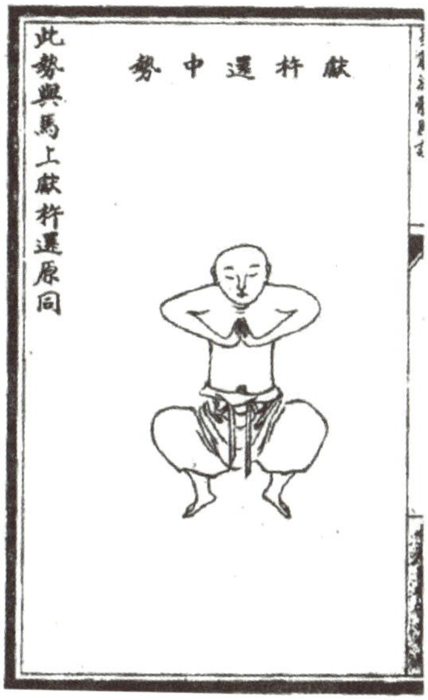

图 6-20

第十五节　插脚腾空势

【练法】

两脚前掌着地不变。直立起身，双掌指尖与鼻尖相照。身体缓缓直立，势如身体腾空而起。起身时吸气，起身后缓缓呼气。（图 6-21）

【古谱】

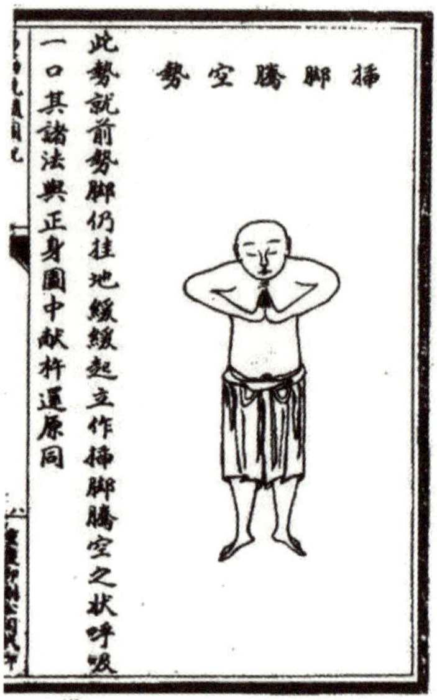

图 6-21

图 6-21 附

第十六节　仰面朝天势

【练法】

合掌与头保持原距离，上身缓缓向后仰，目光反视。后仰势主要是头与掌臂的变化，背部稍向后倾斜而不可过，过则易倒。合掌仰面3次，呼吸3次。（图6-22）

【古谱】

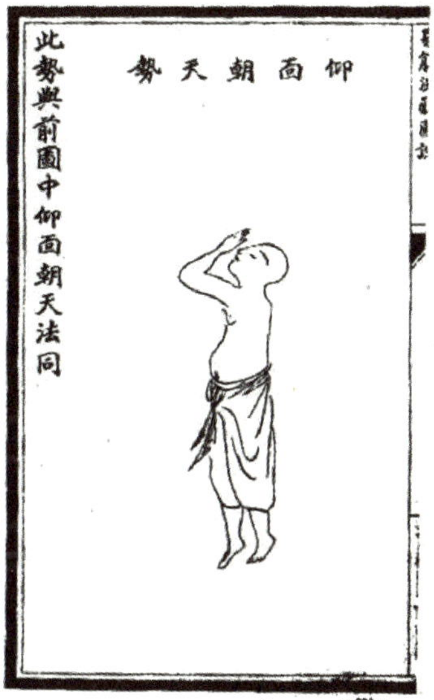

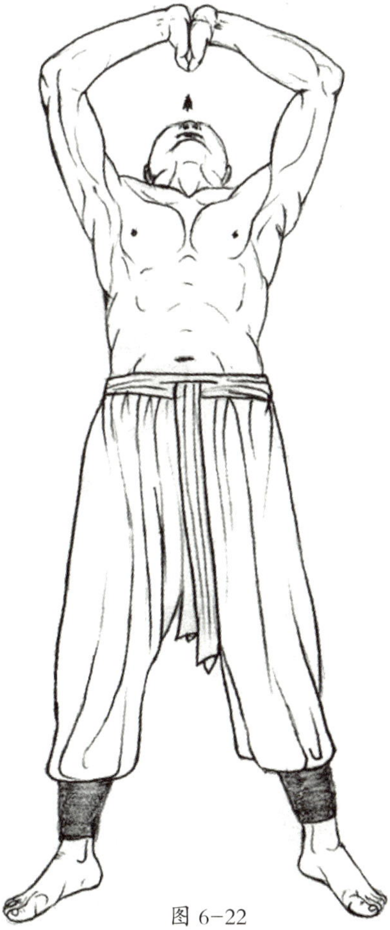

图6-22

图6-22附

第十七节　献杵还原势

【练法】

1. 立身还原，合掌于胸前。（图 6–23）

2. 然后，脚跟落地，顺势缓缓回转成立身献杵势。（图 6–24）

【古谱】

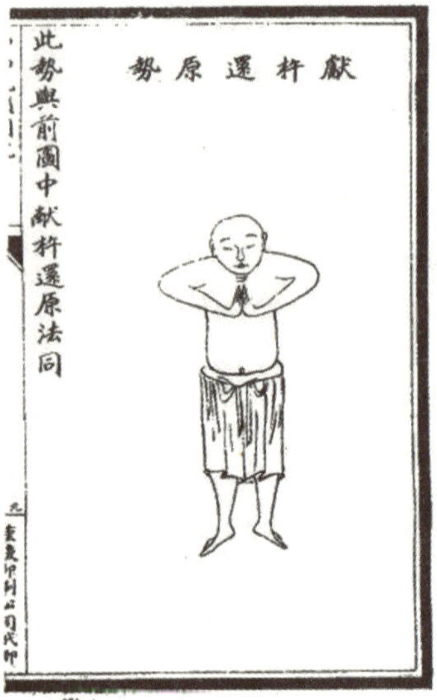

图 6–23

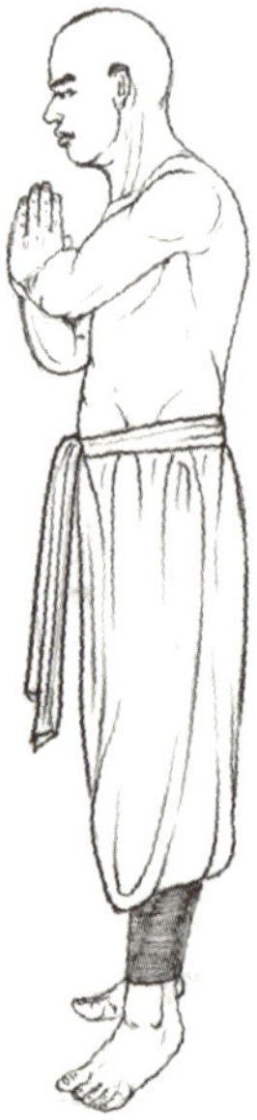
图 6–23 附

图 6–24

第十八节　拱立归位势

【练法】

先平气 1 次。两脚跟相靠，脚尖外摆成八字步，身体直立；两掌置于胸前，左掌掌心向上，右掌握拳放于左掌上，拳心向上，仍平气 1 次。然后调息定气，使呼吸顺其自然一出一入，由快转慢，由粗转细，能达到似有似无为佳。（图 6–25）

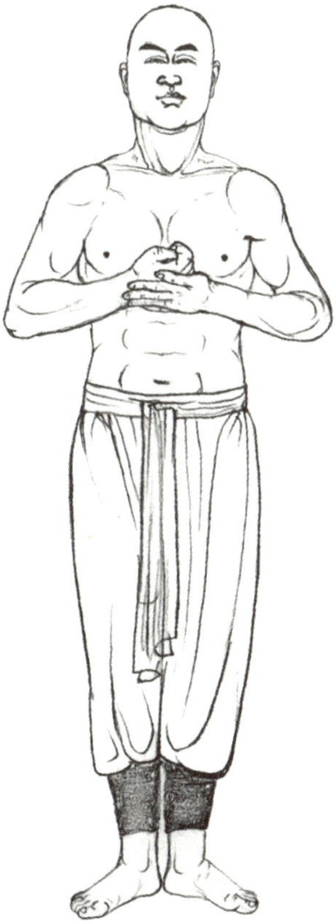

图 6–25

【古谱】

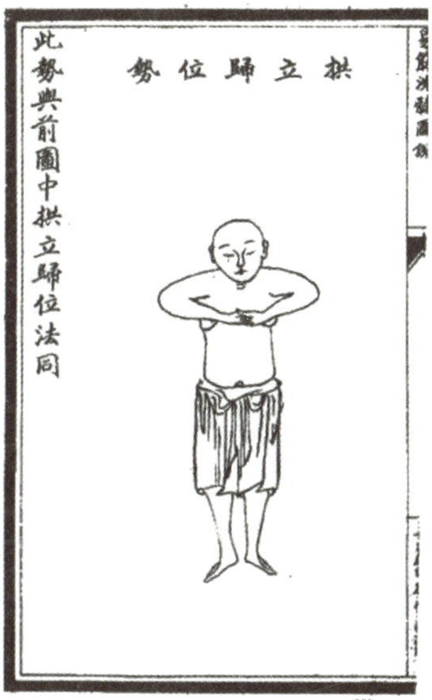

第七章　倒身势

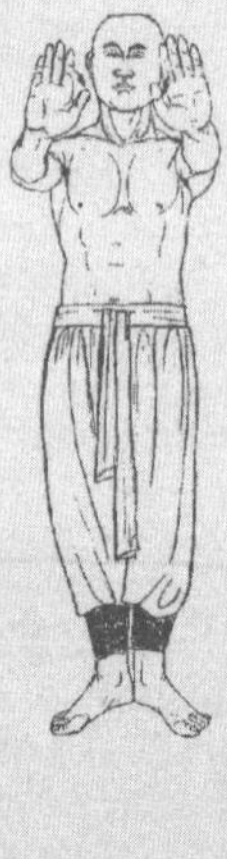

第一节　马上献杵势

【练法】

1. 并步正身直立，两臂自然垂于体侧，自然呼吸，双目平视。（图 7–1）

2. 左脚向左横跨一步，两脚间距略比肩宽，脚尖外摆成外八字，身体直立；两掌上收于胸前，立掌相合。（图 7–2）

【古谱】

图 7–1

图 7–2

图 7–3

3. 脚跟离地，以两脚前掌着地，屈膝下蹲成马步；双掌合十端放于胸前，如献杵状。定势后，调息 3 次。（图 7–3）

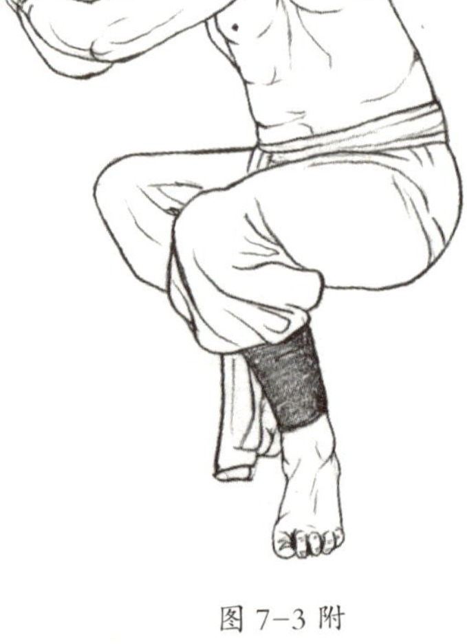

图 7–3 附

第二节　合掌平胸势

【练法】

马步桩不变。将合掌内靠，两拇指贴胸；调息 3 次。（图 7–4）

【古谱】

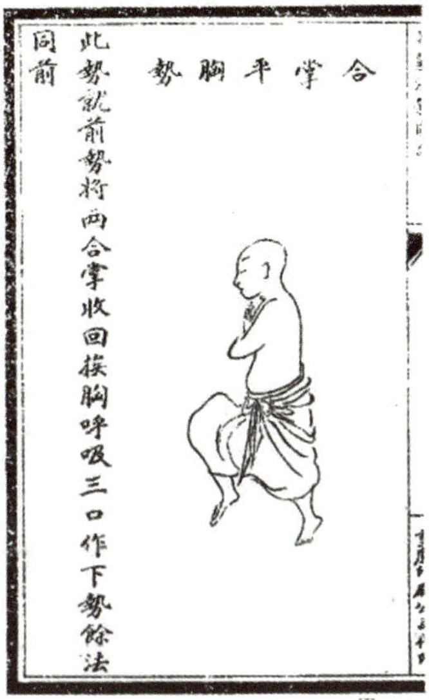

合掌平胸势

此势就前势将两合掌收回挨胸呼吸三口作下势余法同前

图 7–4

图 7–4 附

第三节　四肢投地势

【练法】

分掌下落，两掌向前伸出，身体随之伏地，并以双掌十指和双脚脚趾着地支撑身体；臂要直，腿要伸，背要平；然后昂头上视，注目凝神，呼吸3次（先呼后吸）。（图7–5）

【古谱】

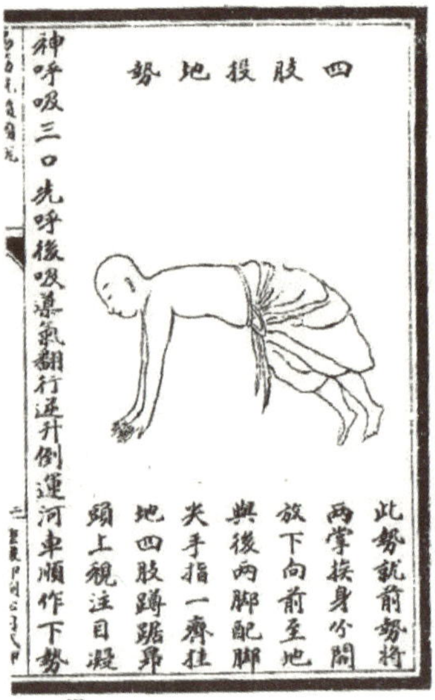

图7–5

图7–5附

第四节　右鼎足舒身势

【练法】

将右脚前移到腹前地下，屈膝，合两手如三足鼎立之势；然后，将左脚抬起直伸，脚跟约与头平，伸脚的同时，背部、股、膝一齐伸撑。定势后，调息 3 次。（图 7–6）

【古谱】

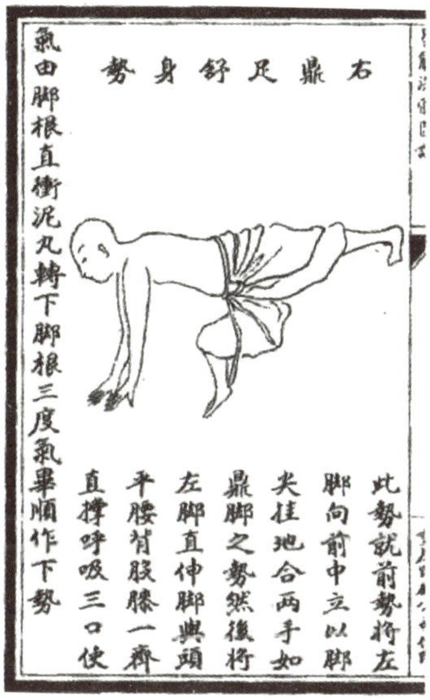
右鼎足舒身勢

此勢就前勢將左腳向前中立以腳尖拄地合兩手如鼎腳之勢然後將左腳直伸腳與頭平腰背股膝一齊直撑呼吸三口使氣由腳根直衝泥丸轉下腳根三度氣畢順作下勢

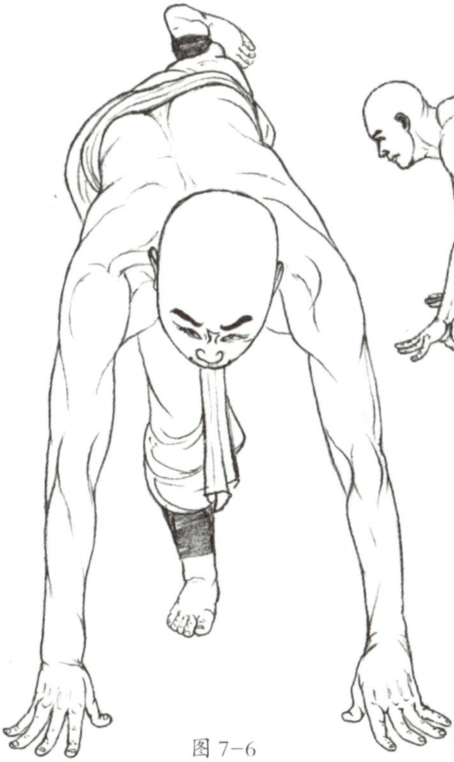

图 7–6

图 7–6 附

第五节　左鼎足舒身势

【练法】

将左右脚互换，动作与“右鼎足舒身势”相同，方向相反。（图 7–7）

【古谱】

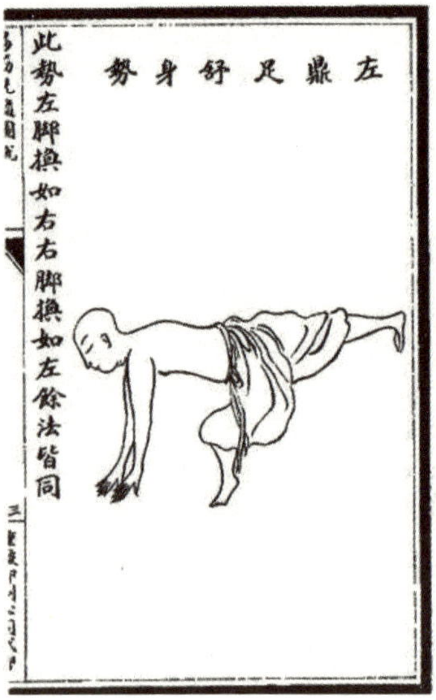

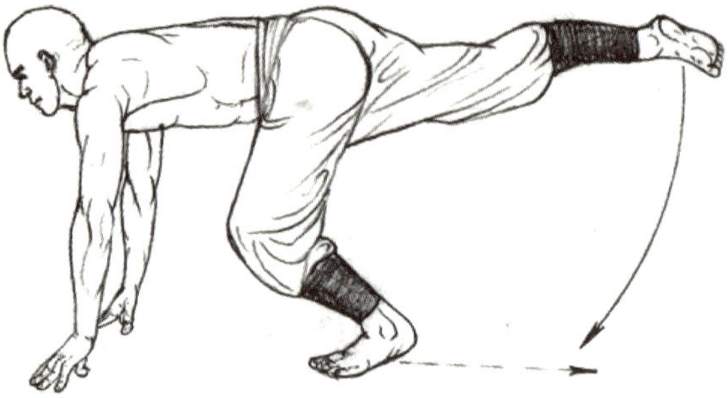

图 7–7 附

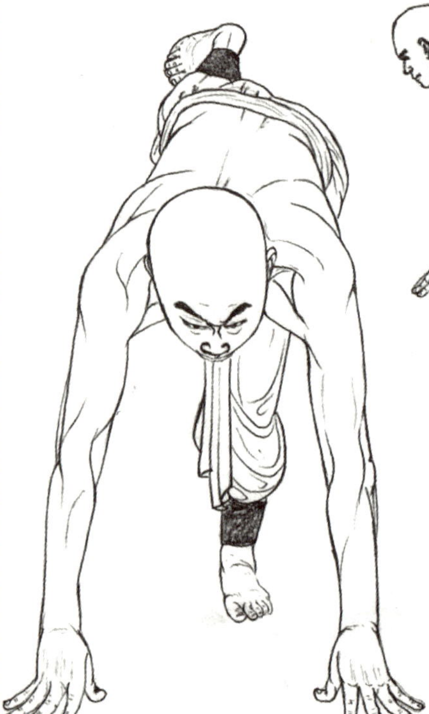

图 7–7

第六节　投地还原势

【练法】

1. 放下右脚，退左脚还原成四肢投地势；呼吸 3 次。（图 7–8）

【古谱】

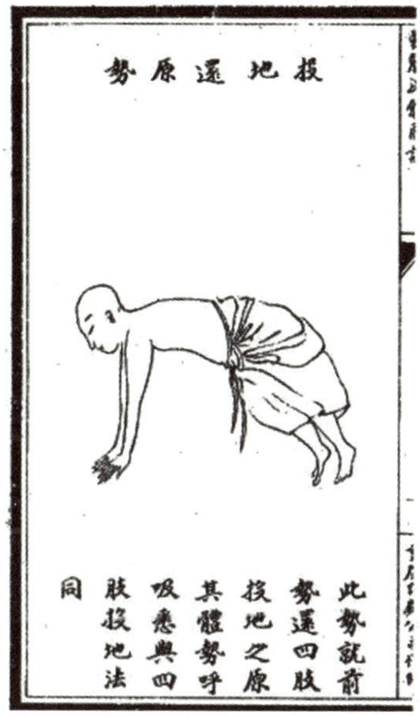
投地還原勢

此勢就前勢還四肢投地之原其體勢呼吸悉與四肢投地法同

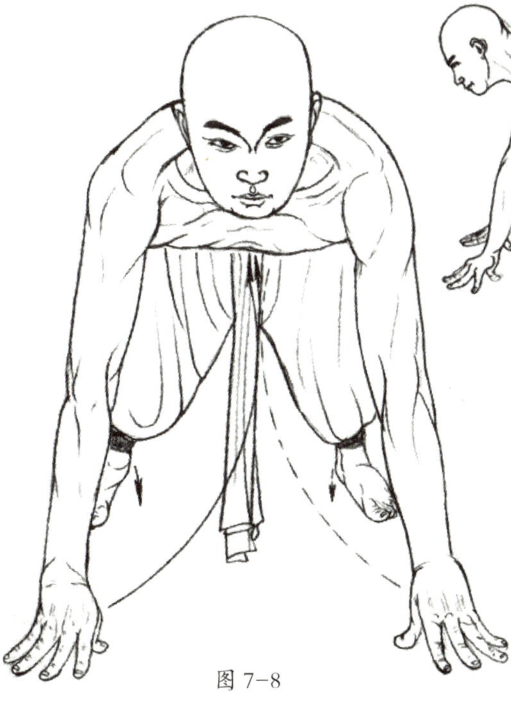
图 7–8

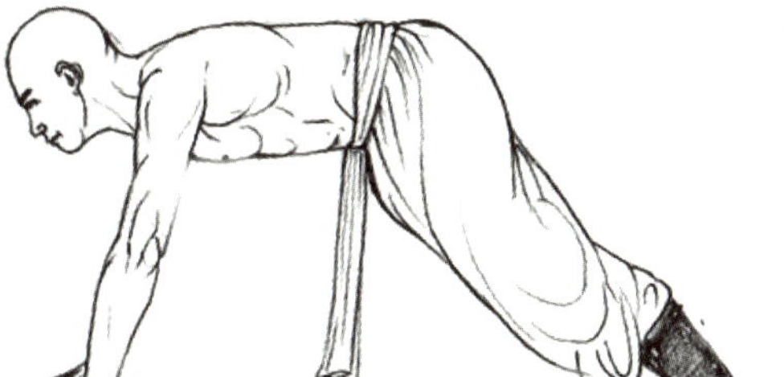
图 7–8 附

图 7-9

2. 屈膝，臀部后坐，立起上身成马步桩；合掌于胸前。（图 7-9）

3. 收左脚，两脚跟靠拢，身体并立，脚尖外摆成八字状，平气 1 次；两掌放于胸前，左掌掌心向上，右掌握拳放于左掌上，拳心向上，仍平气 1 次；然后调息定气，使呼吸顺其自然一出一入，由快转慢，由粗转细，能达到似有似无为佳。（图 7-10）

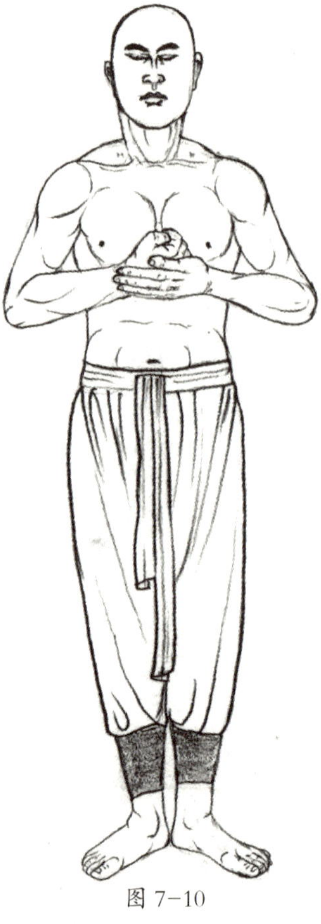

图 7-10

第八章　翻身势

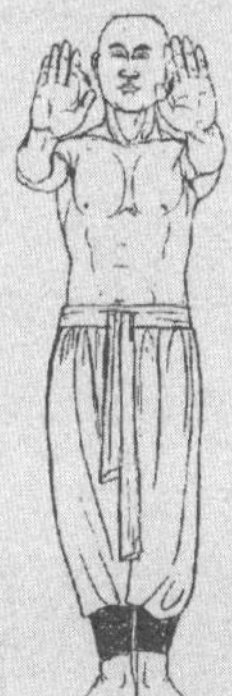

第一节　空中跌坐势

【练法】

1. 并步正身直立，两臂自然垂于体侧，自然呼吸，双目平视。（图 8-1）

图 8-1

【古谱】

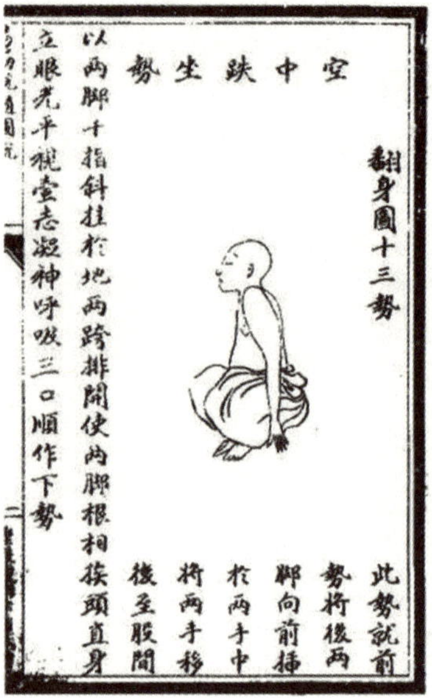

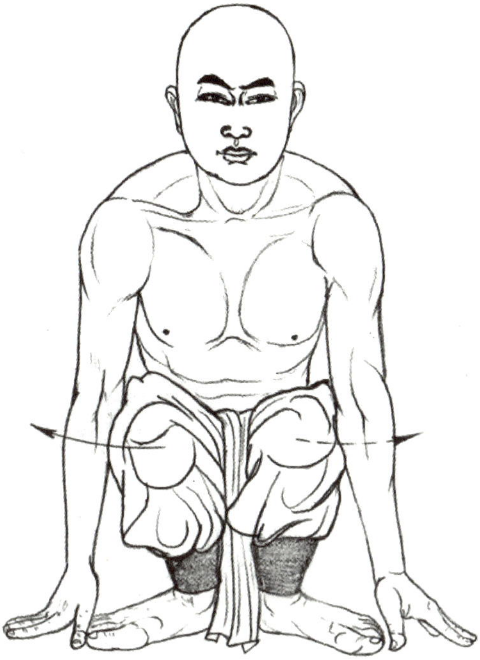

图 8-2

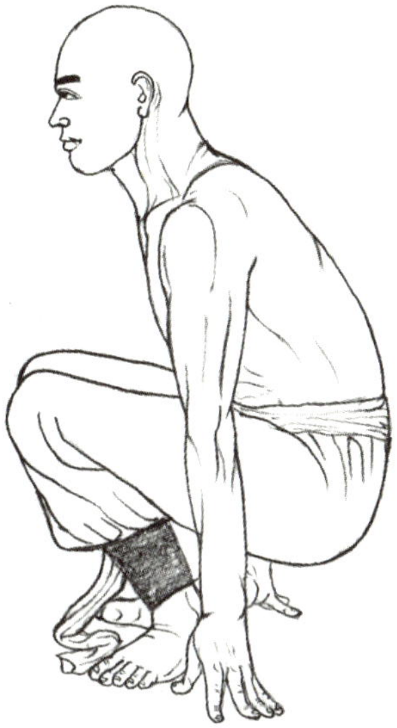

图 8-2 附

图 8-3

2. 蹲下身体，两掌从体侧下落撑地，在肩臂撑力下，两脚跟合并，脚尖外摆。（图 8-2）

3. 两腕挺开，头身正直，脚跟抬起，脚前掌着地，两胯排开；目光平视，一志凝神，调息 3 次。（图 8-3）

第二节　翻身蹲踞势

【练法】

两掌稍分开，仍撑地；双脚前伸，并且腿、腹同时前伸，使腹部向上，膝、腹相平；然后四肢与身体用力做1次反撑；接着呼吸3次。（图8-4）

【古谱】

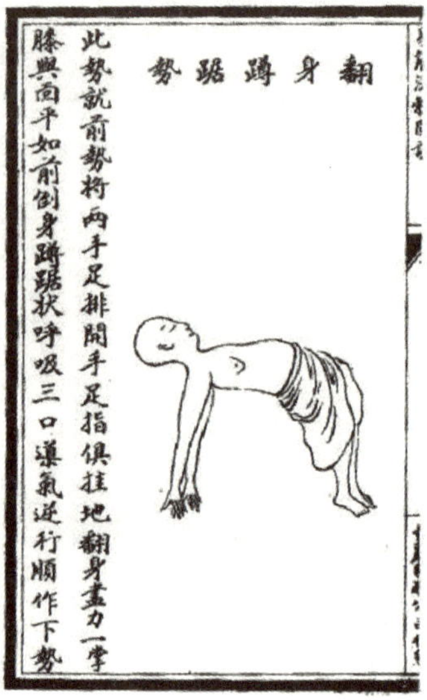

翻身蹲踞勢

此勢就前勢將兩手足排開手足指俱拄地翻身盡力一掌膝與面平如前倒身蹲踞狀呼吸三口導氣逆行順作下勢

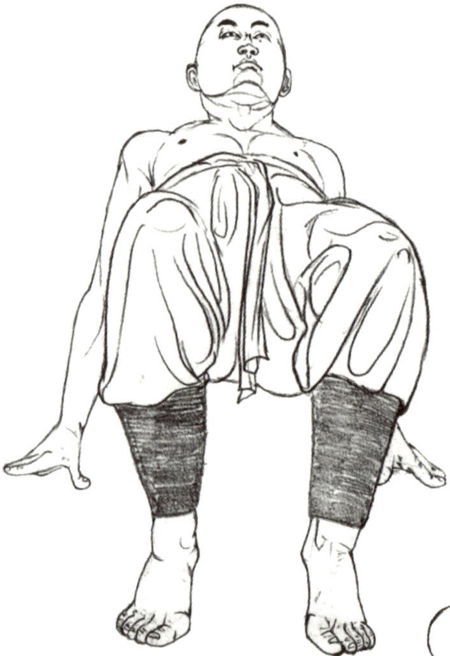

图 8-4

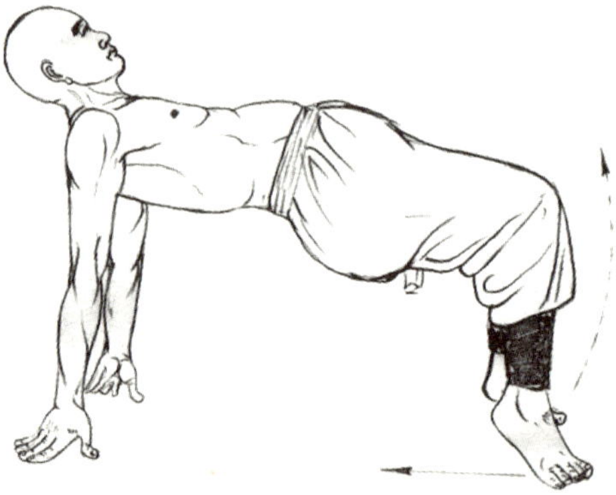

图 8-4 附

第三节 左抵脚鼎力势

【练法】

将右脚屈膝移后，合两手如鼎足状；左脚抬起，用力向上抬。定势后，调息3次。（图8–5）

【古谱】

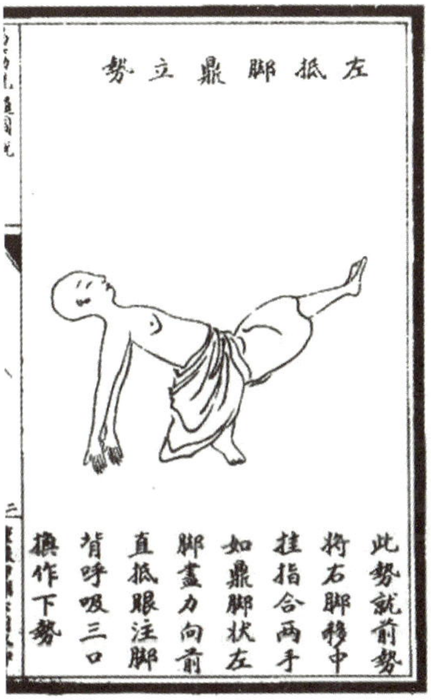

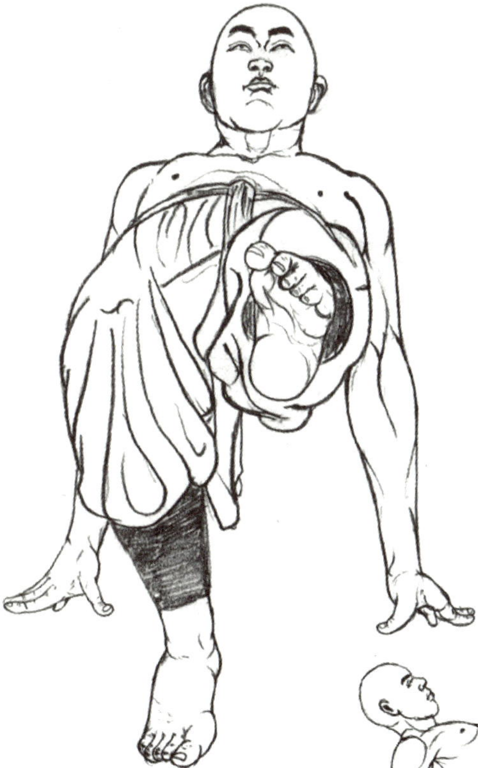

图8–5

图8–5附

第四节　右抵脚鼎力势

【练法】

左右脚互换，其余要领均相同。（图 8–6）

【古谱】

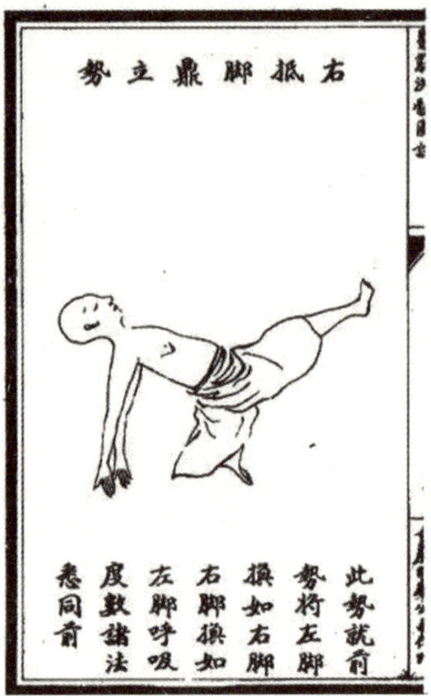

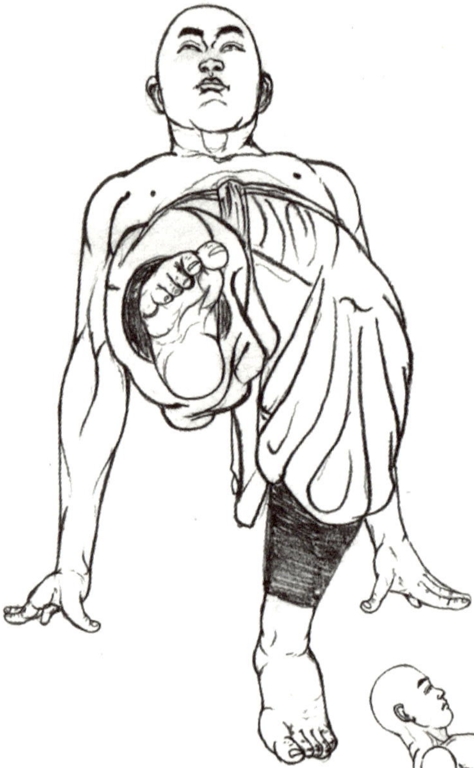

图 8–6

图 8–6 附

第五节　翻身还原势

【练法】

右脚落地，左脚前移，还原成“翻身蹲踞势”。（图 8-7）

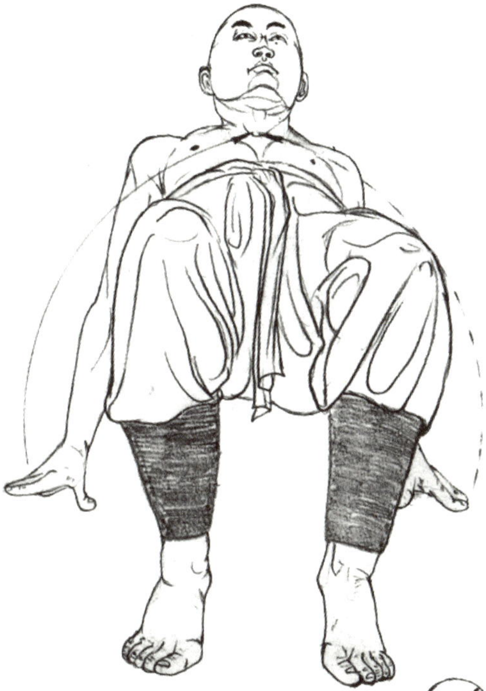

图 8-7

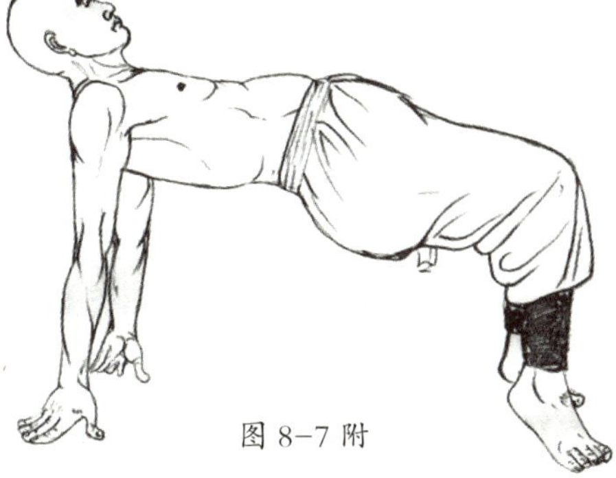

图 8-7 附

【古谱】

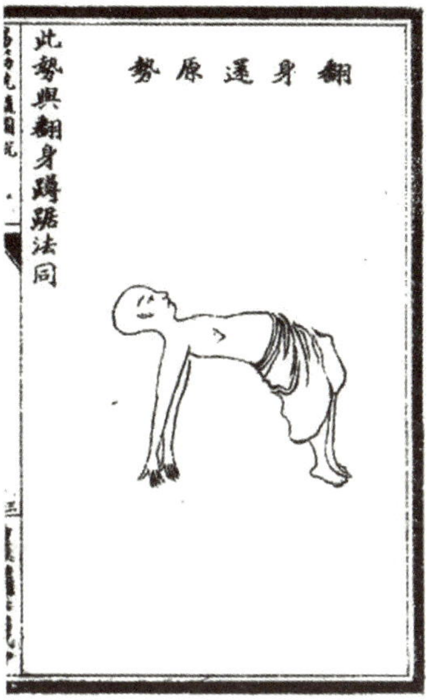

第六节　合掌平胸势

【练法】

将双脚收回，起手离地，屈膝蹲身，提脚跟，以脚前掌着地成马步桩；合掌于胸前，目平视。定势后，调息 3 次。（图 8-8）

【古谱】

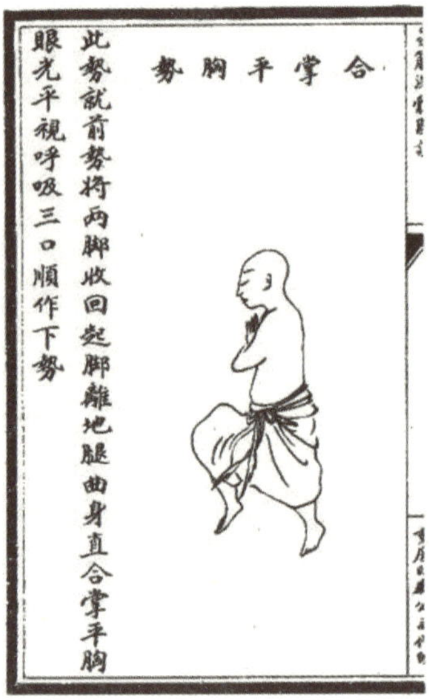

图 8-8

图 8-8 附

第七节　马上打恭势（向上）

【练法】

马步桩不变。用鼻吸气；同时，双掌合掌前撑，如骑在马上打恭。定势后，用鼻将气缓缓呼出。（图 8-9）

【古谱】

向上馬上打恭勢

此勢就前勢仍脚尖拄地将合掌向上直撑如在馬上打拱状氣亦隨之速作下勢

图 8-9

图 8-9 附

第八节　马上打恭势（向下）

【练法】

马步桩不变。上体下沉，臀部下坐，用鼻吸气的同时，将合掌直撑向下至地面。定势后，用鼻将气缓缓呼出。（图 8–10）

【古谱】

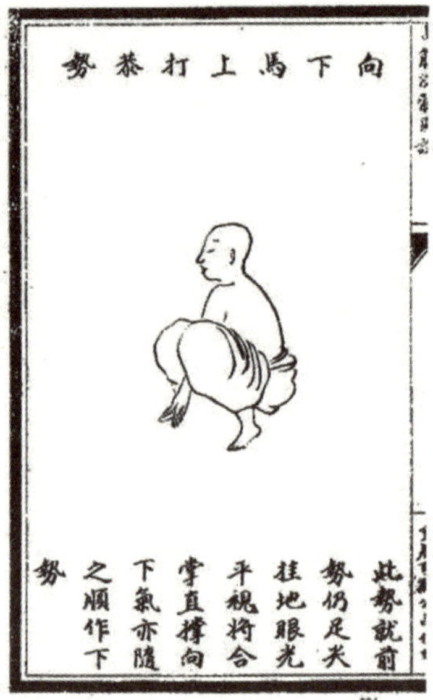

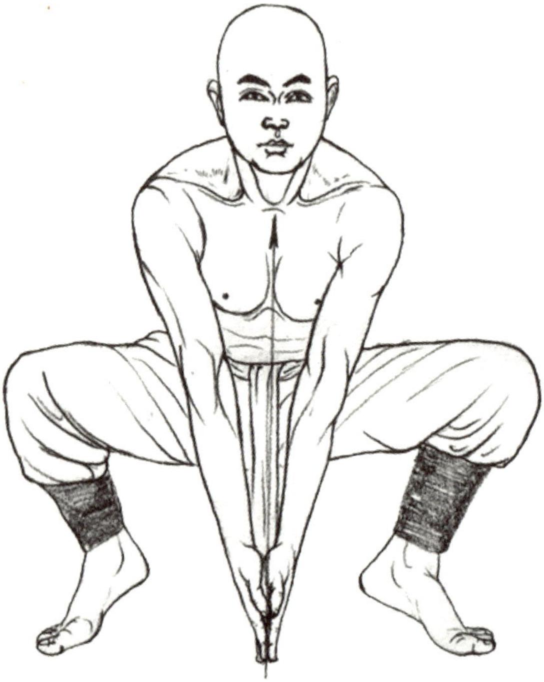

图 8–10

第九节　三起三跌势

【练法】

1. 屈肘合掌上抬至胸前；随合掌上抬，双脚脚跟踮起，膝部着力往上抬，至臀部高过膝部为度，头颈伸直。吸气 1 次。（图 8–11）

2. 马步桩合掌胸前不变。屈膝跌身，以双肘下至膝间为宜。呼气 1 次。（图 8–12）

【古谱】

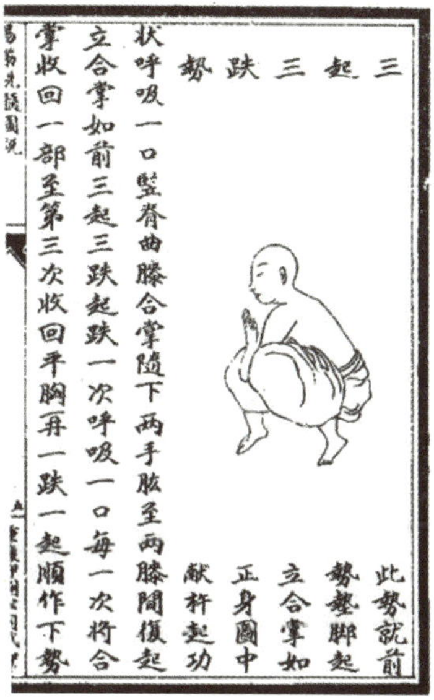
三起三跌势

此势就前势整脚起立合掌如正身圖中献杵起功狀呼吸一口竪脊曲膝合掌隨下兩手肱至兩膝間復起立合掌如前三起三跌起跌一次呼吸一口每一次將合掌收回一部至第三次收回平胸再一跌一起順作下勢

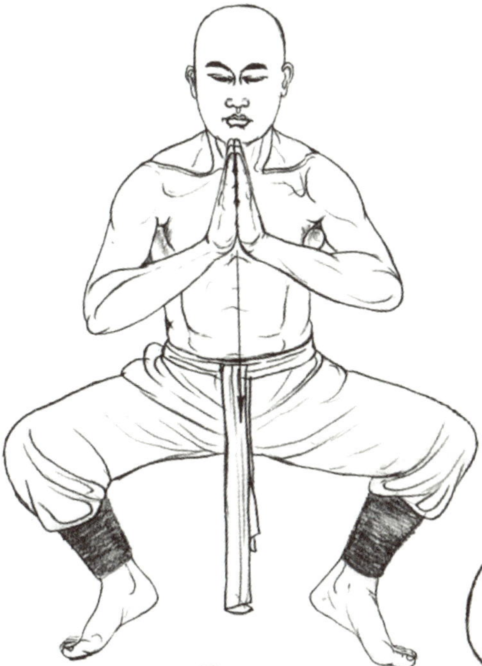
图 8–11

图 8–12

3. 如此三起三跌，呼吸 3 次。（图 8–13 ~图 8–16）

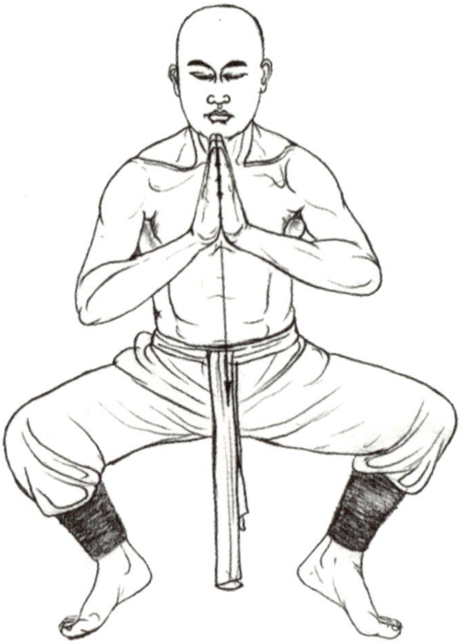

图 8–13

图 8–14

图 8–15

图 8–16

第十节　起立三推势

【练法】

1. 左脚向右脚收拢，成小开步，两脚前掌着地，正身直立；吸气 1 次。（图 8-17）

【古谱】

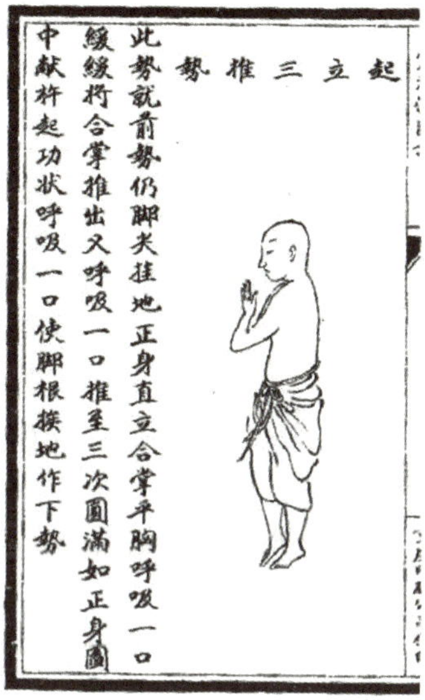
起立三推勢
此勢就前勢仍脚尖拄地正身直立合掌平胸呼吸一口緩緩將合掌推出又呼吸一口推至三次圓滿如正身圖中獻杵起功狀呼吸一口使脚根挨地作下勢

图 8-17

图 8-17 附

2. 将合掌由胸前推出，呼气 1 次。（图 8-18）

3. 再将合掌收回，吸气 1 次。如此三推三收，呼吸 3 次。（图 8-19 ~图 8-22）

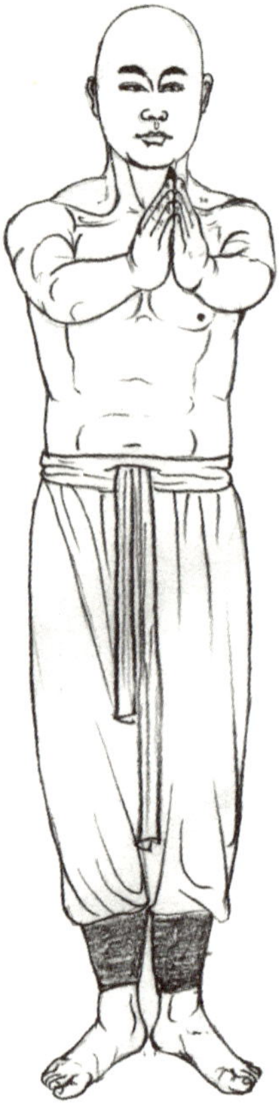

图 8-18

图 8-18 附

图 8-19

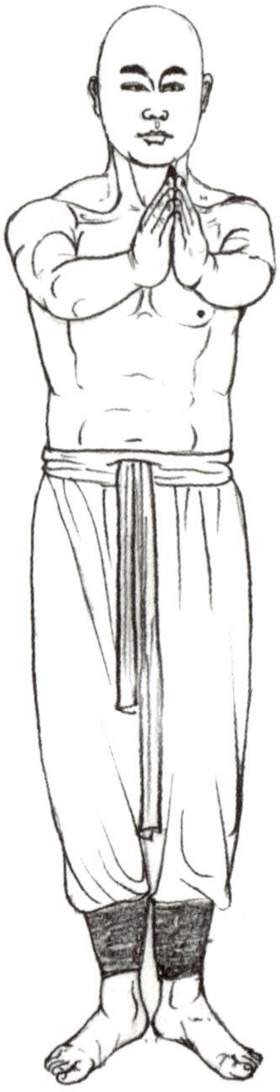

图 8-20

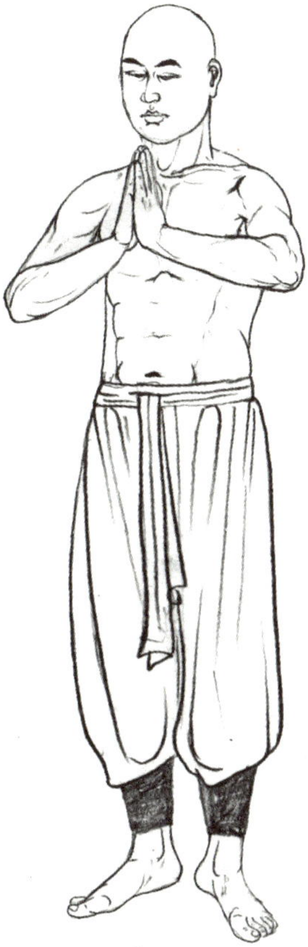

图 8-21

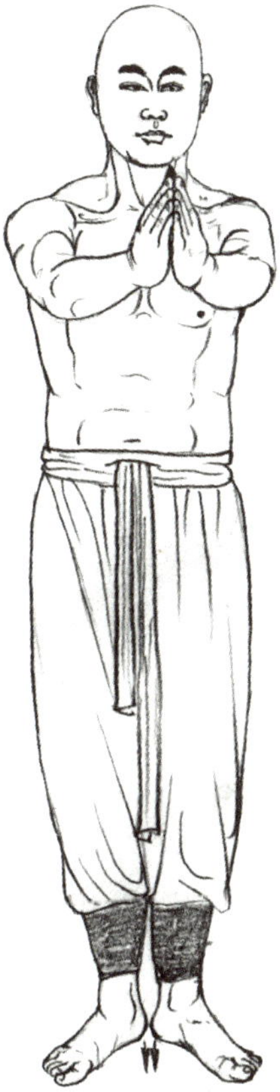

图 8-22

图 8-23

4. 脚跟落地，再呼吸 1 次。（图 8-23）

第十一节　仰面朝天势

【练法】

1. 合掌上抬与鼻尖平。（图 8–24）

2. 合掌与头保持原距离，上身缓缓向后仰，目光反视。后仰势主要是头与掌臂的变化，背部稍向后倾斜而不可过，过则易倒。仰面朝天后顺势呼吸 3 次。（图 8–25）

【古谱】

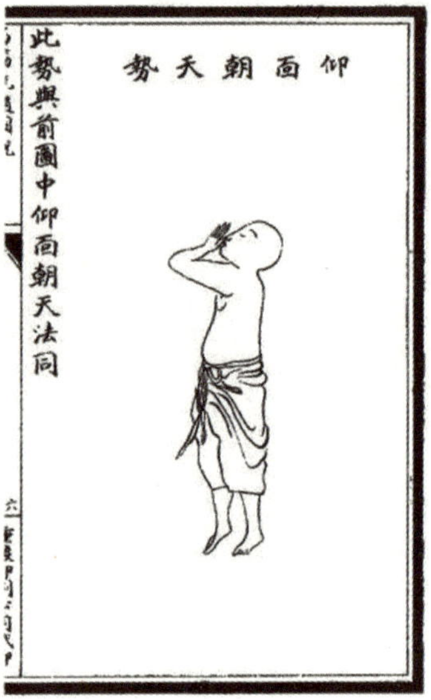

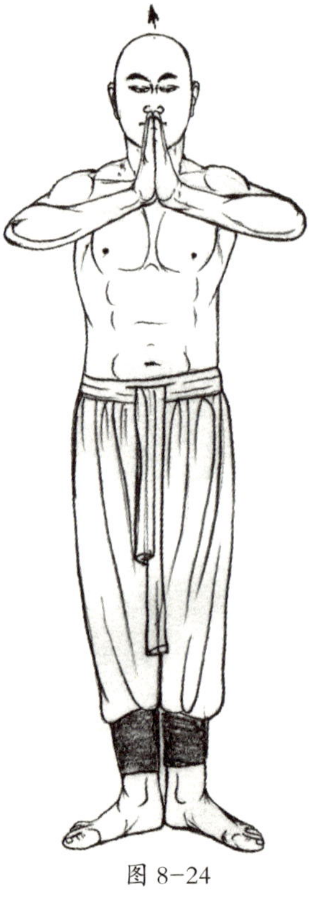
图 8–24

图 8–25

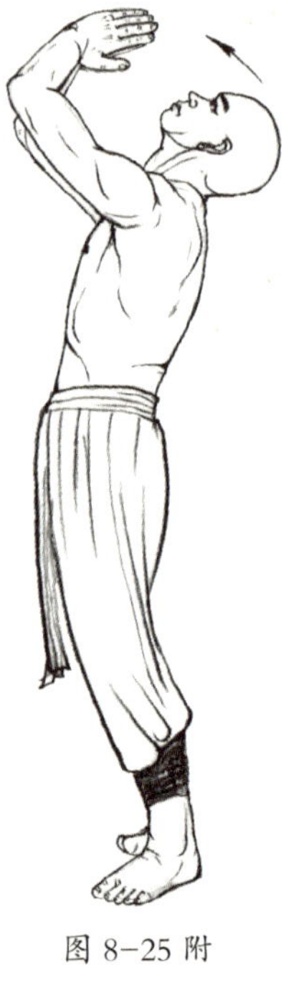
图 8–25 附

第十二节　献杵还原势

【练法】

顺势缓缓回转成献杵还原势。（图 8-26）

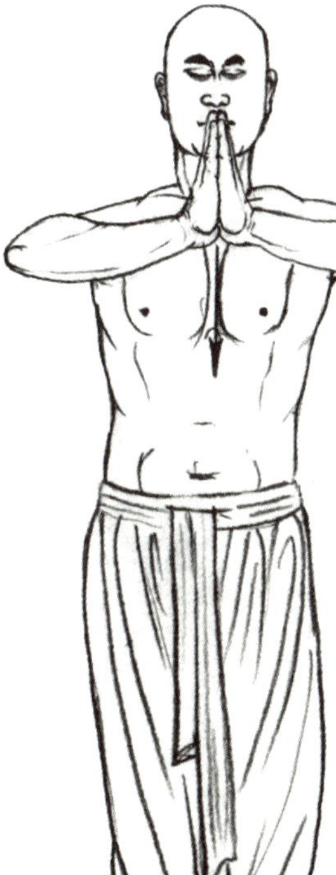

图 8-26

【古谱】

第十三节　拱立归位势

【练法】

先平气 1 次；两掌放于胸前，左掌掌心向上，右掌握拳放于左掌上，拳心向上，仍平气一口；然后调息定气，使呼吸顺其自然一出一入，由快转慢，由粗转细，能达到似有似无为佳。（图 8–27）

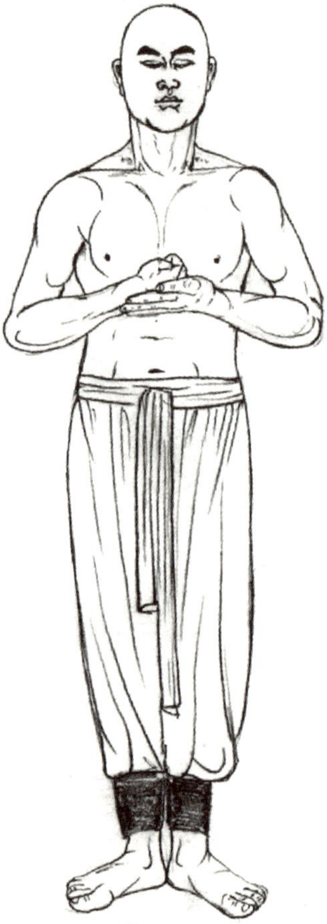

图 8–27

【古谱】

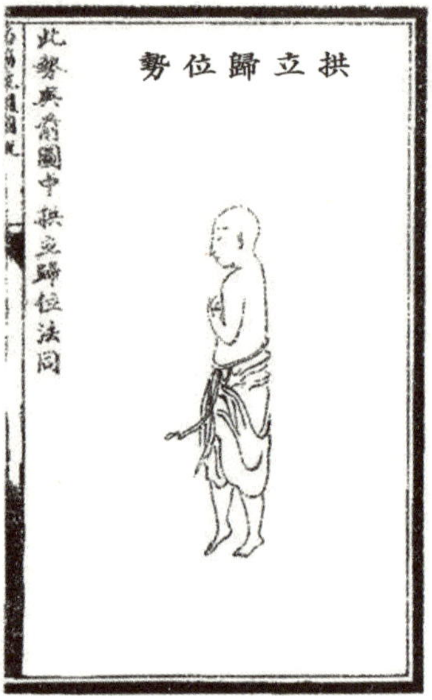

第九章　行身势

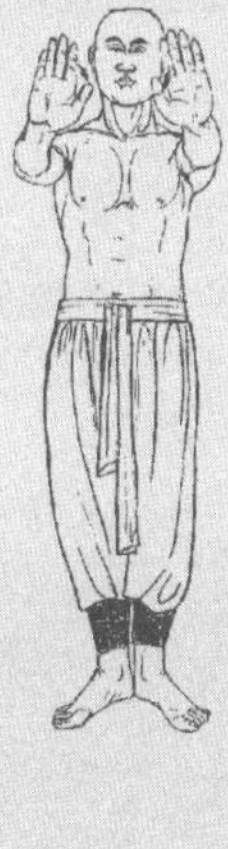

第一节　左独步瀛洲势

【练法】

1. 并步正身直立，两臂自然垂于体侧，自然呼吸，双目平视。（图 9-1）

2. 两臂垂于体侧不变，左脚向左横跨一步，两脚间距约与肩同宽，脚尖外摆成外八字，开步直立。（图 9-2）

【古谱】

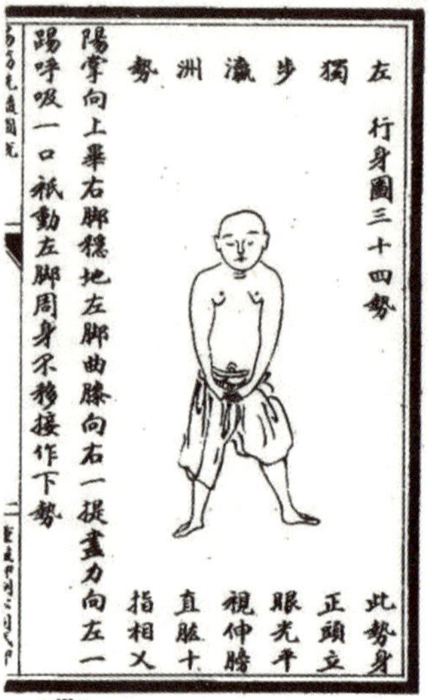
左獨步瀛洲勢
行身圖三十四勢
此勢身正頭立眼光平視伸膀直肱十指相叉陽掌向上舉右脚穩地左脚曲膝向右一提盡力向左一踢呼吸一口祇動左脚周身不移接作下勢

图 9-1

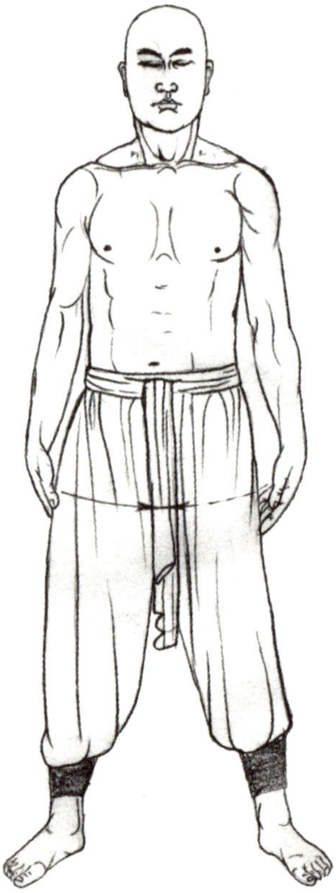
图 9-2

3. 两掌收于体前下方，十指交叉，掌心相对。（图 9–3）

4. 右脚踏实，左脚向右屈膝提起；同时用鼻吸气。（图 9–4）

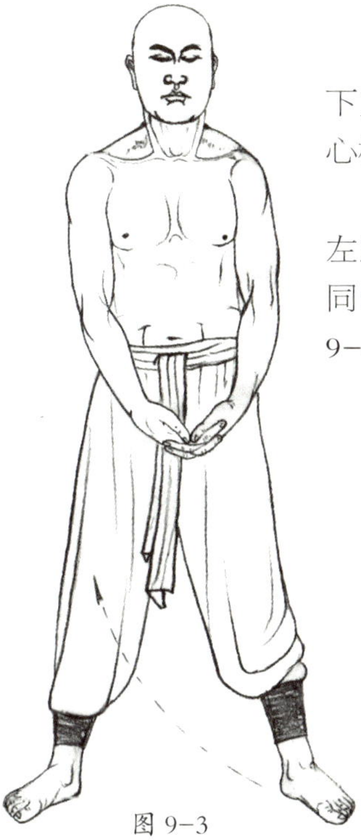

图 9–3

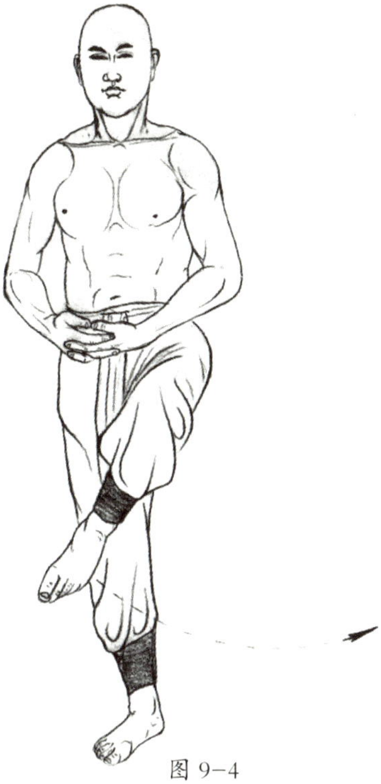

图 9–4

5. 左脚随即用力向左侧踢出；同时用鼻呼气。此势只动左脚，周身不移。（图 9–5）

6. 左脚还原落地。（图 9–6）

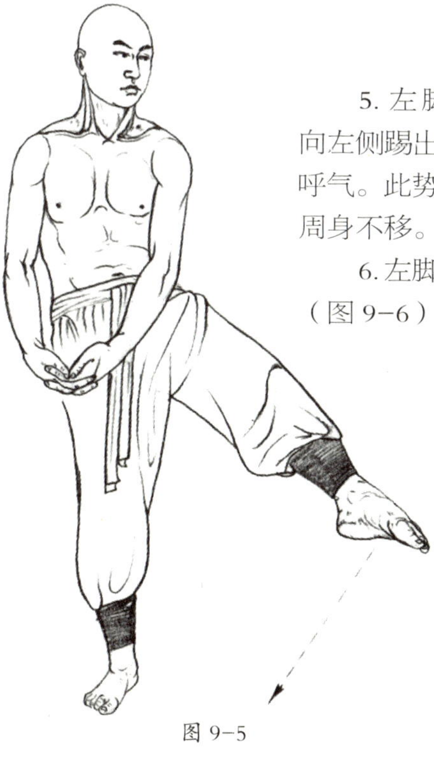

图 9–5

图 9–6

第二节　右独步瀛洲势

【练法】

1. 用鼻吸气；右脚向左屈膝提起。（图 9–7）

2. 右脚随即用力向右侧踢出；用鼻呼气。（图 9–8）

3. 右脚还原落地。（图 9–9）

注：此右势与左势交替连踢 45 次，呼吸 45 次。

【古谱】

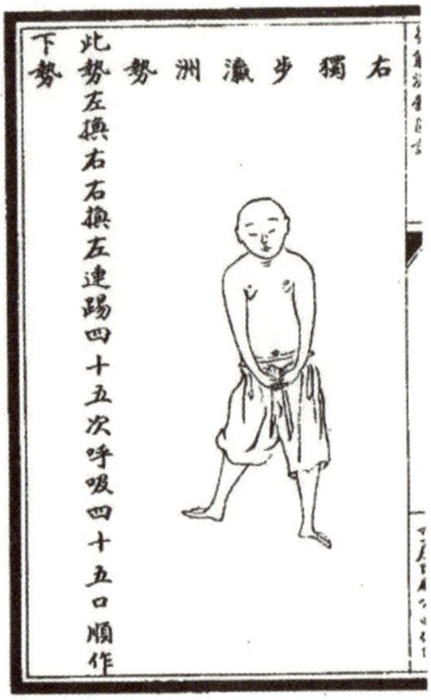

图 9–7

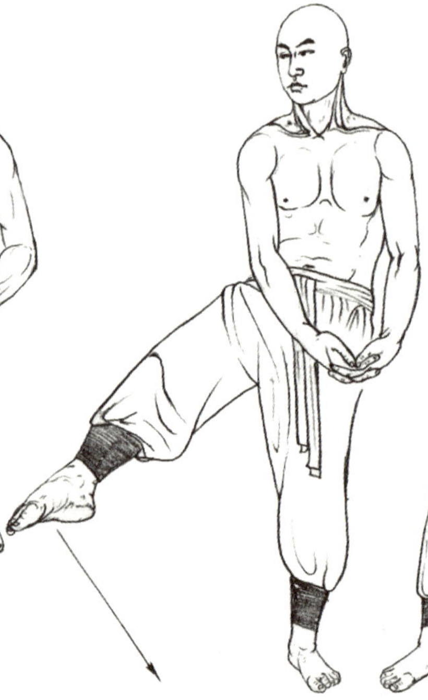
图 9–8

图 9–9

第三节 右御风著步势

【练法】

1. 左脚立地站稳，右脚轻抬由前环绕提至左脚上方；同时，用鼻吸气。（图 9–10）

2. 右脚顺势向前一蹬；用鼻呼气。周身不移，只动右脚。（图 9–11）

3. 蹬后，右脚落回原地，周身正直。（图 9–12）

【古谱】

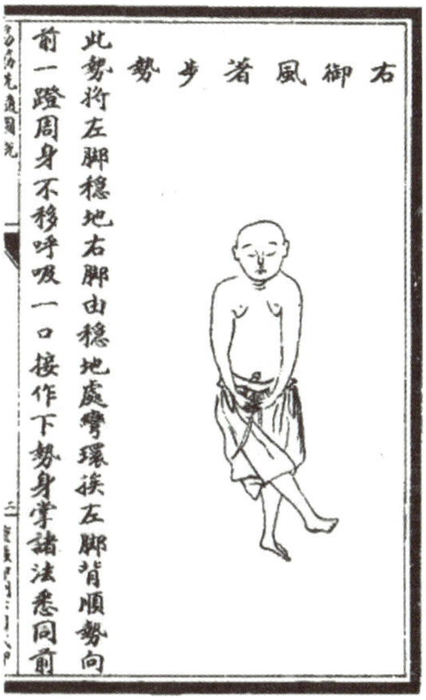
右御風著步勢
此勢將左脚穩地右脚由穩地處彎環挨左脚背順勢向
前一蹬周身不移呼吸一口接作下勢身掌諸法悉同前

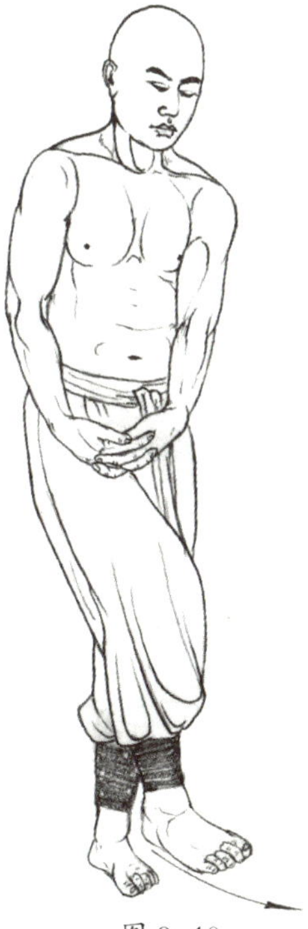
图 9–10

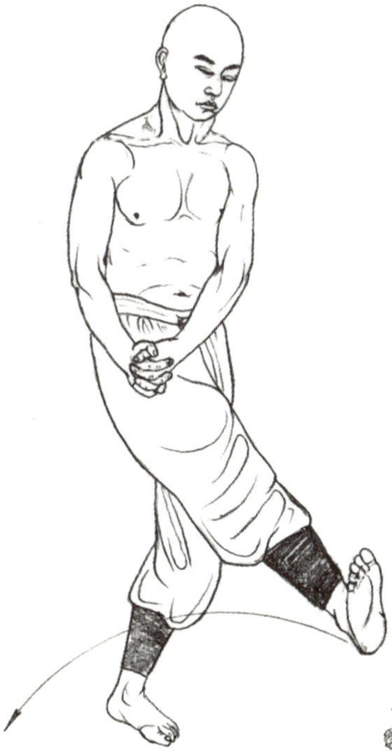
图 9–11

图 9–12

第四节　左御风著步势

【练法】

1. 右脚立地站稳，左脚轻抬由前环绕提至右脚上方；同时，用鼻吸气。（图 9-13）

2. 左脚顺势向前一蹬；用鼻呼气。（图 9-14）

3. 蹬后，左脚落回原地，周身正直。（图 9-15）

注：此左右势交替连做 36 次，呼吸 36 次。与前面“独步瀛洲势”45 次相加共 81 次。

【古谱】

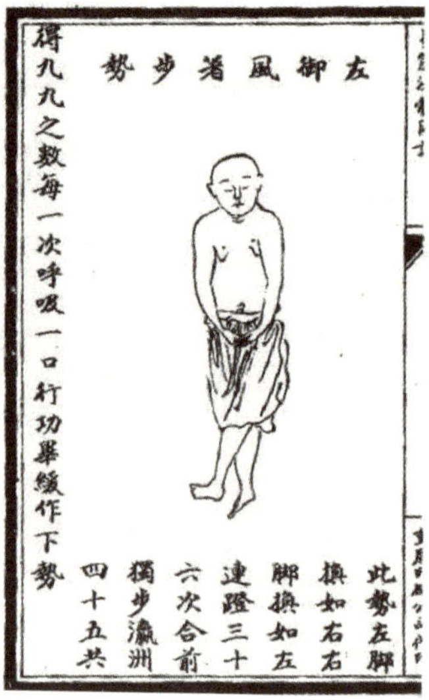

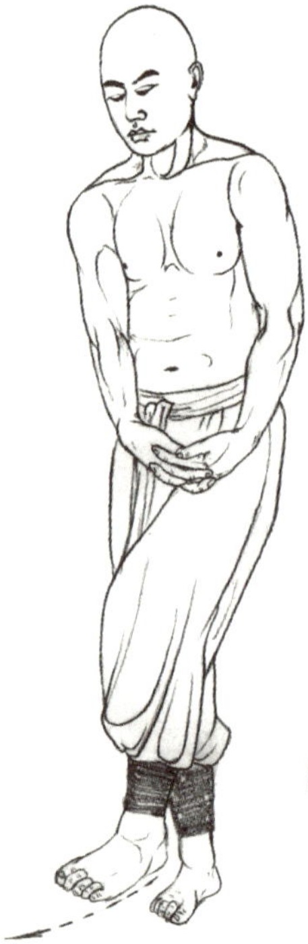

图 9-13

图 9-14

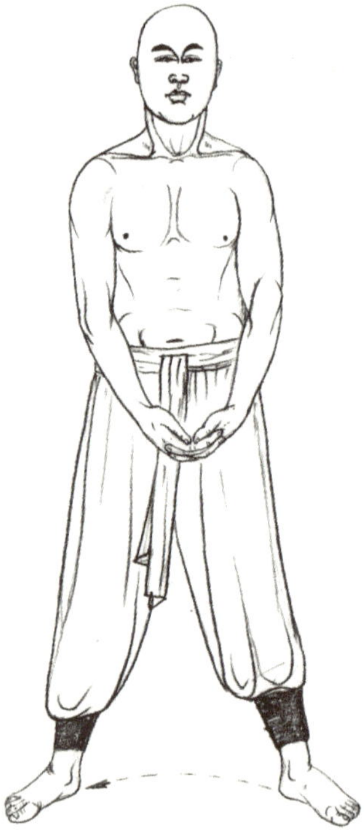

图 9-15

第五节　俯掌顿脚势

【练法】

1. 两掌十指交叉垂于体前不变。左脚收拢，与右脚跟并紧，脚尖外摆成八字步站立。（图 9-16）

2. 吸气，将交叉双掌提起于肚脐前；同时，两脚跟提起，用两脚前掌着地。（图 9-17）

3. 双脚跟猛地向下一顿，两掌翻转按下。顿脚时呼气。（图 9-18）

如此一起一顿，共做 21 次，呼吸 21 次。

【古谱】

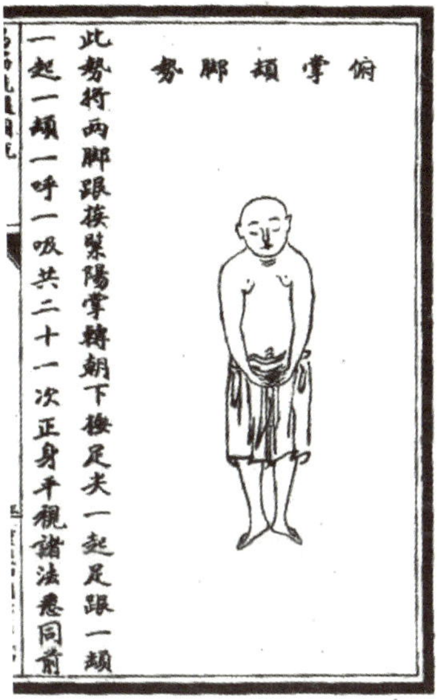
俯掌頓脚勢

此勢將兩脚跟挨緊陽掌轉朝下按足夫一起足跟一頓一起一頓一呼一吸共二十一次正身平視諸法悉同前

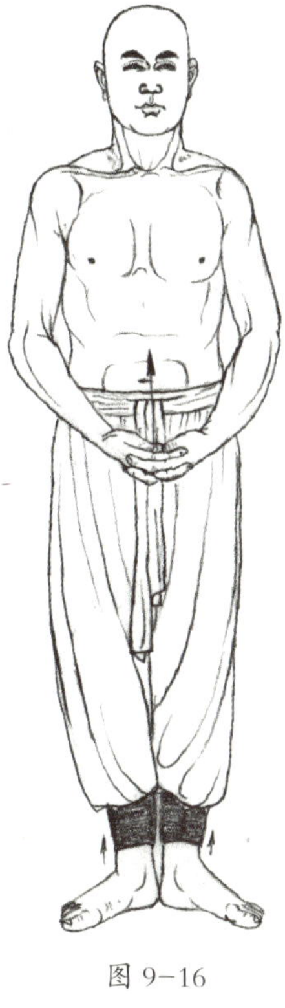
图 9-16

图 9-17

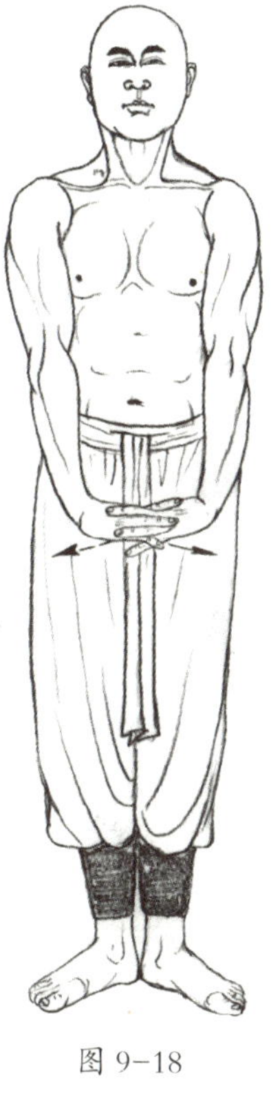
图 9-18

第六节　宛转舒眉第一势

【练法】

1. 外八字步正身直立不变。双掌放开，两前臂交叉于腹前，掌心向里，指尖向下，左掌在里，右掌在外。（图 9-19）

2. 两手握拳同时向上抬起，向上至与眉平，左拳在右眉侧，右拳在左眉侧，拳心向内，拳眼斜向上。定势后，调息 1 次。（图 9-20）

【古谱】

图 9-19

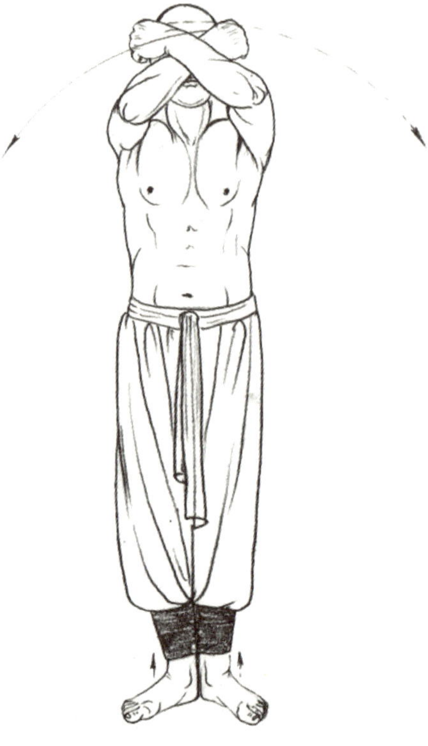

图 9-20

第七节　宛转舒眉第二势

【练法】

两拳自眉前向左右翻扬分开，伸臂用力舒展，成一字平肩，拳心向下；同时，将两脚跟提离地面，用两脚前掌着地。定势后，调息1次。（图9–21）

【古谱】

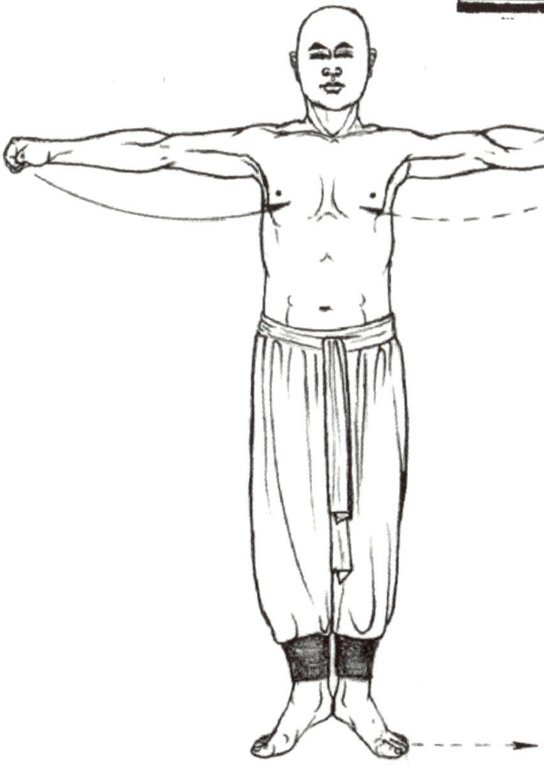

图9–21

第八节　宛转舒眉第三势

【练法】

1. 左脚向左侧跨步，屈膝下蹲成马步桩，脚跟提起，两脚前掌着地；两拳屈肘收回胸前，与两乳平，拳心向里；同时，鼻吸气。（图9–22）

2. 平端双臂，以肘领臂向两边用力一排，排时呼气，拳心向下，拳眼对肩。（图9–23）

【古谱】

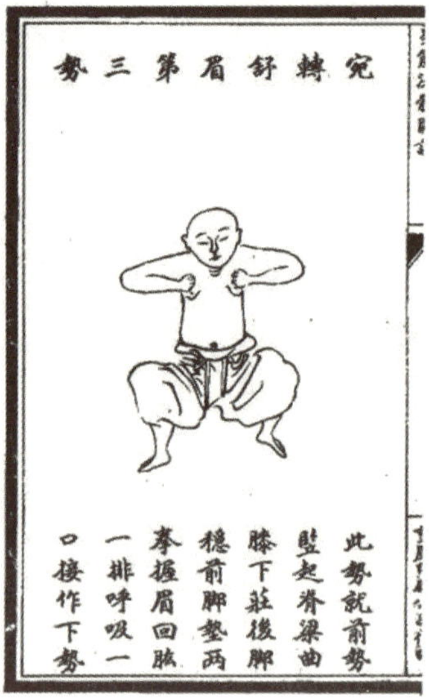

图 9–22

图 9–23

第九节　宛转舒眉第四势

【练法】

马步桩不变。用鼻将气吸满后，将两拳用力向外一撑；同时，用鼻将气呼出。（图 9-24）

注：此“宛转舒眉势”为中势。结束后再做左势和右势，3 次为 1 轮，共做 3 轮。

【古谱】

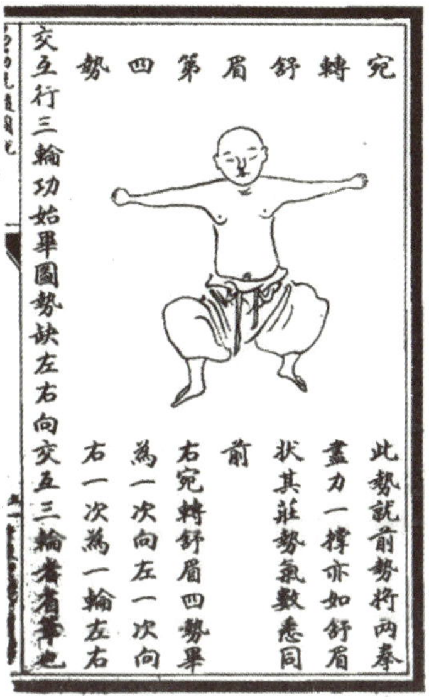

图 9-24

（一）宛转舒眉左势

身向左转，动作与中势 1 ~ 4 势相同，方位相反。（图 9-25 ~图 9-30）

图 9-25

图 9-26

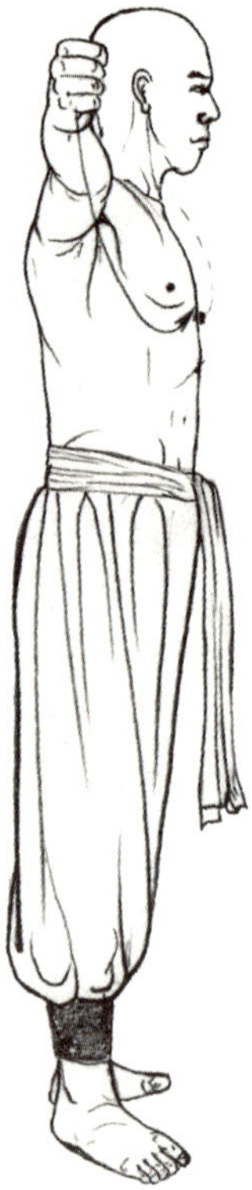

图 9-27

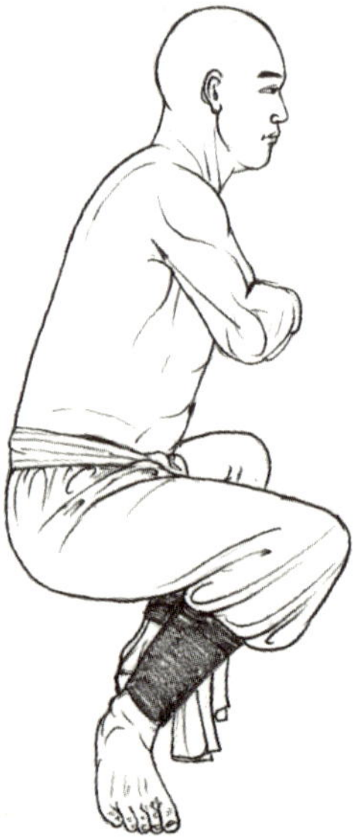

图 9-28

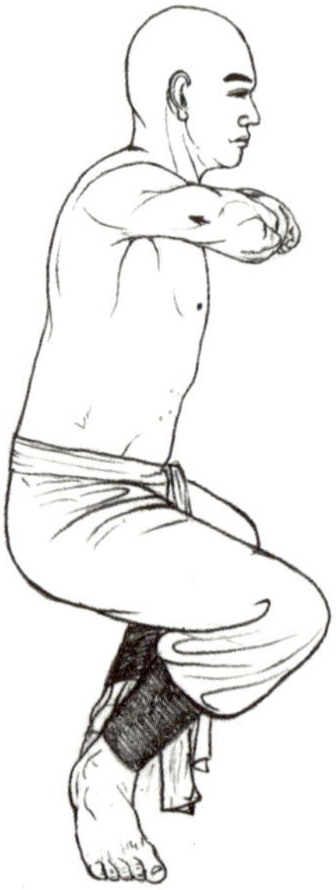

图 9-29

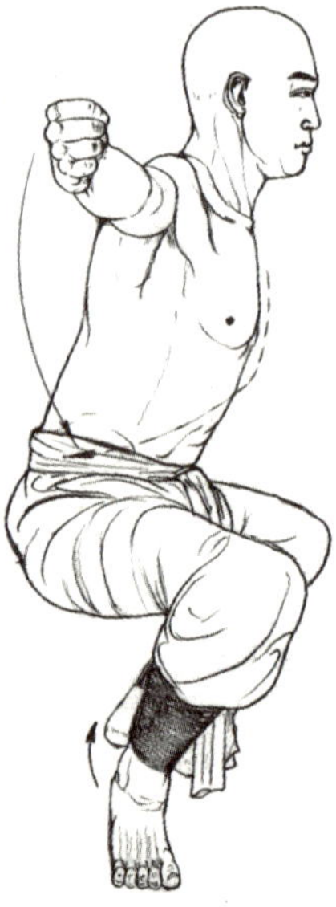

图 9-30

（二）宛转舒眉右势

1. 身向后转，动作与中势 1 ～ 4 势相同，方位相反。（图 9-31 ～图 9-36）

图 9-31

图 9-32

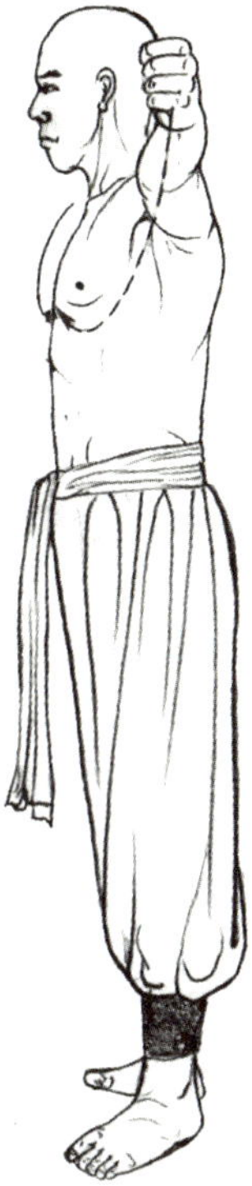

图 9-33

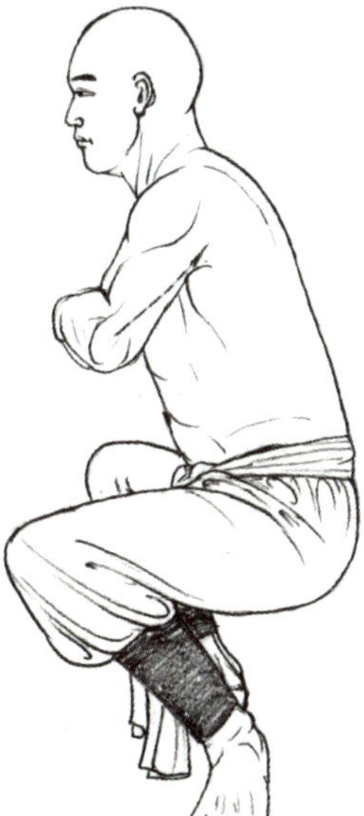

图 9-34

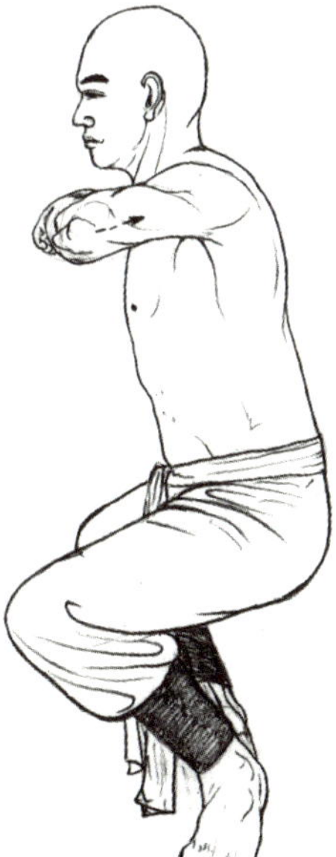

图 9-35

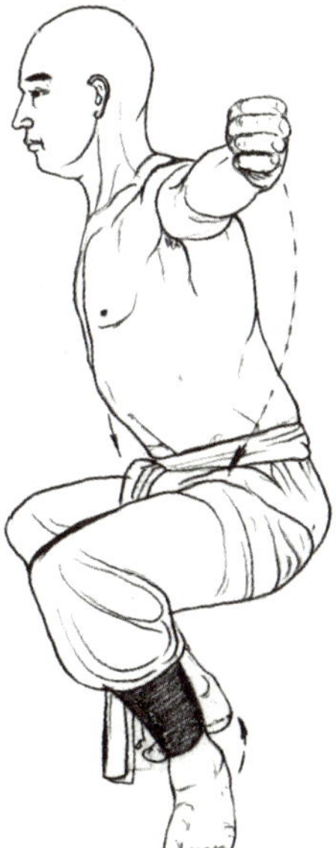

图 9-36

2. 左脚收步于右脚内侧，两脚跟靠紧，脚尖外摆成八字步；正身直立，两臂自然垂于体侧。（图 9–37）

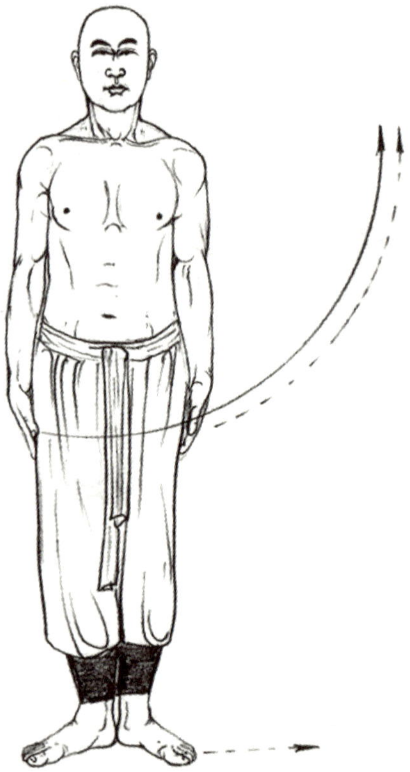

图 9–37

第十节 左转辘轳第一势

【练法】

右脚平正站立，左脚尖外摆成横脚向左跨出一步，定步后，左脚跟对右脚尖；头身随左脚跨步向左斜，两掌心向上，两臂向左侧抬至与肩平，用力一撑，如握辘轳状；随之呼出1次气。（图9–38）

【古谱】

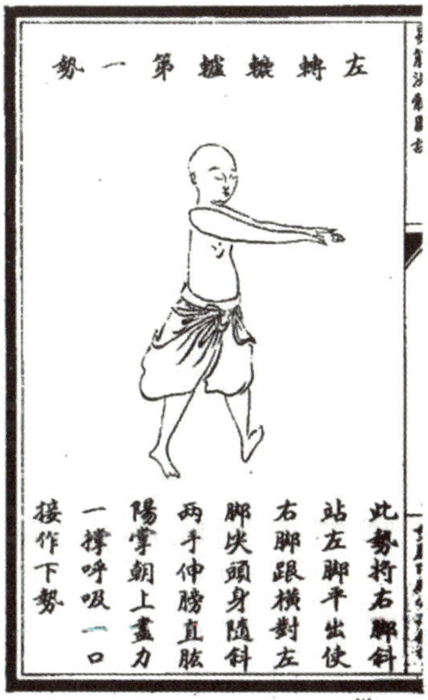
左轉轆轤第一勢

此勢將右腳斜站左腳平出使右腳跟橫對左腳尖頭身隨斜兩手伸膀直肱陽掌朝上盡力一撐呼吸一口接作下勢

图9–38

第十一节　左转辘轳第二势

【练法】

1. 承接上势，两掌屈指握拳，翻转成拳心向下。（图 9-39）

2. 用鼻吸气；将两拳往下用力拉至两大腿侧，身体随拉拳向后沉劲，重心在右腿，左脚尖翘起。定势后，用鼻将气缓缓呼出。（图 9-40）

【古谱】

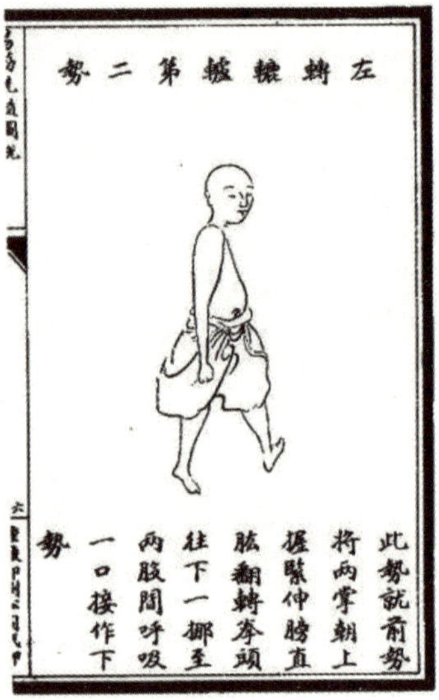

图 9-39

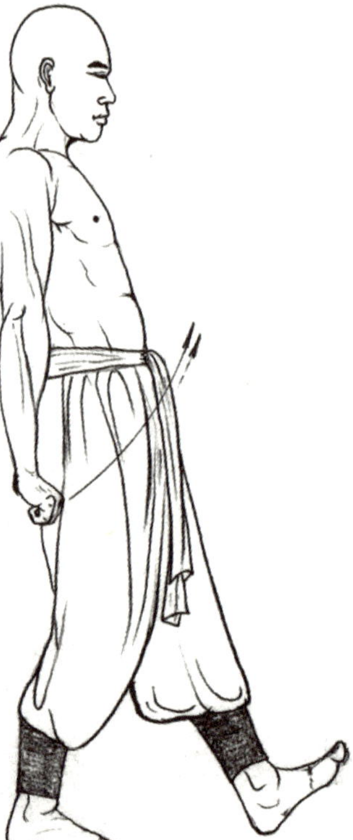

图 9-40

第十二节　左转辘轳第三势

【练法】

接上势，用鼻吸气；同时，两拳在大腿侧翻转上提，紧夹两腋，肘尖对大腿，前臂与拳平。定势后，用鼻将气缓缓呼出。（图 9-41）

图 9-41

【古谱】

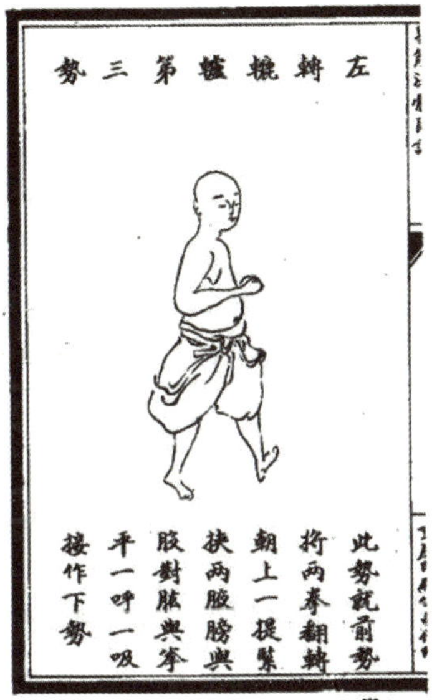

左轉轆轤第三勢

此勢就前勢將兩拳翻轉朝上一提緊挾兩腋膀與肱對肱與拳平一呼一吸接作下勢

第十三节　左转辘轳第四势

【练法】

右脚不动，左脚收回退于右脚后侧，脚前掌着地；用鼻吸气；两拳翻下，随屈膝沉身往下垂，两臂伸直，拳心向里。定势后，用鼻将气缓缓呼出。（图 9-42）

【古谱】

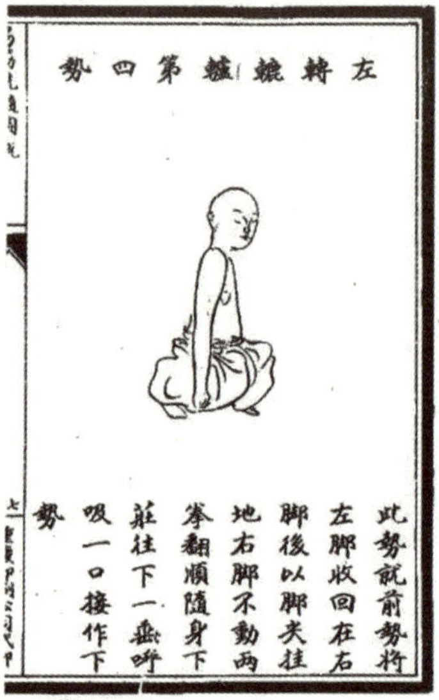

左轉轆轤第四勢

此勢就前勢將左脚收回在右脚後以脚尖拄地右脚不動兩拳翻順隨身下莊往下一垂呼吸一口接作下勢

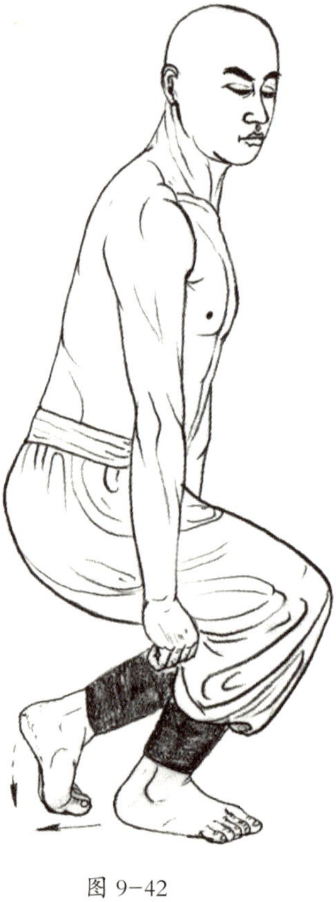

图 9-42

第十四节　左转辘轳第五势

【练法】

左脚跟落地，两脚跟靠紧，脚尖外摆成八字步；用鼻吸气；腰身起立，身往上一伸，两拳握紧往下垂。定势后，用鼻将气缓缓呼出。（图 9–43）

【古谱】

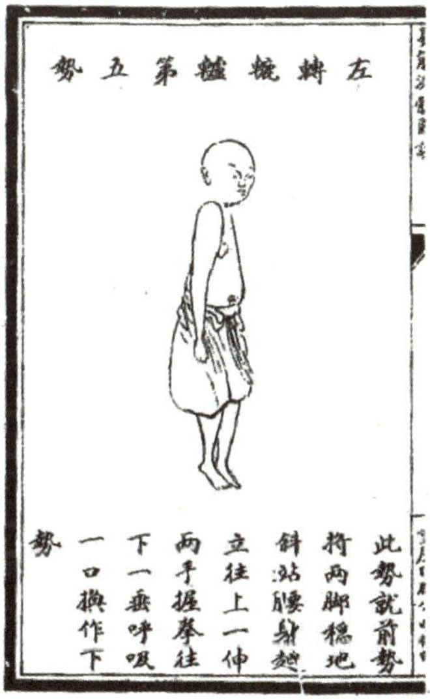
左轉轆轤第五勢

此勢就前勢將兩腳穩地斜站腰身起立往上一伸兩手握拳往下一垂呼吸一口換作下勢

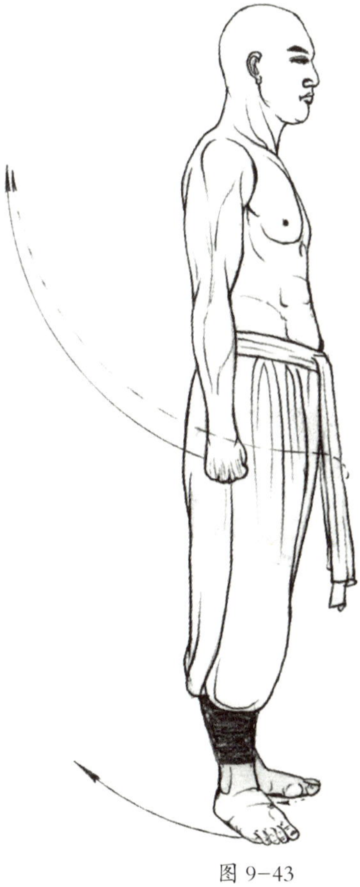
图 9–43

第十五节　右转辘轳第一势

【练法】

右转身，右脚尖外摆成横脚向右跨出一步，脚跟与左脚尖相对；两拳变掌，向右侧上抬与肩平，掌心向上，用鼻吸气的同时，两掌用力一撑。定势后，用鼻将气缓缓呼出。（图9-44）

【古谱】

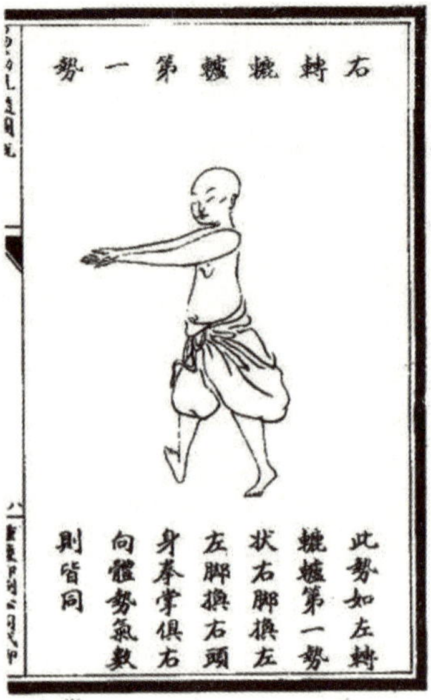

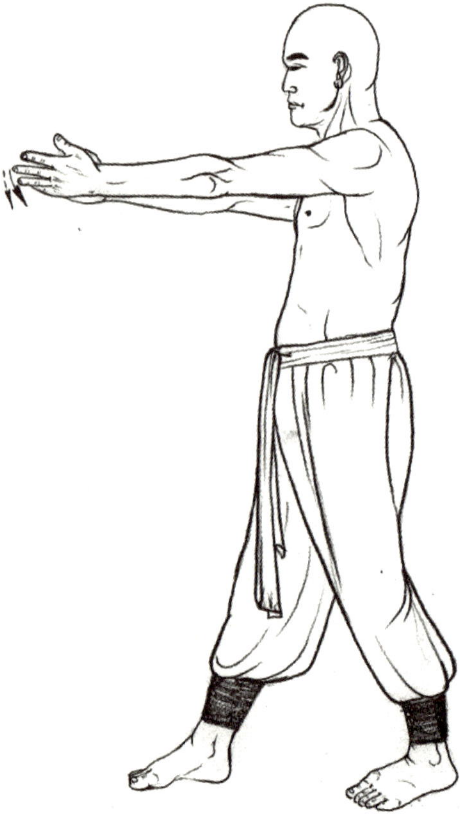

图 9-44

第十六节　右转辘轳第二势

【练法】

动作与“左转辘轳第二势”相同，方向相反。（图 9-45、图 9-46）

【古谱】

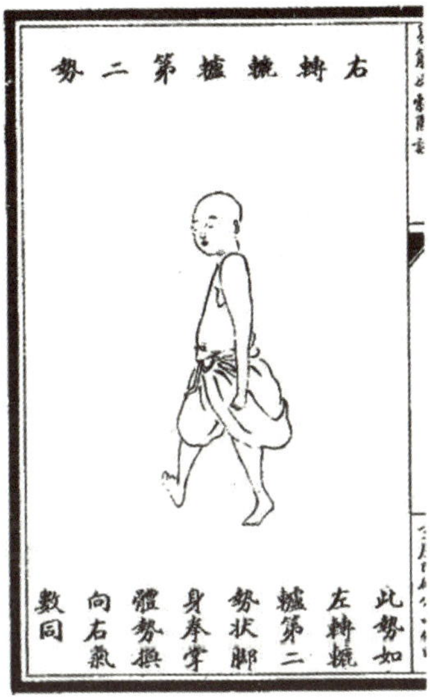

图 9-45

图 9-46

第十七节　右转辘轳第三势

【练法】

动作与“左转辘轳第三势”相同，方向相反。（图 9-47）

图 9-47

【古谱】

第十八节　右转辘轳第四势

【练法】

动作与“左转辘轳第四势”相同，方向相反。（图 9-48）

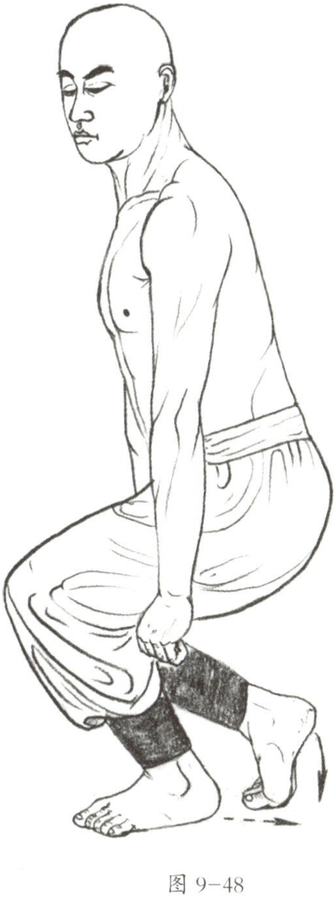

图 9-48

【古谱】

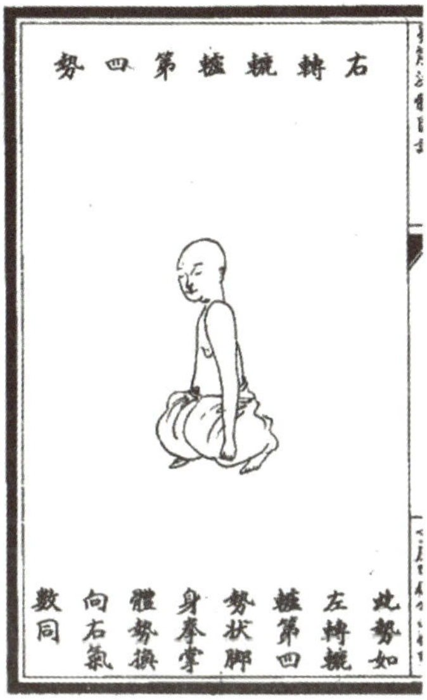

第十九节　右转辘轳第五势

【练法】

动作与“左转辘轳第五势”相同，方向相反。（图 9-49）

注：古人将先左后右的转辘轳势称为单转；也可转左一势，再转右一势，左右接连互转，称为双转。无论单转或双转，总须轮流3次为完功。

【古谱】

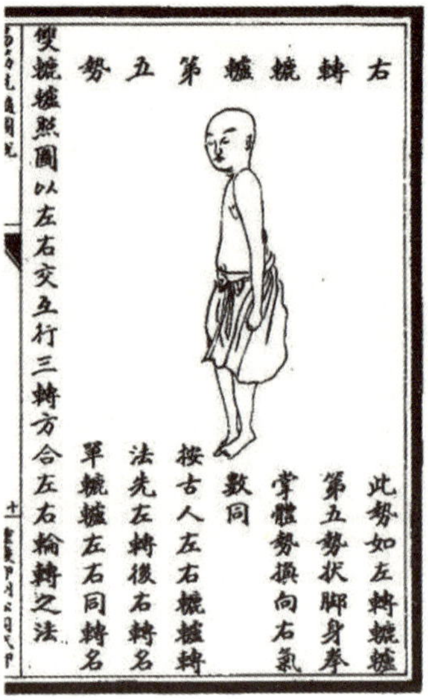
右轉轆轤第五勢

此勢如左轉轆轤第五勢狀脚身拳掌體勢換向右氣數同

按古人左右轆轤轉法先左轉後右轉名單轆轤左右同轉名雙轆轤照圖以左右交互行三轉方合左右輪轉之法

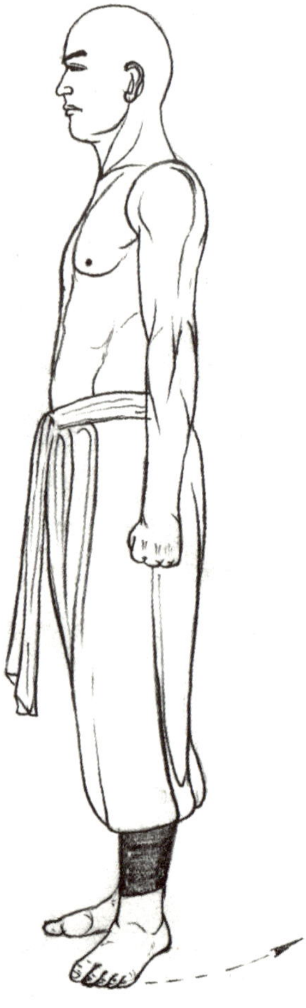

图 9-49

第二十节　左插脚乘空势

【练法】

1. 接上势，上体左转，开步正身直立；两手握拳自然垂于体侧；目平视，牙关紧扣，舌抵上腭。定势后，调息 3 次。（图 9-50）

2. 左脚提起向左前跨一步，跨步同时以左膝一撑，自然呼吸；右脚随提，做下势。（图 9-51）

【古谱】

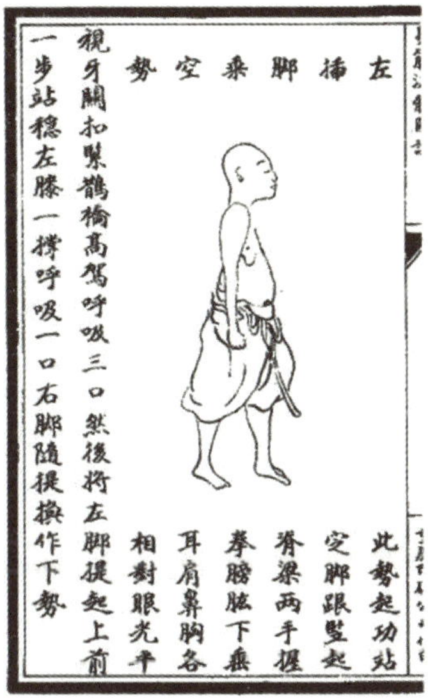
左插脚乘空势

此势起功站定脚跟竖起脊梁两手握拳膀肱下垂耳肩鼻胸各相对眼光平视牙關和緊鹳掄高駕呼吸三口然後將左脚提起上前一步站穩左膝一撑呼吸一口右脚隨提換作下勢

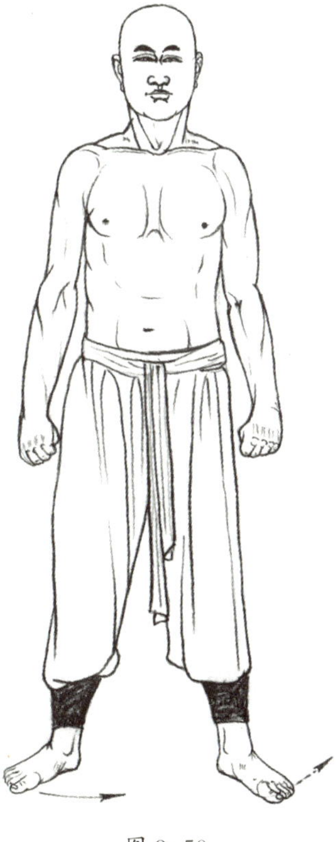

图 9-50

图 9-51

第二十一节　右插脚乘空势

【练法】

1. 右脚提起向前跨一步，跨步的同时用右膝一撑，自然呼吸。（图 9–52）

2. 以上两势左右交互进行行走，自然走成一个大圆圈。（图 9–53 ～图 9–59）

先缓行 100 步（左右各 50 步），一步一呼吸；次急行 100 步，两步一呼吸；再缓行 100 步，一步一呼吸。场地狭窄时可做圆周运动，做够 300 步，呼吸 250 次，方为合势。此两势又称日月图、太极图，行功时须收神于内，虽开眼若无物可视，闭目亦可，如此行功方为合法。

【古谱】

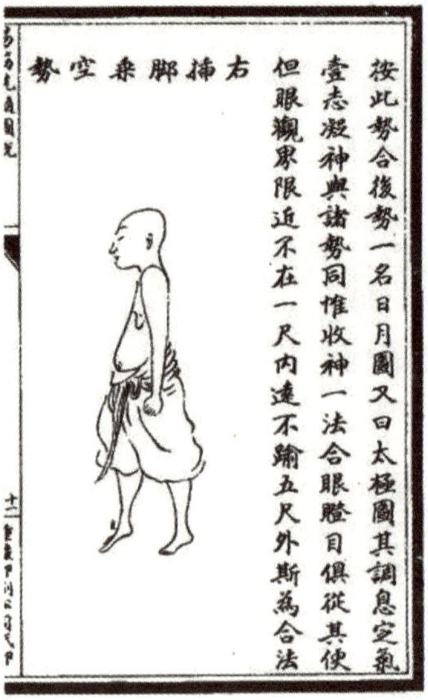
按此勢合後勢一名日月圖又曰太極圖其調息定氣壹志凝神與諸勢同惟收神一法合眼瞼目俱從其便但眼觀界限近不在一尺內遠不踰五尺外斯爲合法

右插脚乘空勢

图 9–52

图 9–53

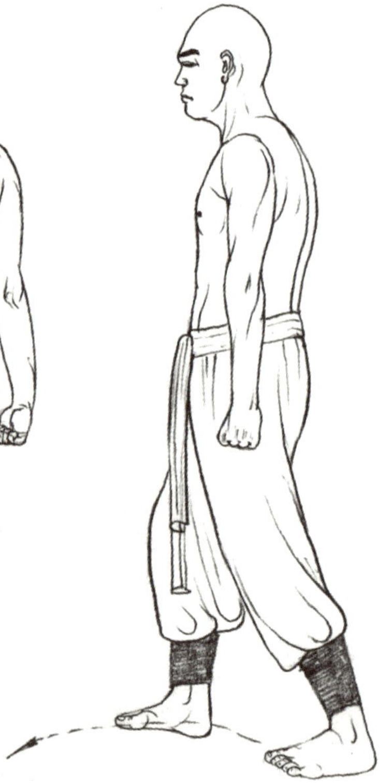
图 9–54

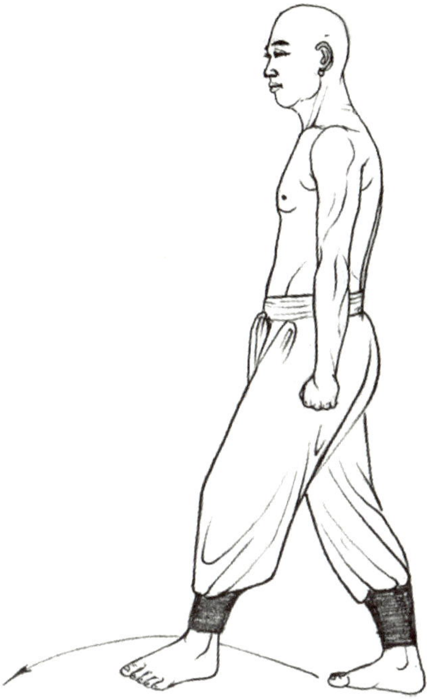

图 9–55

图 9–56

图 9–57

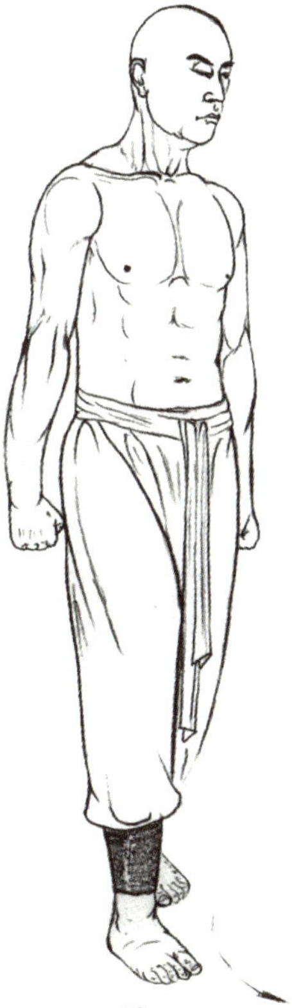

图 9–58

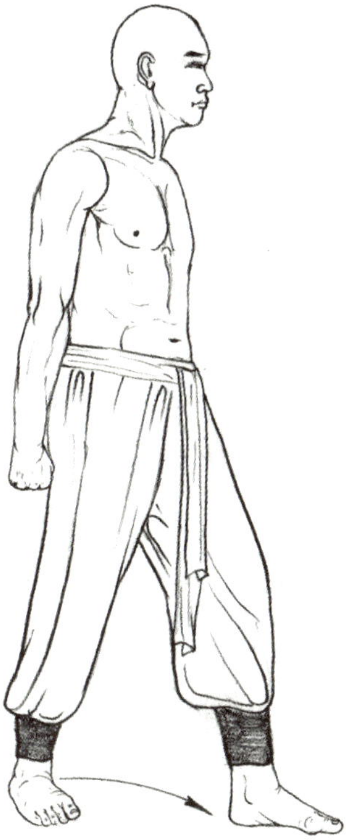

图 9–59

第二十二节　顶上圆光上势

【练法】

1. 正身站立，脚尖外摆成八字，两手握拳自然垂于体侧。（图 9-60）

2. 待气息调匀后，两拳向小腹前交臂，左臂在外，右臂在内，拳心向里。（图 9-61）

3. 用鼻吸气；同时，两拳贴着身体相互交叉而上至头顶，两臂画弧似同圆光，左臂在后，右臂在前，拳心向上。定势后，用鼻将气缓缓呼出。（图 9-62）

【古谱】

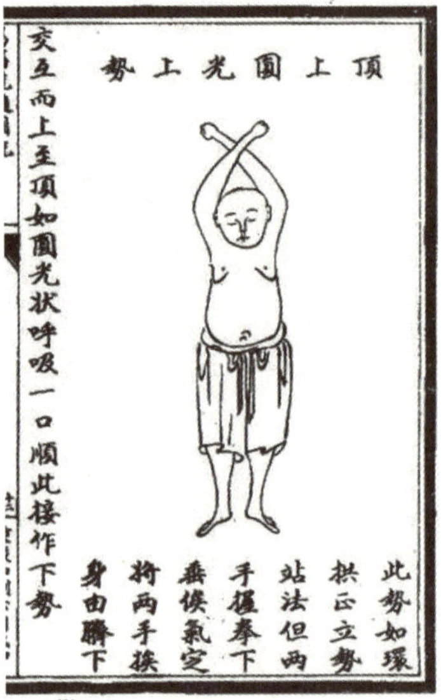

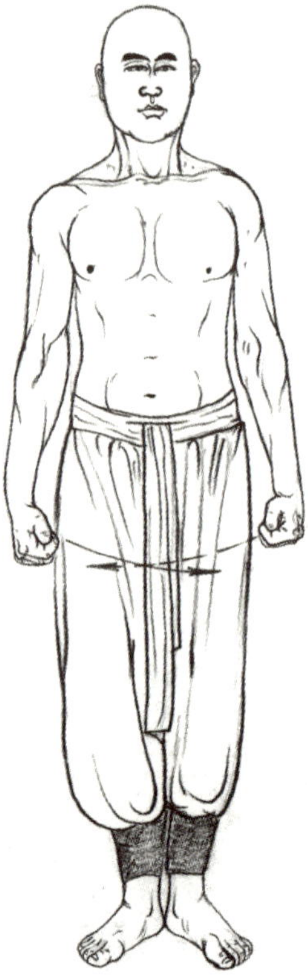
图 9-60

图 9-61

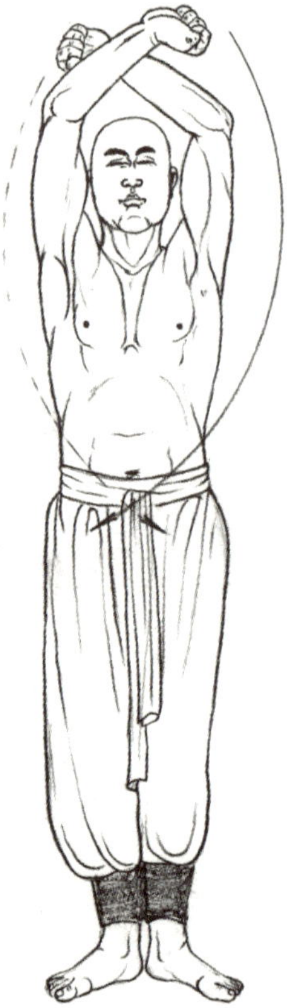
图 9-62

第二十三节 顶上圆光下势

【练法】

1.接上势，用鼻吸气；同时，两拳交互画弧而下，肘交于心窝下，亦如圆光状。定势后，用鼻将气缓缓呼出。（图 9–63）

2.照上述两动作“圆光上下势”连做3次，呼吸3次；然后两拳下垂，成正身直立势。（图9–64）

【古谱】

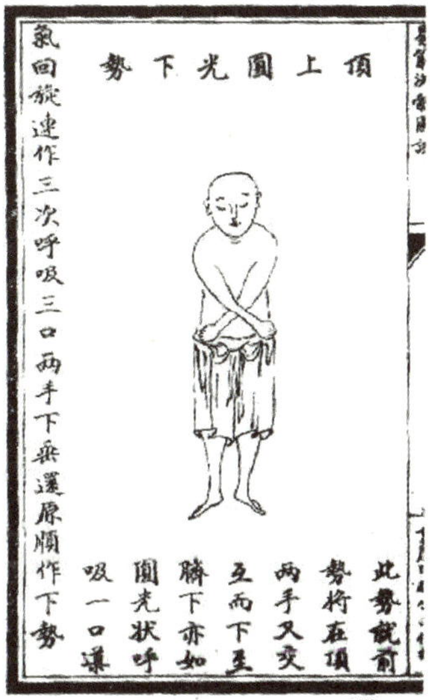
頂上圓光下勢

此勢就前勢將在頂兩手又交互而下至臍下亦如圓光狀呼吸一口導氣回旋連作三次呼吸三口兩手下乘還原順作下勢

图 9–63

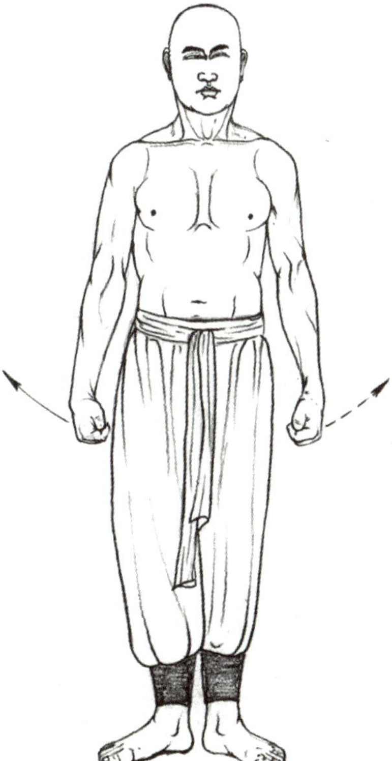
图 9–64

第二十四节　游鱼摆翅后排势

【练法】

两拳向左右体侧一排而出，拳眼向下，拳与髋平；用鼻吸气。（图 9–65）

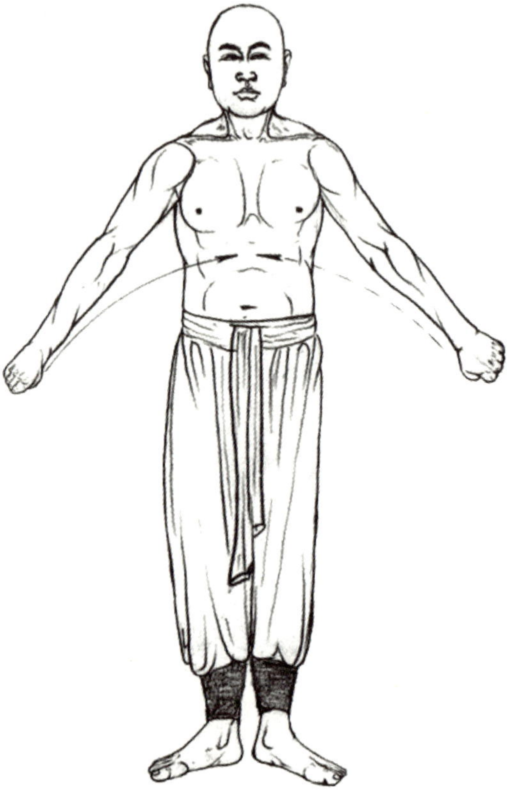

图 9–65

【古谱】

第二十五节　游鱼摆翅前分势

【练法】

1. 两拳收至腹前，拳眼向里，拳面向上，两拳第一骨节凸相贴。（图 9–66）

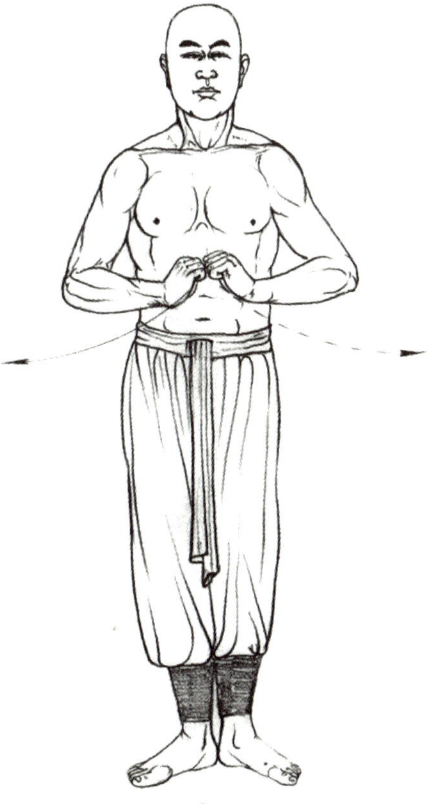

图 9–66

【古谱】

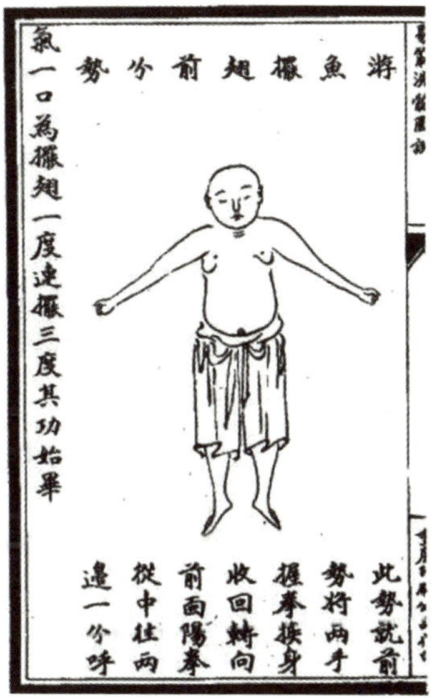

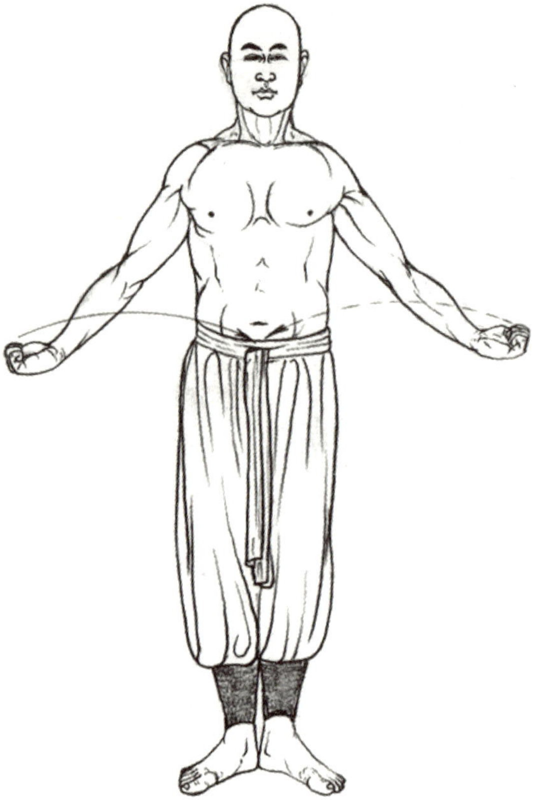
图 9-67

2. 接着，将两拳翻转成拳心向上，向体侧左右分开；用鼻呼气。（图 9-67）

3. 将两拳收至腹前，拳心向下，两拳第一骨节凸相贴。以上两势连做 3 次，呼吸 3 次，方为合势。（图 9-68）

图 9-68

第二十六节　游鱼摆翅后捶势

【练法】

两拳握紧，贴身伸臂向两臀部后下侧一捶，拳心向后，拳眼向里；两脚跟同时抬起，以两脚前掌着地；呼气 1 次。（图 9-69）

【古谱】

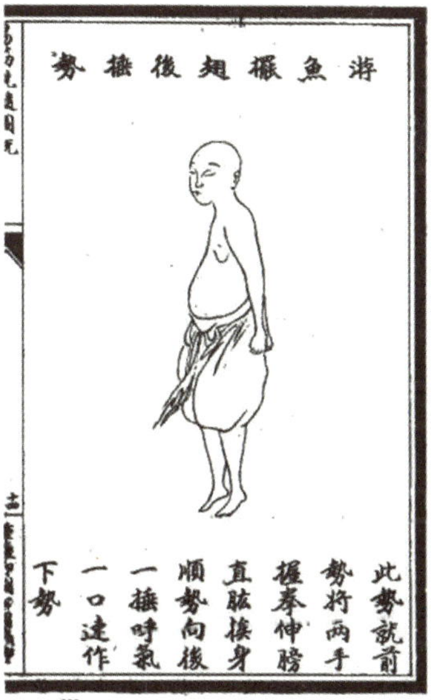
游魚擺翅後捶勢

此勢就前勢將兩手握拳伸膀直肱捶身順勢向後一捶呼氣一口速作下勢

图 9-69

图 9-69 附

第二十七节　游鱼摆翅前推势

【练法】

1. 接上势，将两拳贴身顺势向身前下方一推，拳面向上，两拳眼相对；吸气 1 次。（图 9–70）

2. 以上后捶、前推两势连续做 3 次，三呼三吸。将两拳垂于体侧，落下脚跟，正身直立。（图 9–71）

【古谱】

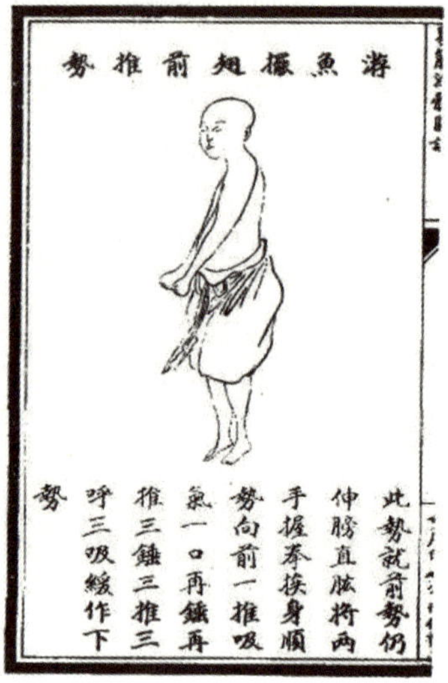

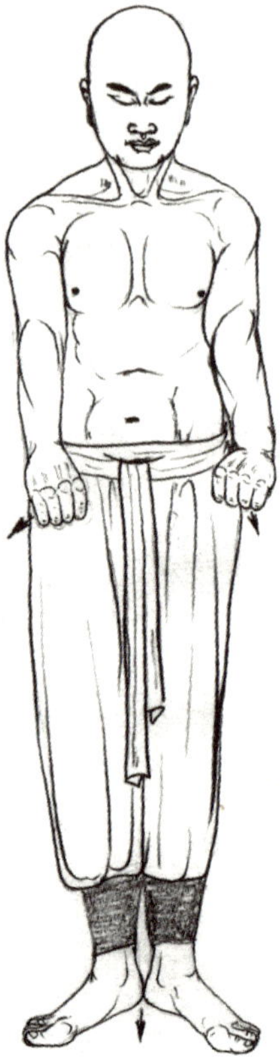
图 9–70

图 9–70 附

图 9–71

第二十八节　阳掌还原势

【练法】

正身直立不变。将两拳伸开成掌，掌心向前，指尖向下；用鼻吸气的同时，两掌带臂向下一撑，头身往上伸。定势后，用鼻将气缓缓呼出。（图 9-72）

【古谱】

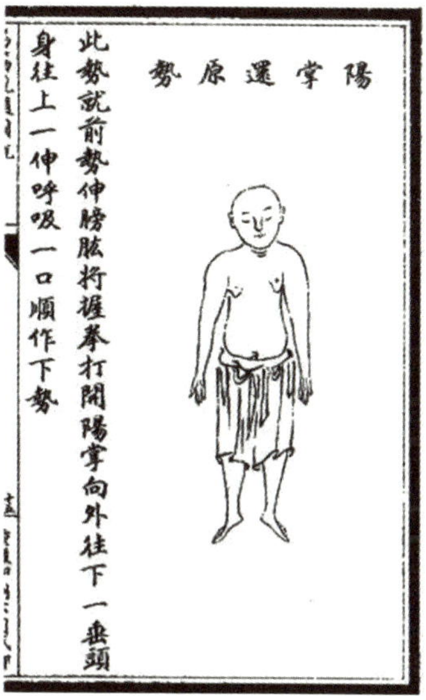
陽掌還原勢

此勢就前勢伸膀肱将握拳打開陽掌向外往下一垂頭身往上一伸呼吸一口順作下勢

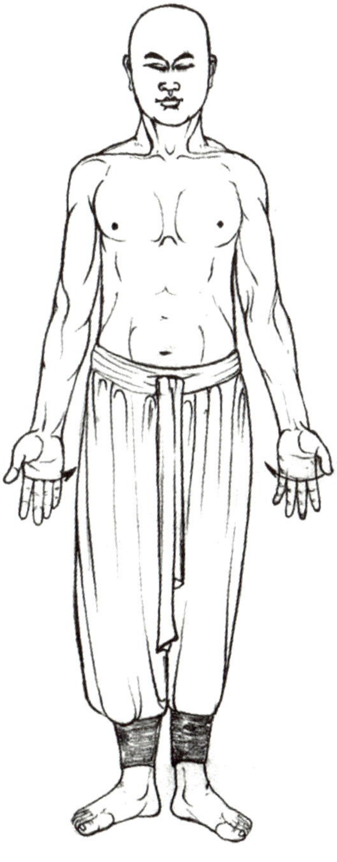

图 9-72

第二十九节 阴掌还原势

【练法】

正身直立不变。两掌翻转成掌心向后，虎口向里；用鼻吸气的同时，两掌带臂向下一撑，头身向上伸。定势后，用鼻将气缓缓呼出。（图9–73）

【古谱】

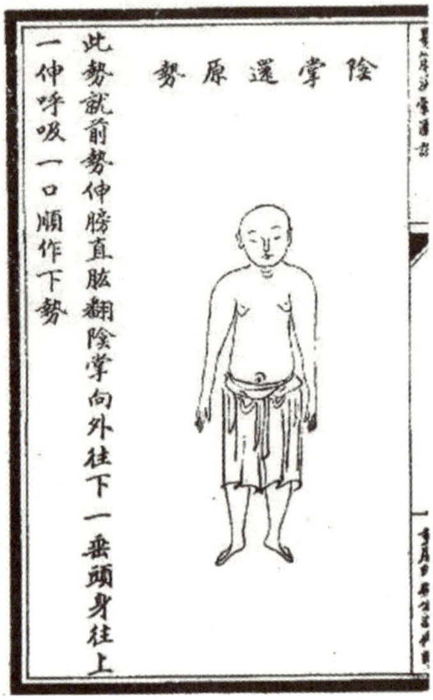

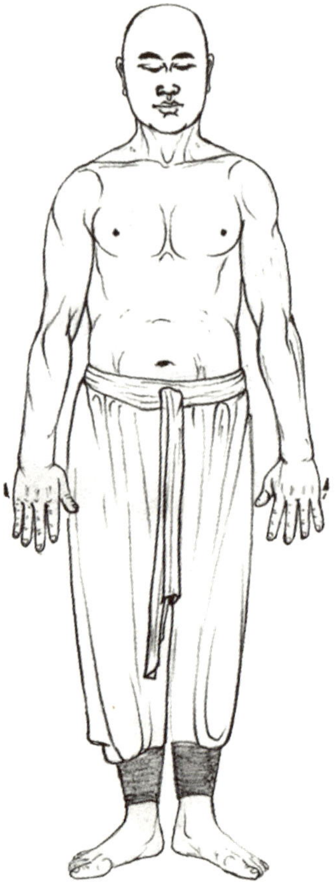

图 9–73

第三十节　顺掌还原势

【练法】

正身直立不变。将两掌顺垂，掌心相对，置于两大腿外侧；用鼻吸气的同时，两掌带臂向下一撑，头身向上伸。定势后，用鼻将气缓缓呼出。（图 9–74）

【古谱】

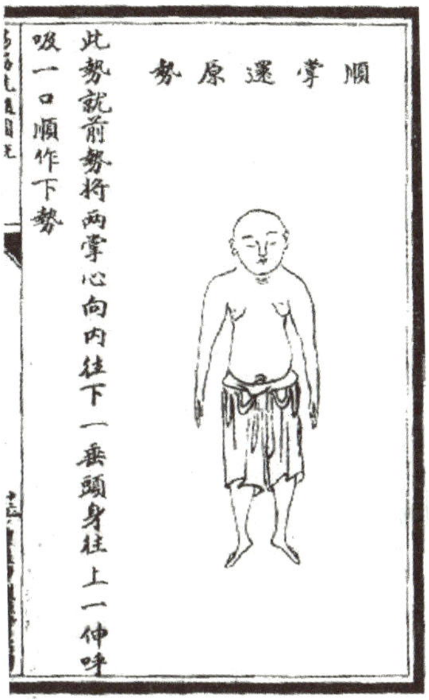

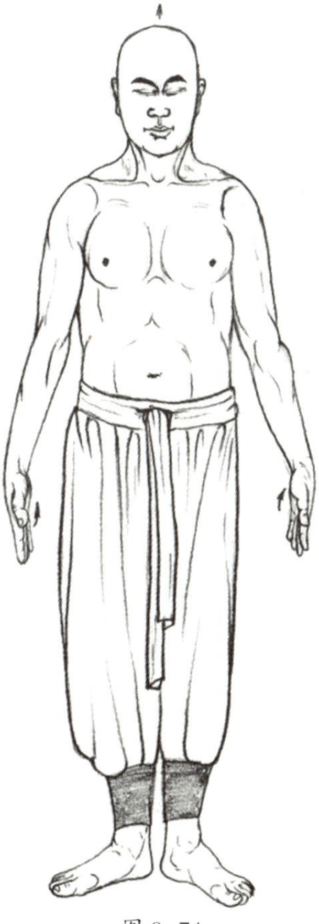

图 9–74

第三十一节　握拳还原势

【练法】

正身直立不变。用鼻吸气，两掌握拳顺势向下一撑，头身向上伸。定势后，用鼻将气缓缓呼出。（图9–75）

图 9–75

【古谱】

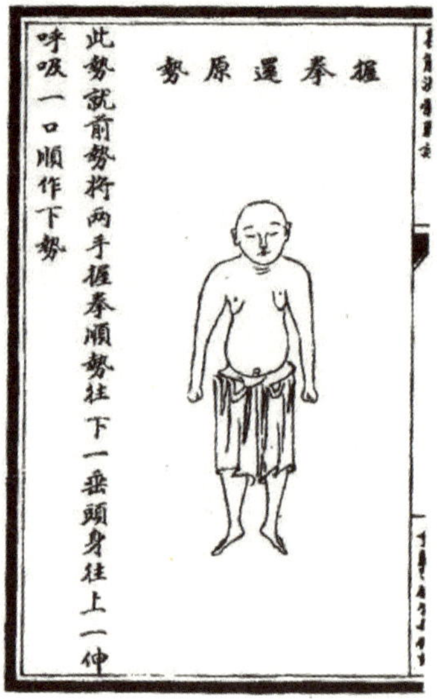

握拳還原勢

此勢就前勢將兩手握拳順勢往下一垂頭身往上一伸

呼吸一口順作下勢

第三十二节 顺气归田势

【练法】

1. 正身直立不变。上收右掌按于心口前（黄庭），左掌按于小腹（下丹田）。（图 9–76）

2. 遂以右掌由上沿体中线推至脐下；左掌即从脐下沿体中线提至黄庭。（图 9–77）

【古谱】

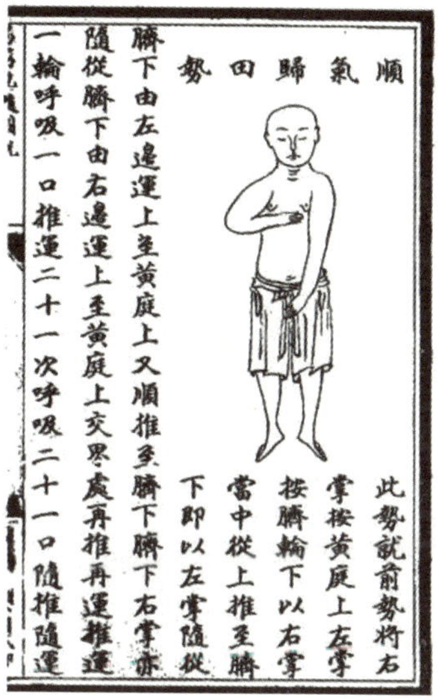
順氣歸田勢

此勢就前勢将右掌按黄庭上左掌按臍輪下以右掌當中從上推至臍下即以左掌隨從臍下由左邊運上至黄庭上又順推至臍下臍下右掌亦隨從臍下由右邊運上至黄庭上交界處再推再運推運一輪呼吸一口推運二十一次呼吸二十一口隨推隨運

图 9–76

图 9–77

3. 左掌复又顺推至脐下，此时右掌又复提至黄庭。（图 9–78）

左右推提一遍为一轮，呼吸 1 次。如此推提 21 次，呼吸 21 次。

此势推提，有升清降浊、气归丹田之作用，是行气、运气必不可少的功夫。

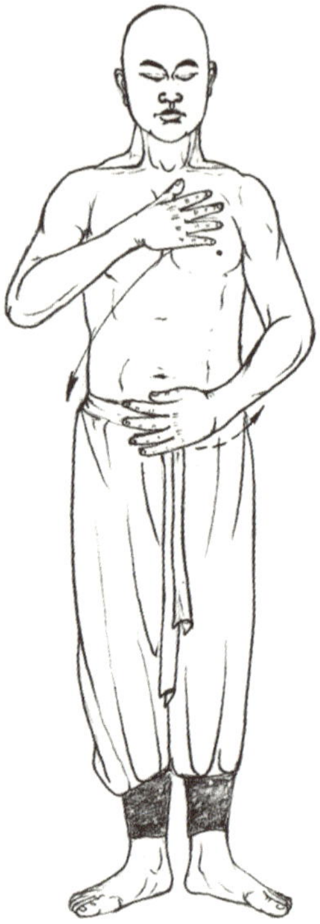

图 9–78

第三十三节　叉手还原势

【练法】

正身直立势不变。两掌以拇指向前叉于两髂骨位置上（与肚脐平的腹角处），呼吸 1 次。（图 9–79）

图 9–79

【古谱】

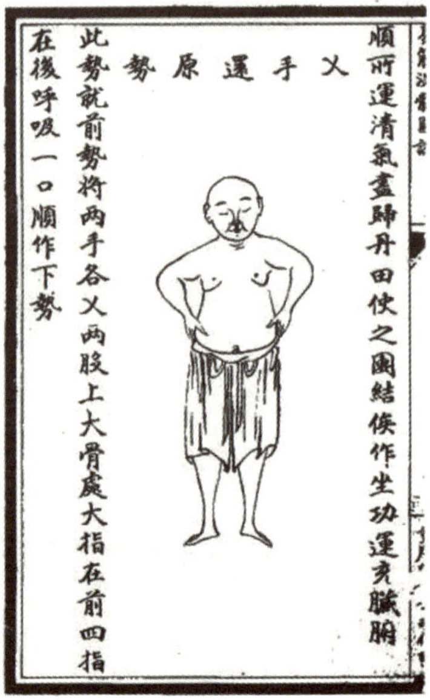

順所運清氣盡歸丹田使之團結俟作坐功運夾臟腑

叉手還原勢

此勢就前勢將兩手各叉兩股上大骨處大指在前四指在後呼吸一口順作下勢

第三十四节　拱立归位势

【练法】

1. 正身直立势不变。两掌收回胸前，左掌端抱右拳，环拱而立，气归丹田。（图 9–80）

2. 坐下，由急而缓自然呼吸 3 次。（图 9–81）

【古谱】

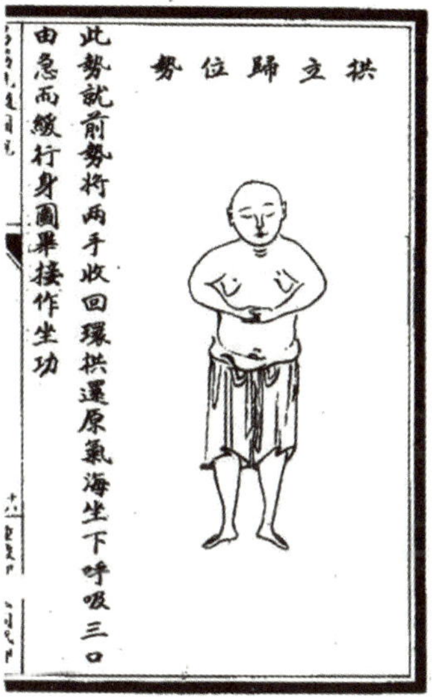

拱立歸位勢

此勢就前勢將兩手收回環拱還原氣海坐下呼吸三口

由急而緩行身圖畢接作坐功

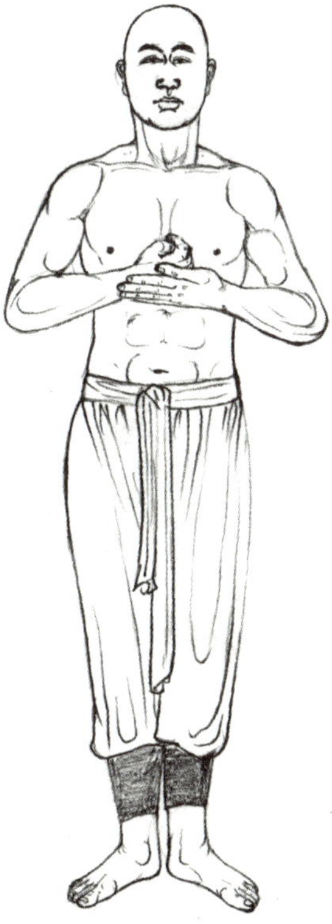

图 9–80

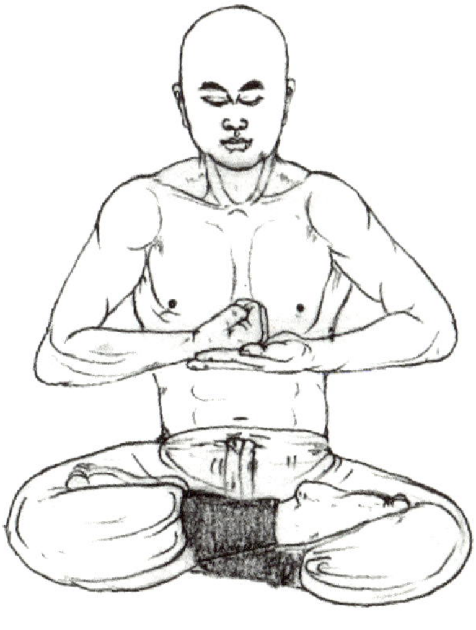

图 9–81

第十章　坐身势

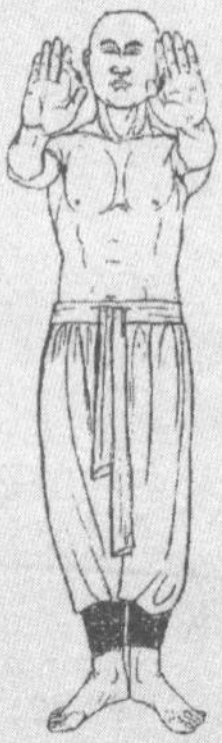

坐身势，以两脚交叠于腿上，脚心向上，脚背贴腿，名为天盘，又名双打膝。若此法未熟练，单打膝亦可。单打膝的方法：将一脚收至腿根，另一脚翻驾于另腿面上。如果单打膝也不能做，可以暂做地盘。地盘方法：将两脚按下，交叠盘坐。

这三种方法可循序渐进，先打地盘，打地盘熟练后做单打膝，单打膝熟练后再打天盘，最后以天盘为合势。初练时千万不能勉强，要以适宜为度。如果勉强，反而多感不适，心也无法静，很难上功夫。如果能达到使用天盘坐势来练功，任何人都会有进道的特殊感受。

第一节　握拳思神势

【练法】

双腿盘坐；左掌掌心向上，平端于胸前，右手握拳放在左掌上；竖起脊梁，正身端坐；双目微闭，牙关紧闭，舌抵上腭，全身放松，心平气和，任呼吸出入自然。（图 10-1）

注：握拳思神是动功的一个归结。前面的动功主要在炼精化气，从此则运气归神。练此功，待气有 3 次鼓荡（有 3 次明显生发感受），可接练下势。

图 10-1

【古谱】

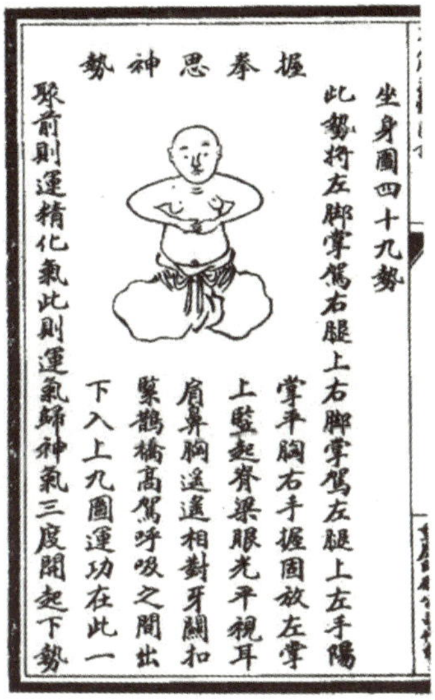

握拳思神勢

坐身圖四十九勢

此勢將左脚掌駕右腿上右脚掌駕左腿上左手陽掌平胸右手握固放左掌上豎起脊梁眼光平視耳眉鼻胸遥遥相對牙關扣緊鵲橋高駕呼吸之間出下入上九圈運功在此一聚前則運精化氣此則運氣歸神氣三度開起下勢

第二节　合掌趺跏势

【练法】

1. 盘坐势不变，两手成掌向左右分开。（图 10-2）

【古谱】

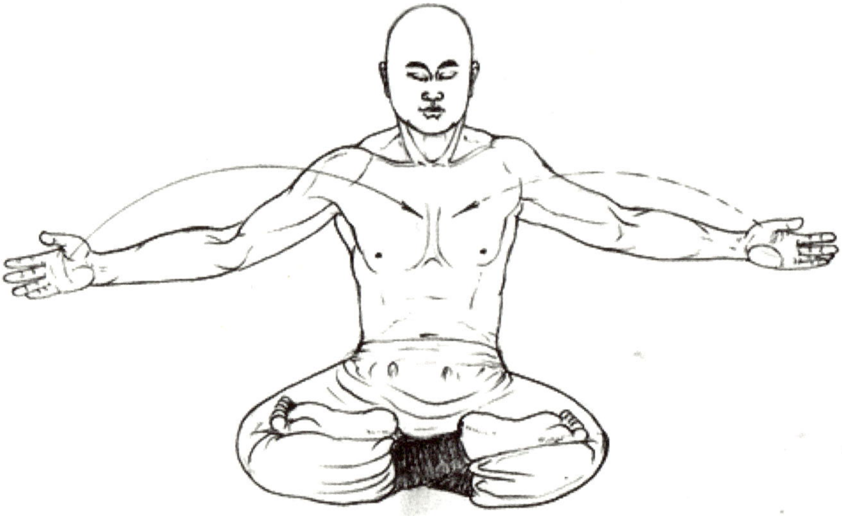

图 10-2

图 10-3

2. 向前回抱至胸前方合掌，指尖向前，虎口向上；目视双掌。（图 10-3）

3. 将合掌收于胸前，指尖约低于鼻尖，双目垂帘，状如拜佛；吐气 3 次，吸气 3 次，呼吸须静意而不着意。（图 10-4）

图 10-4

第三节　双手推门势

【练法】

盘坐势不变。两掌张开，掌心向前，缓缓向前推出，腕挺掌立，两臂平直。势准时掌底腕部与肩平，目光平视；然后，自然深匀呼吸3次，使气会通百脉。注意：使气会通百脉是自然之感受，并非强行使气。（图10-5）

【古谱】

雙手推門勢

此勢盤脚向前上身如正身圖中出爪亮翅狀雙手陽掌向前作推門勢呼吸三口使氣會通百脉

图 10-5

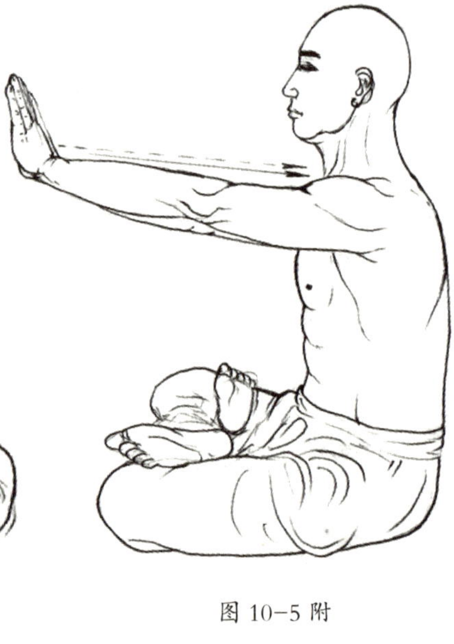
图 10-5 附

第四节　一团和气势

【练法】

盘坐势不变。自然呼吸，双掌缓缓收回；同时，屈臂抬肘，使腕臂与肩仍保持端平，双掌收回立于肩井前，上置脸两侧，指尖向上，两掌心遥遥相对，如双凤朝阳状。定势后，调息3次，使气和顺。（图10-6）

【古谱】

一團和氣勢

此勢盤脚同前上身如正身圖中雙鳳朝陽狀呼吸三口使氣活活潑潑和順一團

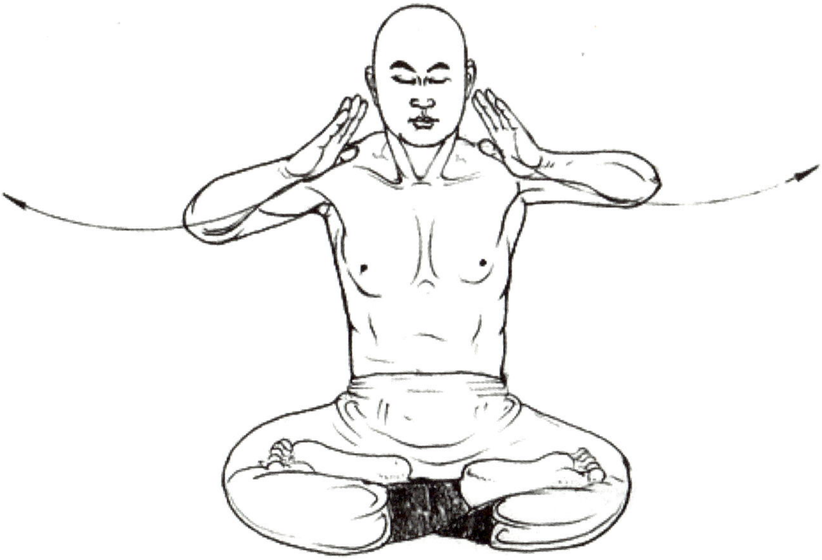

图 10-6

第五节　伸肱理脉势

【练法】

盘坐势不变。用鼻吸气；两掌缓缓向左右推开，指尖向上，掌心向外，两臂用力伸展，高与肩平，如飞鹰展翅之势。定势后，用鼻将气缓缓呼出；然后调息 3 次，伸肱理气，贯通百脉。（图 10-7）

【古谱】

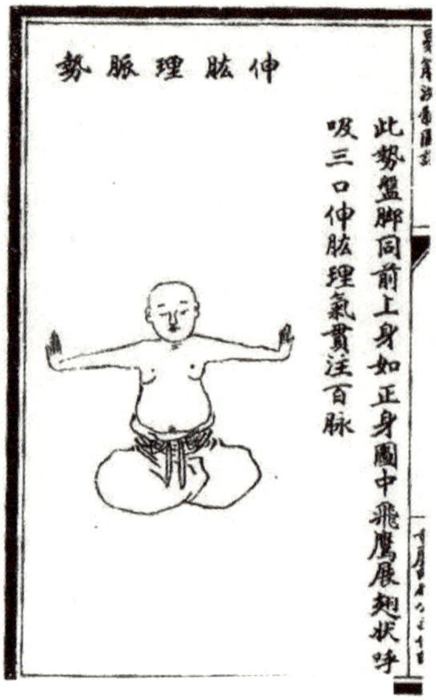

图 10-7

第六节　虚托开胃势

【练法】

盘坐势不变。用鼻吸气；两掌自左右两侧向头顶上方缓缓托起，指尖相对，掌心向上。定势后，用鼻将气缓缓呼出；再调息 3 次，使胃气开畅。（图 10-8）

【古谱】

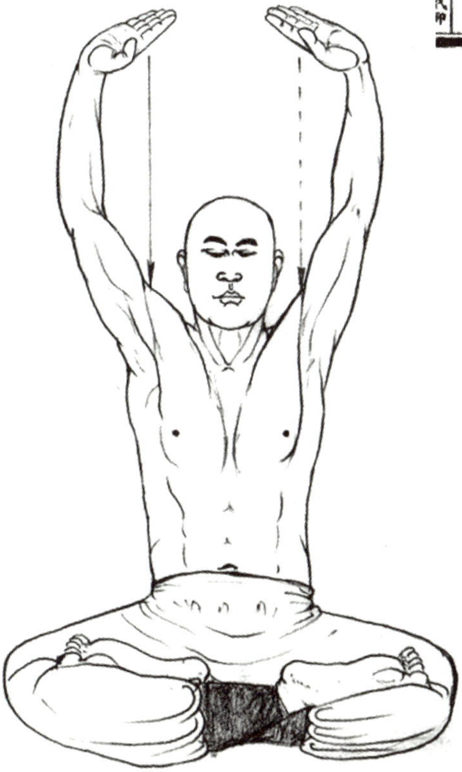

图 10-8

第七节　负重固腋势

【练法】

盘坐势不变。自然呼吸；两掌心向前，顺掌下落至头两侧，臂膀下垂，屈肘，掌、腕、肘与前臂垂直，两腋夹紧，掌与头似三峰峙立，两掌翻向上，如负重托物。定势后，调息 3 次。（图 10–9）

【古谱】

負重固腋勢

此勢盤腳同前上身如正身圖中三峯峙立狀將兩掌翻朝上向如負重托物呼吸三口固兩腋

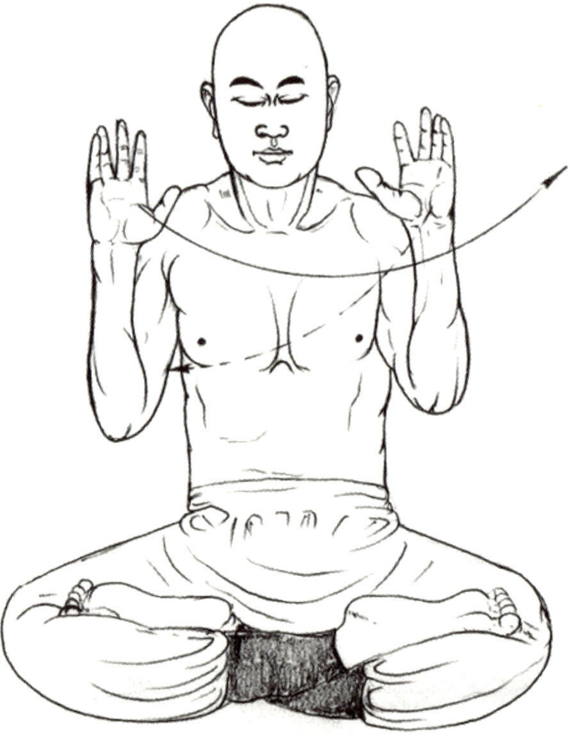

图 10–9

第八节　舒肝理肺左势

【练法】

盘坐势不变。自然呼吸；左掌下收，从右腋下向后抱右肩胛骨；同时，右掌顺胸前向左前撑，掌心向下，指尖犹如探物未得之状，手臂与肩平；头向左扭，目视左侧方。定势后，调息3次，以理肺气。（图10-10）

【古谱】

舒肝理肺左势
此势盘脚同前上身如正身图中龙探右爪状呼吸三口以理肺氣

图 10-10

第九节　舒肝理肺右势

【练法】

1. 盘坐势不变。自然呼吸；左掌下收至小腹前，右掌回收至胸前两掌心相对如抱球状。（图 10-11）

【古谱】

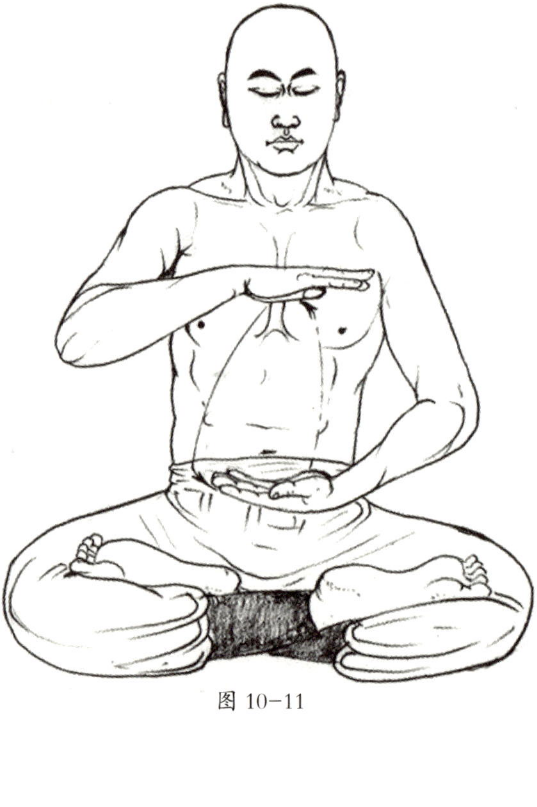

图 10-11

2. 两掌以抱球势旋转，转成右掌在下，左掌在上，掌心相对。（图 10-12）

3. 用鼻吸气；右掌从左腋下向后抱左肩胛骨，左掌从胸前向右前撑，如探物未得之状，掌心向下，指尖向右，手臂与肩平；头向右扭，目视右侧方。定势后，用鼻将气缓缓呼出；再调息 3 次，以理肝气。（图 10-13）

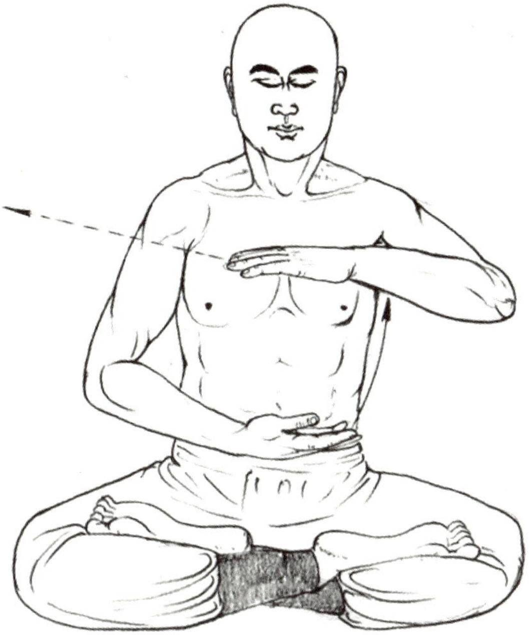

图 10-12

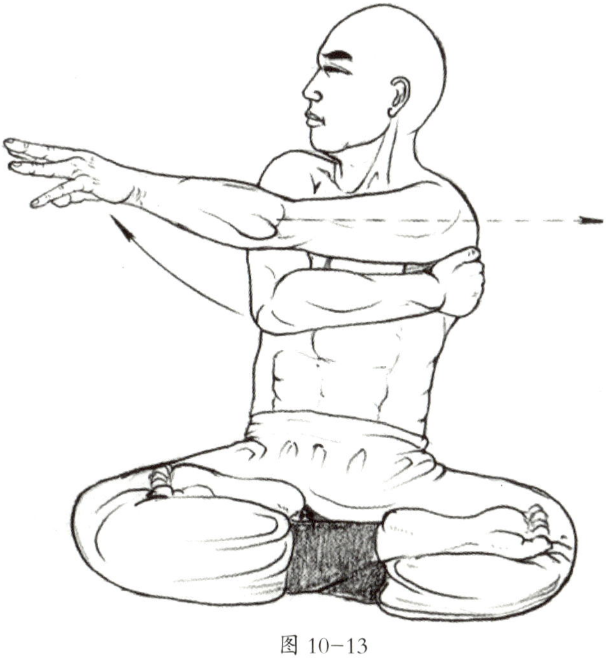

图 10-13

第十节　盘坐横肱势

【练法】

1. 盘坐势不变。两掌收回至胸前，两指尖相对，掌心向下，手臂端平。（图 10-14）

2. 两臂向左右横撑，犹如用肘向两旁推人之意。撑时呼气，松时吸气，呼吸 3 次，使气回旋于四肢。（图 10-15）

【古谱】

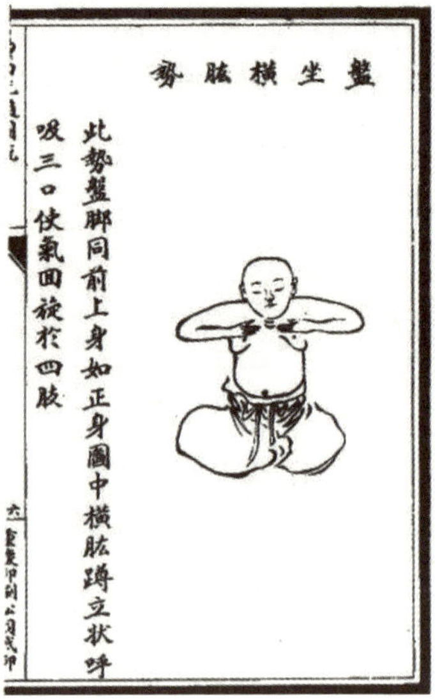
盤坐橫肱勢

此勢盤脚同前上身如正身圖中橫肱踴立狀呼吸三口使氣回旋於四肢

图 10-14

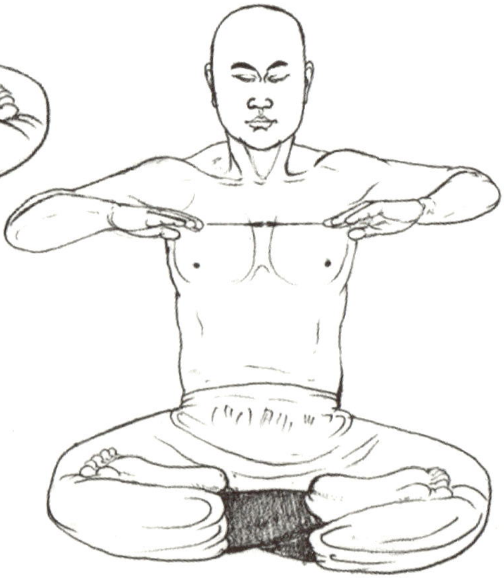
图 10-15

第十一节　三焦达利第一势

【练法】

盘坐势不变。两掌里收至胸前，十指相叉，掌心向里，虎口向上，两臂平端。调息 1 次，使气凝聚于上焦。（图 10-16）

【古谱】

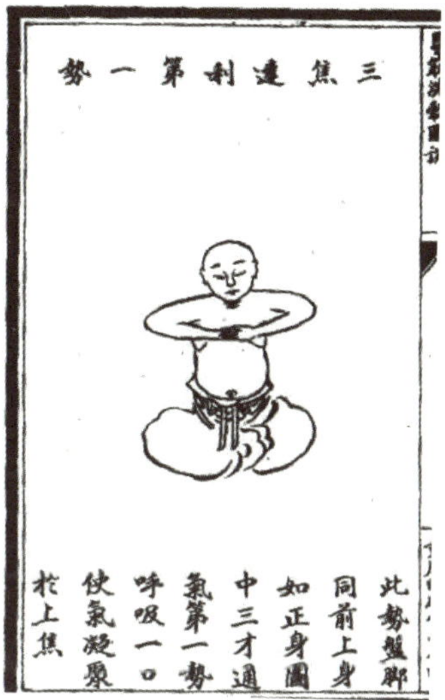
三焦達利第一勢

此勢盤腳同前上身如正身圖中三才通氣第一勢呼吸一口使氣凝聚於上焦

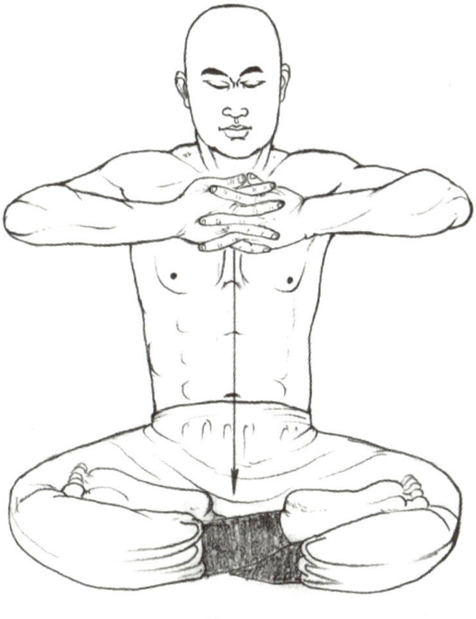

图 10-16

第十二节　三焦达利第二势

【练法】

盘坐势不变。两掌自胸前顺势下按于小腹前，两臂撑直，掌心向下。调息1次，使气贯注于下焦。（图10-17）

【古谱】

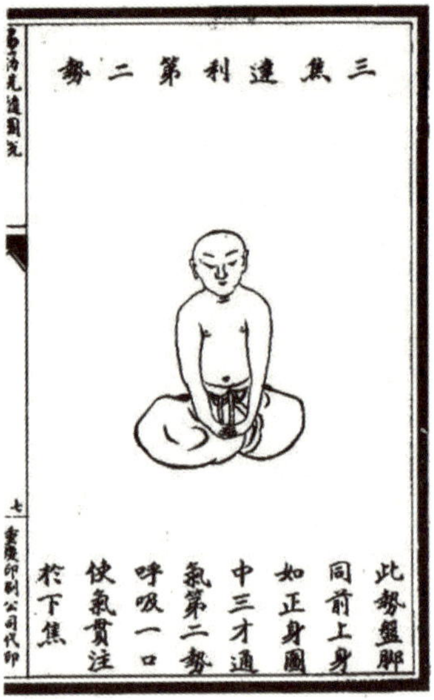

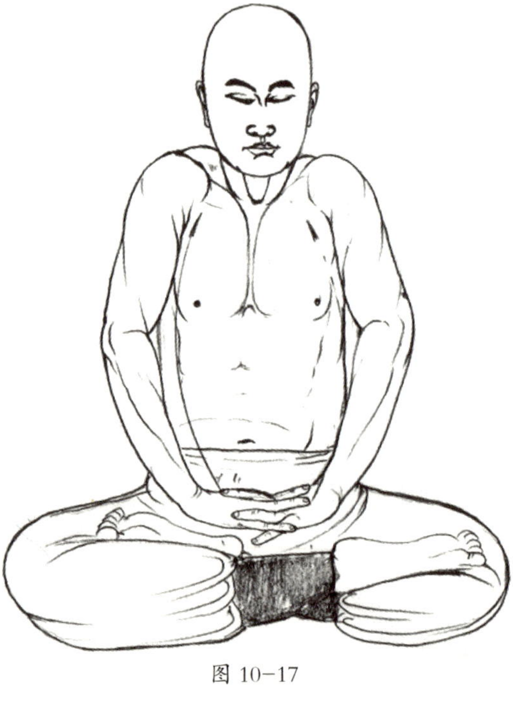

图 10-17

第十三节　三焦达利第三势

【练法】

盘坐势不变。两掌松开，掌棱相对，指尖向前、向上抬起；至两掌臂平肩时，手臂用力向前一撑，撑时呼气，松时吸气；然后调息1次，使气蕴蓄于中焦。（图10–18）

【古谱】

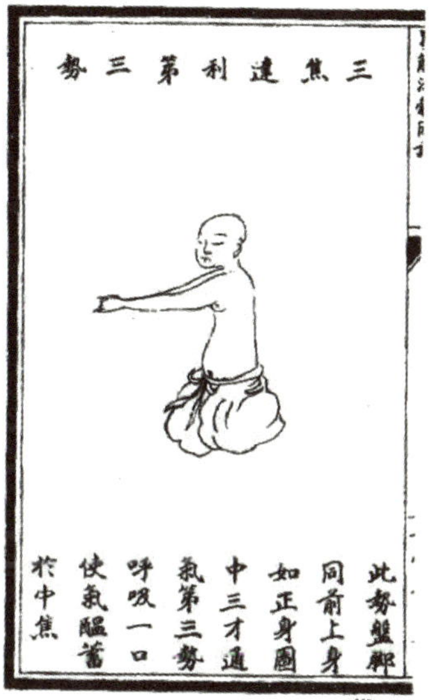
三焦達利第三勢

此勢盤腳同前上身如正身圖中三才通氣第三勢呼吸一口使氣醞蓄於中焦

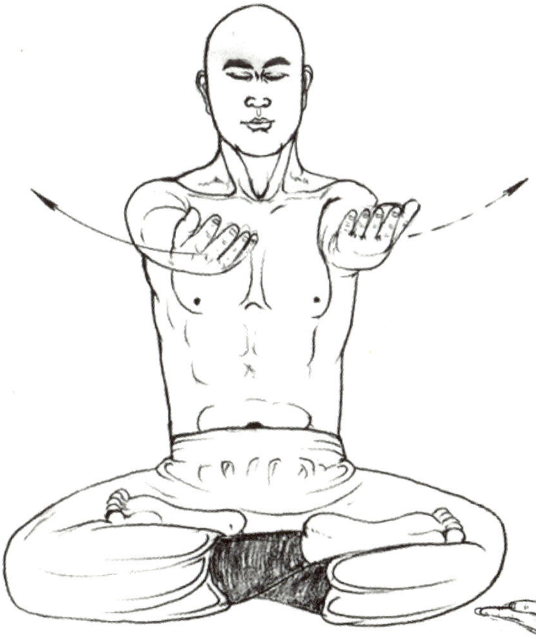

图 10–18

图 10–18 附

第十四节　三焦达利第四势

【练法】

盘坐势不变。用鼻吸气；两掌向左右分开，两臂展平，指尖斜向前，虎口向下，掌心向外；分至左右两边时稍用力一排，随之呼气，使中焦开畅。（图 10-19）

【古谱】

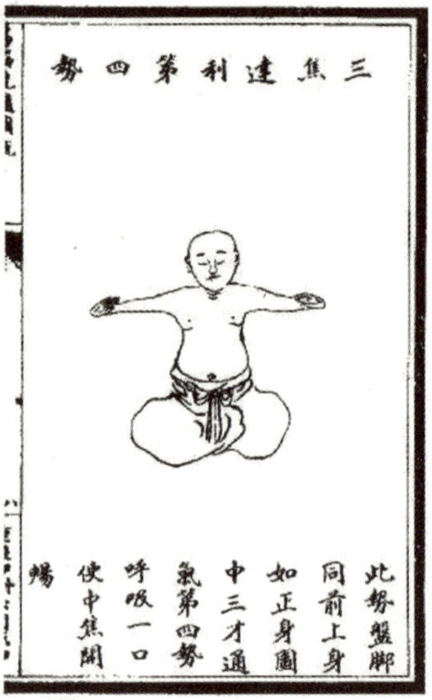
三焦達利第四勢

此勢盤脚同前上身如正身圖中三才通氣第四勢呼吸一口使中焦開暢

图 10-19

第十五节　三焦达利第五势

【练法】

1. 盘坐势不变。两掌经左右侧向身后画弧至腰后（命门穴处），右掌心向上托住左掌背。（图 10-20）

【古谱】

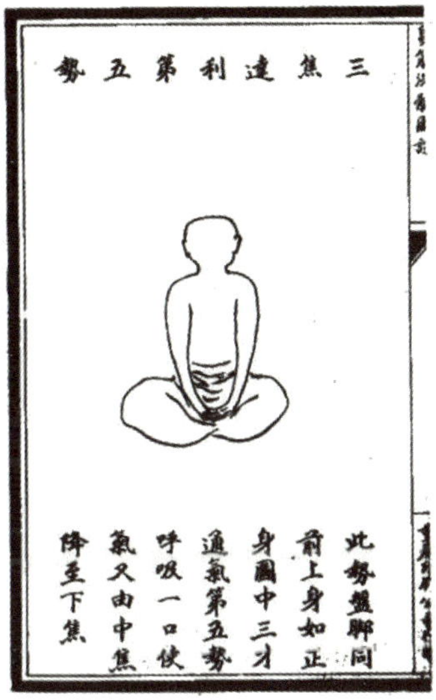
三焦達利第五勢

此勢盤腳同前上身如正身圖中三才通氣第五勢呼吸一口使氣又由中焦降至下焦

图 10-20

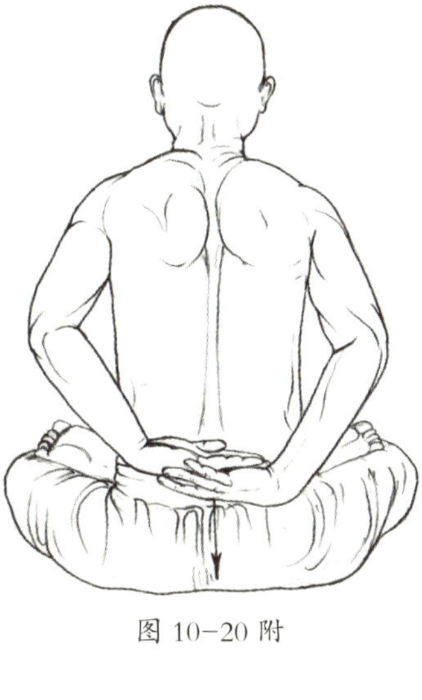

图 10-20 附

2. 用鼻吸气；以掌带臂用力向下一搠，两臂伸直，两掌在尾闾之下。定势后，用鼻将气缓缓呼出，使气由中焦降至下焦。（图 10–21）

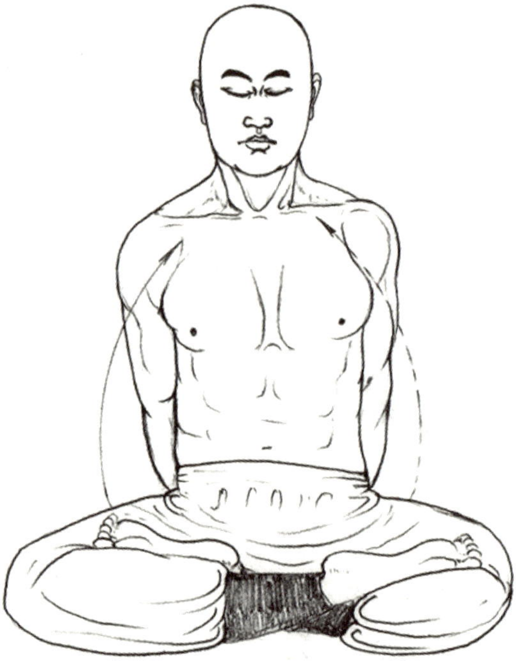

图 10–21

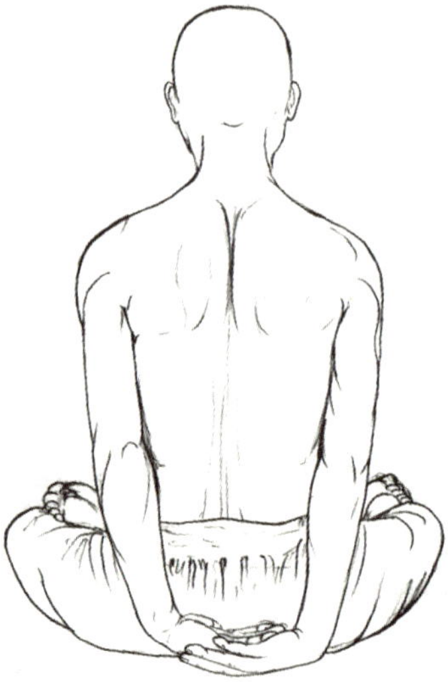

图 10–21 附

第十六节　三焦达利第六势

【练法】

1. 盘坐势不变。两掌松开下收，贴身翻掌向前平举，至两臂掌与肩平，掌心向上；自然呼吸。（图 10-22）

【古谱】

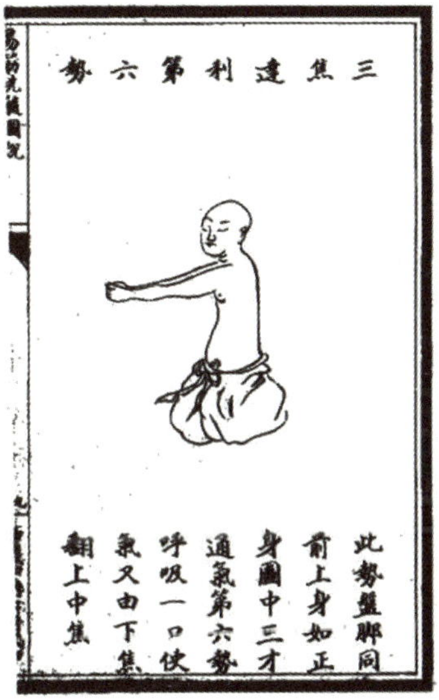
三焦達利第六勢

此勢盤腳向前上身如正身圖中三才通氣第六勢呼吸一口使氣又由下焦翻上中焦

图 10-22

图 10-22 附

2. 两掌向内合拢，十指交叉，掌心向内，虎口向上；用鼻吸气，双掌用力前推。定势后，用鼻将气缓缓呼出，使气由下焦翻上中焦。（图10–23）

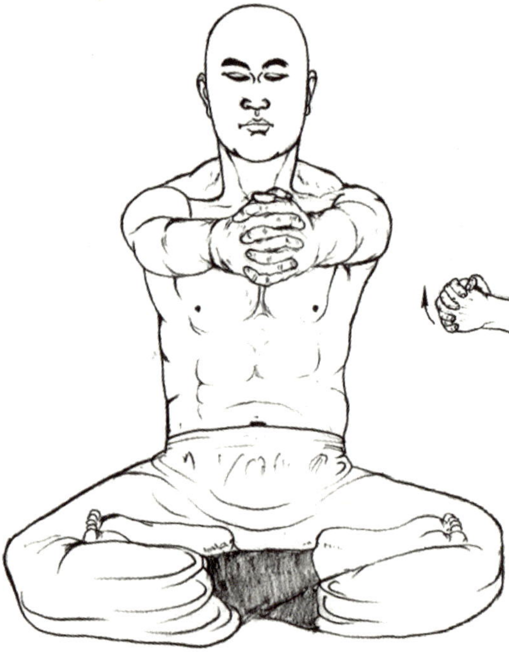

图 10–23

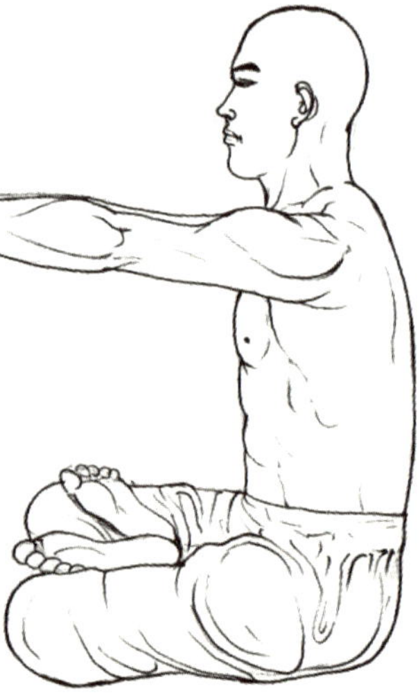

图 10–23 附

第十七节　三焦达利第七势

【练法】

盘坐势不变。翻转双掌成掌心向前；用鼻吸气，用力前撑。定势后，用鼻将气缓缓呼出，使气蕴蓄于中焦。（图 10–24）

【古谱】

图 10–24

图 10–24 附

第十八节　三焦达利第八势

【练法】

盘坐势不变。两手十指松开，指尖相对，向左右两侧分开，两臂平展；分至左右两边时，用鼻吸气，平端两臂向左右两侧用力一排，指尖斜向前，虎口向下。定势后，用鼻将气缓缓呼出，使气散注于中焦。（图 10–25）

【古谱】

图 10–25

第十九节　三焦达利第九势

【练法】

1. 盘坐势不变。两掌画弧收回，至两肩前时成立掌，掌心向里，指尖向上；自然呼吸。（图 10–26）

2. 用鼻吸气；双掌直臂上举，臂膀用力伸尽，掌心向后，掌背向前，十指用力向上插，如直插九霄之势。定势后，用鼻将气缓缓呼出，使气又由中焦冲运于上焦。（图 10–27）

【古谱】

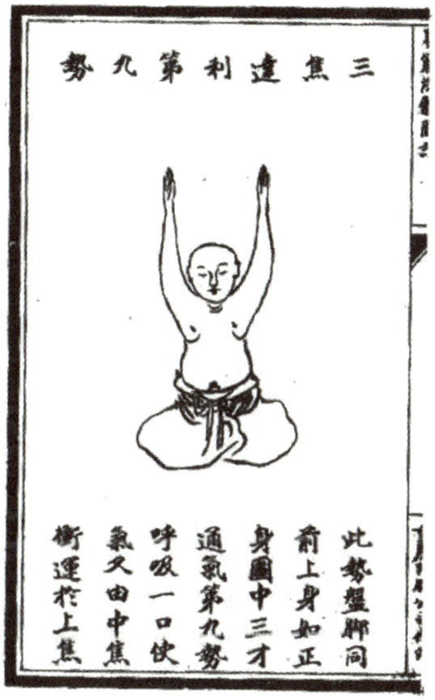

图 10–26

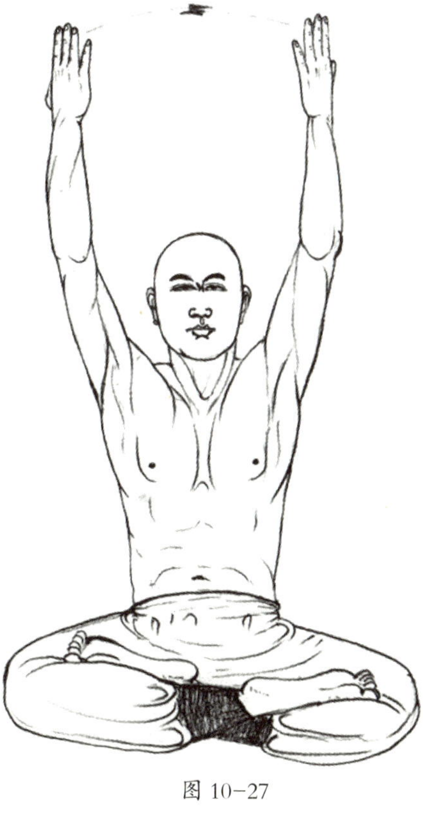

图 10–27

第二十节　三焦达利第十势

【练法】

盘坐势不变。两掌向头顶上方合拢，十指交叉，掌心向下，掌背向上；用鼻吸气，双掌带臂向上用力一托。定势后，用鼻将气缓缓呼出，使轻清之气上浮于上焦。（图 10-28）

【古谱】

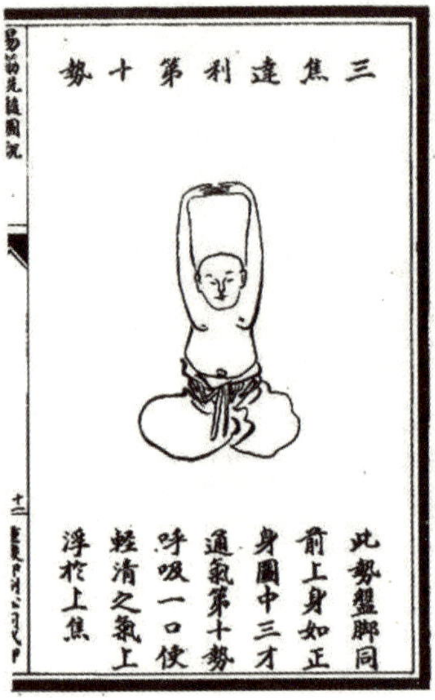

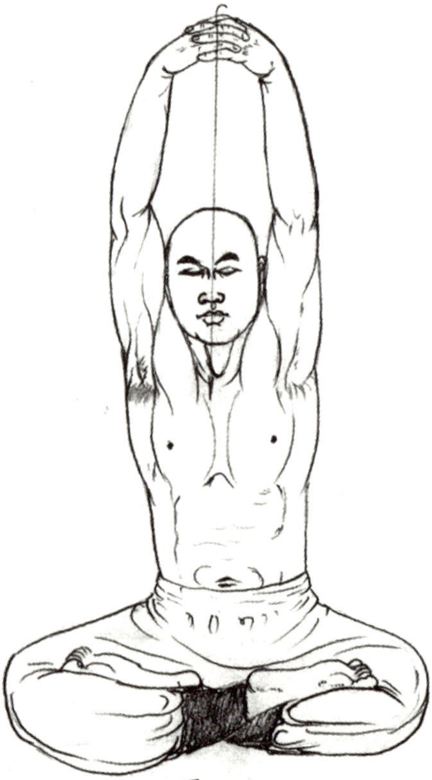

图 10-28

第二十一节　三焦达利第十一势

【练法】

盘坐势不变。两掌十指交叉不变，掌心相对，两臂伸直顺势向前下放；至掌臂与肩平时，用鼻吸气，掌臂用力向前一推。定势后，用鼻将气缓缓呼出，使纯阳之气归位于中焦。（图 10–29）

【古谱】

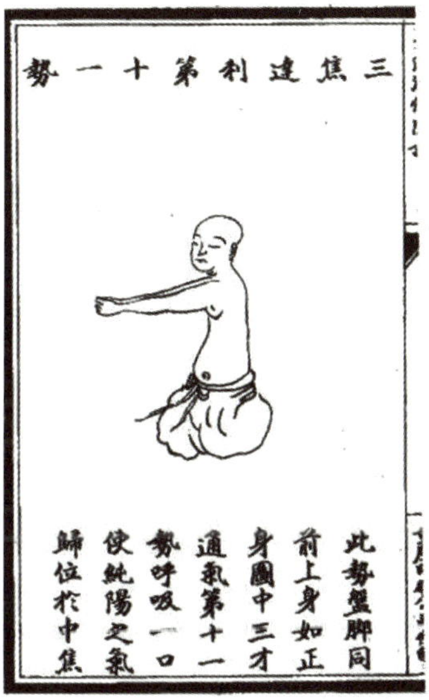

图 10–29

图 10–29 附

第二十二节　三焦达利第十二势

【练法】

盘坐势不变。用鼻吸气；两掌十指交叉不变，翻转两掌成掌心向前，用力向前一推。定势后，用鼻将气缓缓呼出，使纯阳之气充满于中焦。（图 10-30）

【古谱】

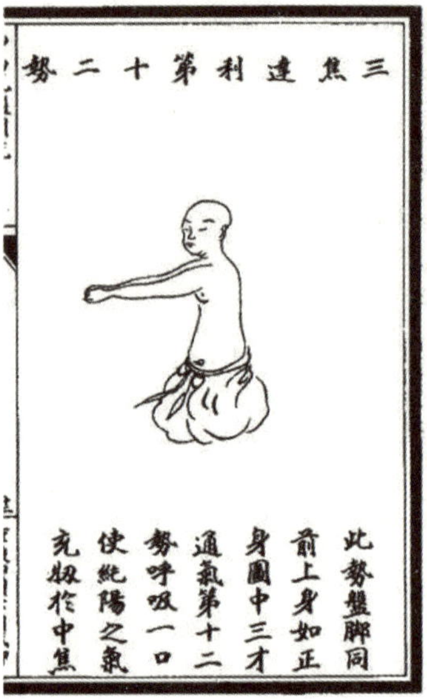

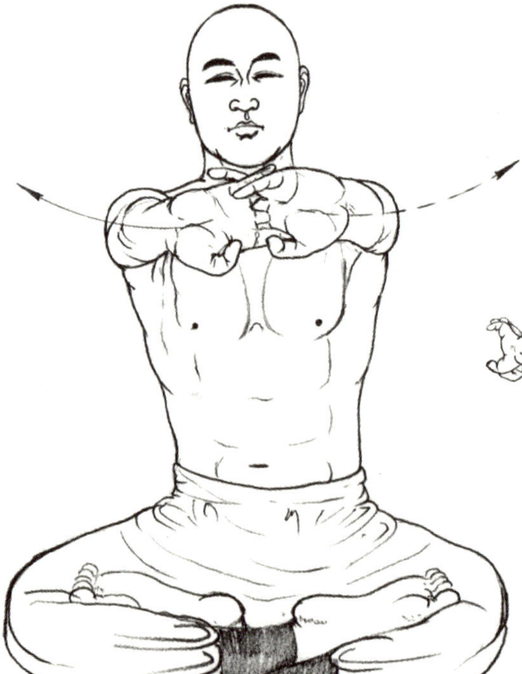

图 10-30

图 10-30 附

第二十三节　三焦达利第十三势

【练法】

盘坐势不变。松开双掌，向左右两侧分开，掌臂平肩；至左右两侧时，指尖斜向前，虎口向下，用鼻吸气，双掌用力一排。定势后，用鼻将气缓缓呼出，使纯阳之气散满于中焦。（图 10-31）

【古谱】

图 10-31

第二十四节　三焦达利第十四势

【练法】

1. 盘坐势不变。两掌经左右侧向身后画弧至腰后（命门穴处），掌心向上，十指交叉。（图 10-32）

【古谱】

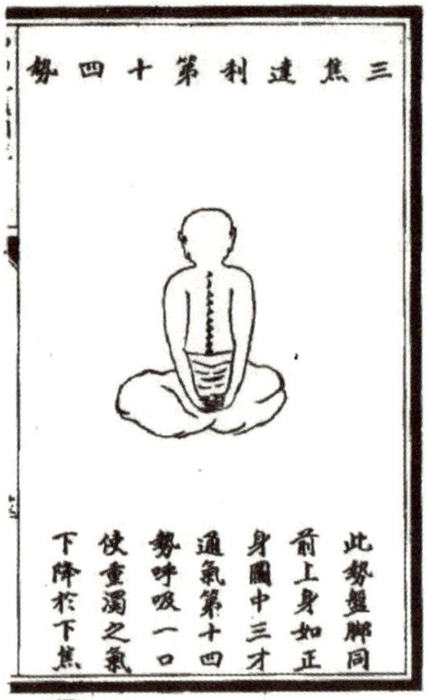

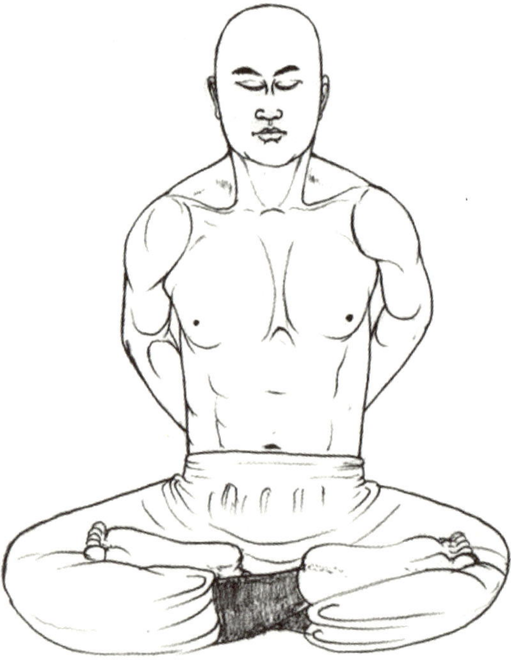
图 10-32

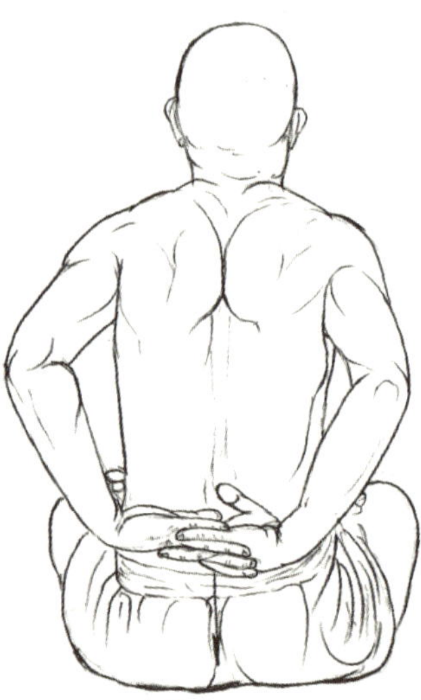
图 10-32 附

2. 用鼻吸气；以掌带臂用力向下一掷，两臂伸直，两掌在尾闾之下。定势后，用鼻将气缓缓呼出，使重浊之气下降于下焦。（图10−33）

此三焦达利第十四势，与正身势中二十四势“三才通气第十四势”及半身势中十四势“向后正鞍势”相比较可以看出，正身势中是运气流通，半身势中是运气贯注，此是运气归位，功分三等，理归一贯。行功至此，纵横上下，无不入妙。

图 10−33

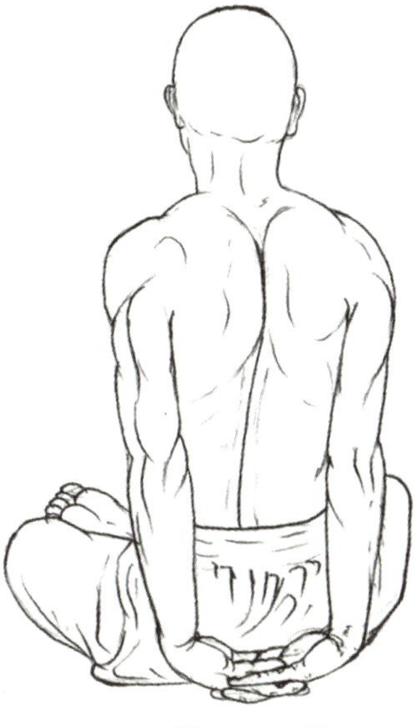

图 10−33 附

第二十五节　左摘星换斗第一势

【练法】

盘坐势不变。自然呼吸；右掌反贴于腰后；左掌向左上侧伸臂高举，掌心斜向上，指尖斜向左上方；举目观掌，注目凝神。定势后，调息 3 次，引气左升。（图 10–34）

【古谱】

左摘星換斗勢一

此勢盤脚同前上身如側身圖中獨手擎天勢向左呼吸三口引氣左升

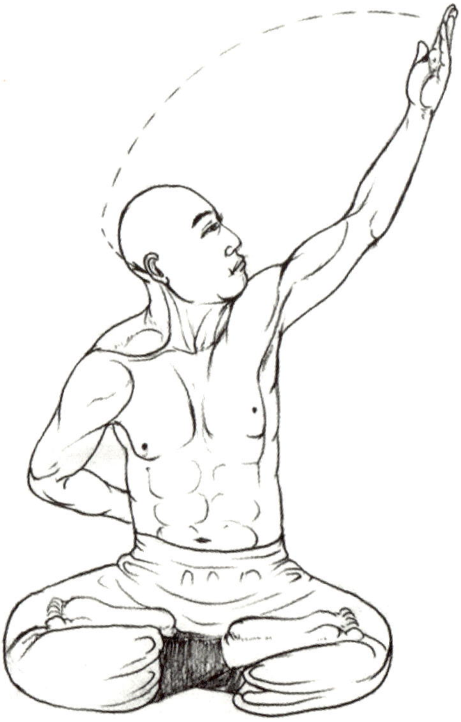

图 10–34

第二十六节　左摘星换斗第二势

【练法】

1. 盘坐势不变。自然呼吸；左掌向右屈臂下放，顺头上绕转至右耳脑后，指尖向下，掌心对右侧后脑。（图 10-35）

2. 左掌经后脑向左转至左肩上方，左肘尖向左斜上方。定势后，调息 3 次，导气右旋。（图 10-36）

【古谱】

图 10-35

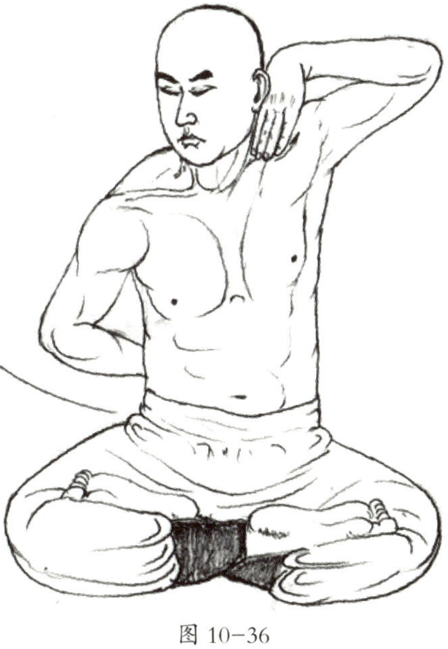

图 10-36

第二十七节　左摘星换斗第三势

【练法】

1. 盘坐势不变。右掌伸臂仰掌向右侧上撑至与肩平，左掌握拳置于左肩；目视右掌。（图 10–37）

2. 右掌向胸前收回成拳，左拳下落胸前，两拳面相对，屈肘端平，如试弓状；自然呼吸。（图 10–38）

3. 用鼻吸气；右拳变掌，竖腕立掌向右侧平推，指尖向上，掌心向右；两手左拉右撑，如开弓弹丸状；头随右臂右转，目视右掌背，一志凝神。定势后，调息 3 次，导气逆行。（图 10–39）

4. 行气毕，用鼻呼气的同时，左拳如弹丸般向右侧方打出，拳眼向上；右掌护于左肘弯内侧，指尖向上；目视左拳。（图 10–40）

【古谱】

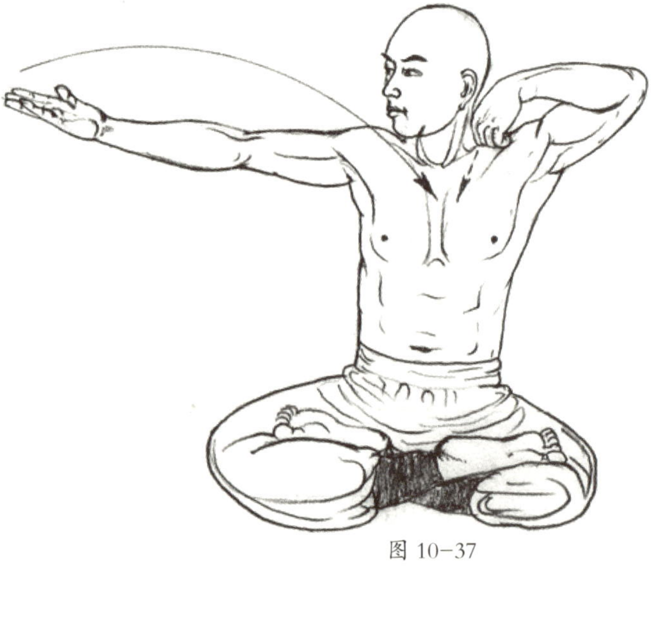
图 10–37

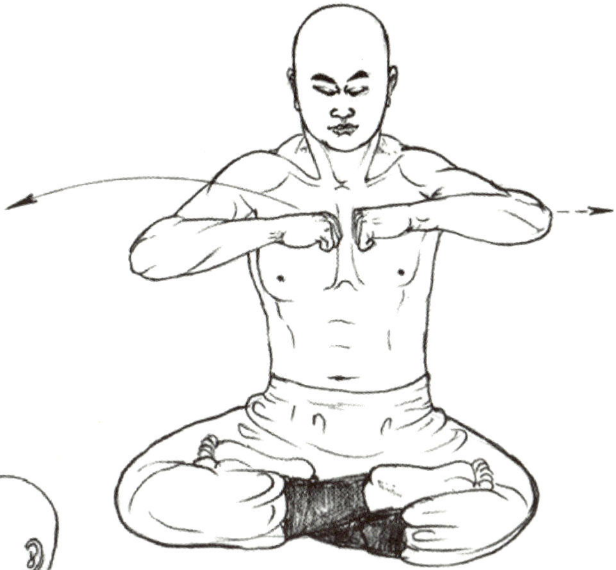

图 10-38

图 10-39

图 10-40

第二十八节　右摘星换斗第一势

【练法】

动作与“左摘星换斗第一势”相同，方向相反。（图 10-41）

【古谱】

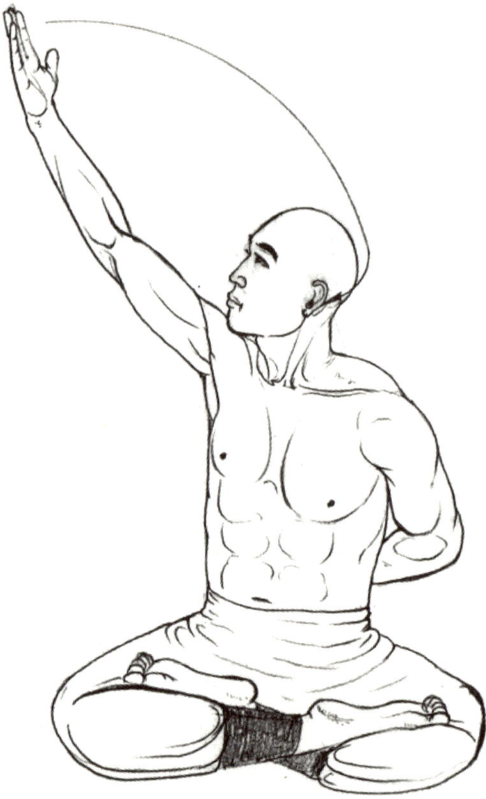

图 10-41

第二十九节　右摘星换斗第二势

【练法】

动作与“左摘星换斗第二势”相同，方向相反。（图 10-42、图 10-43）

【古谱】

图 10-42

图 10-43

第三十节　右摘星换斗第三势

【练法】

动作与“左摘星换斗第三势”相同，方向相反。（图 10-44 ~ 图 10-47）

【古谱】

右摘星換斗第三勢

此勢盤腳同前上身如左摘星換斗第三勢向左呼吸三口撓氣潤腳

右摘星換斗六勢是法飛星過度以呼吸導引上浮清氣輪轉於天盤之上故名摘星換斗

图 10-44

图 10-45

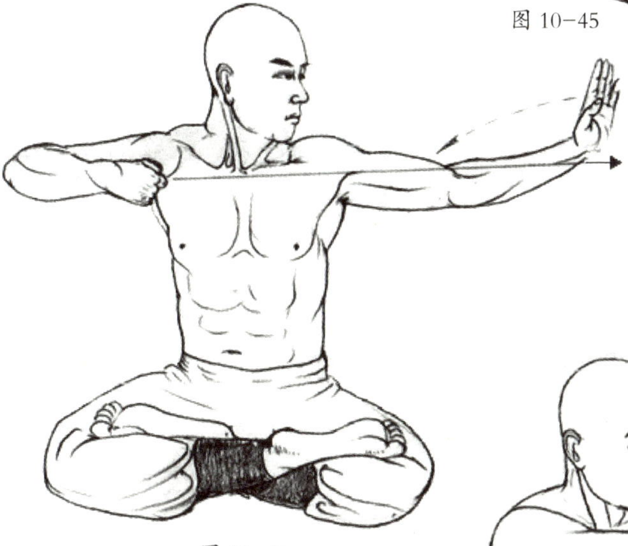

图 10-46

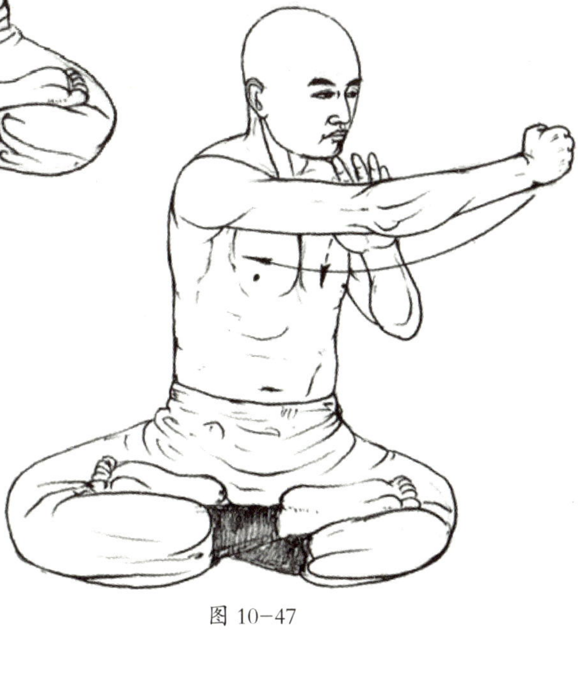

图 10-47

第三十一节　一字通关阴掌势

【练法】

1. 盘坐势不变。右拳收回胸前，屈臂与左拳相对，平端胸前。（图 10-48）

2. 两拳变掌，两臂向左右平撑，两掌心向下，指尖向外，用鼻吸气，两掌向左右用力一伸，如“一”字状。定势后，用鼻将气缓缓呼出，以通中焦关窍。（图 10-49）

【古谱】

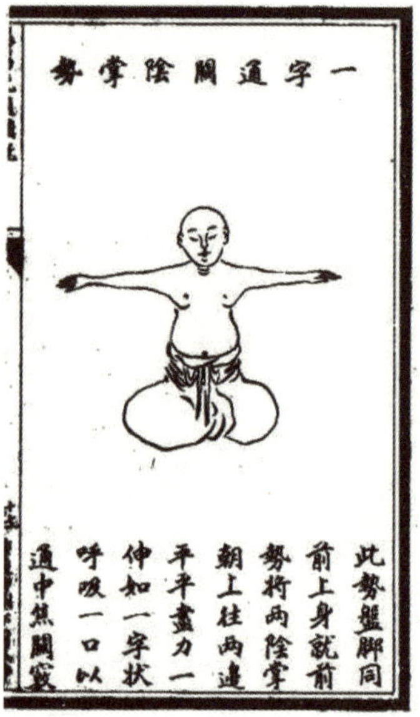

图 10-48

图 10-49

第三十二节　双手虚托势

【练法】

盘坐势不变。用鼻吸气；两掌向头顶上方弧形托举，掌心向上，指尖相对。定势后，用鼻将气缓缓呼出，使气通上焦关窍。（图 10-50）

【古谱】

雙手虛托勢

此勢盤腳同前上身就前勢將兩掌虛虛托起呼吸一口使氣通上焦關竅

图 10-50

第三十三节　平心下气势

【练法】

盘坐势不变。两掌从两侧弧形收回至小腹前，叠放在两脚跟之上，左掌心托住右掌背。平心下气，调息1次，使气由上焦通下焦关窍。（图10-51）

【古谱】

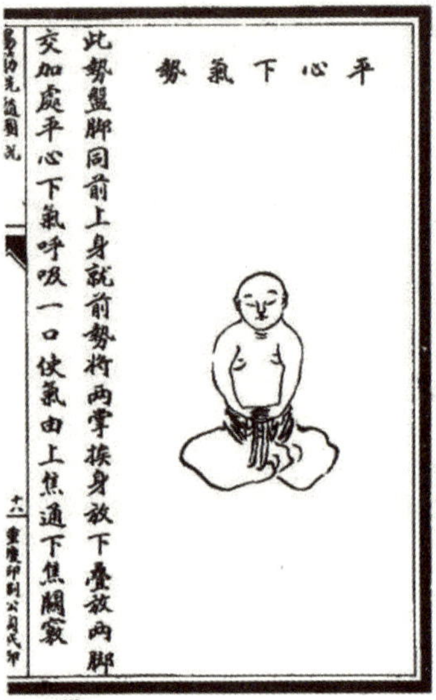
平心下氣勢

此勢盤腳同前上身就前勢將兩掌挨身放下疊放兩腳交加處平心下氣呼吸一口使氣由上焦通下焦關竅

十六

重慶印刷公司代印

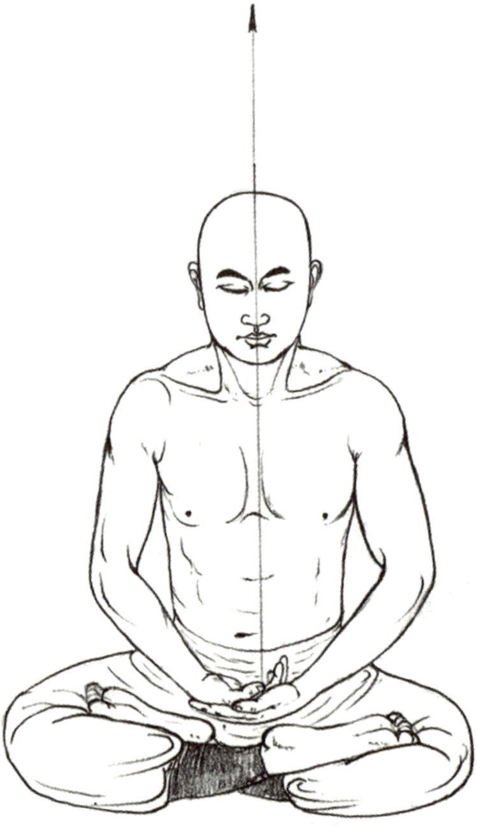

图 10-51

第三十四节　双手再托势

【练法】

盘坐势不变。用鼻吸气；两掌叉指，翻掌向上伸臂托举，掌背向下，掌心向上托起。定势后，用鼻将气缓缓呼出，使气通上焦关窍。（图10－52）

【古谱】

图 10－52

第三十五节　一字通关阳掌势

【练法】

盘坐势不变。两掌松开，伸膀直肱，顺势向两侧放下，掌心向上，平肩，用鼻吸气，往两边一撑，如“一”字状。定势后，用鼻将气缓缓呼出，使气由上焦通中焦关窍。（图 10−53）

【古谱】

一字通關陽掌勢

此勢就前勢將兩手伸膀直肱順勢放下陽掌朝上平肩往兩邊一撐許如一字狀呼吸一口使氣由上焦通中焦關竅

图 10−53

第三十六节　收气回抱势

【练法】

盘坐势不变。两掌收回于小腹前，左掌心托住右掌背。调息1次，使气由中焦通下焦关窍。（图10-54）

【古谱】

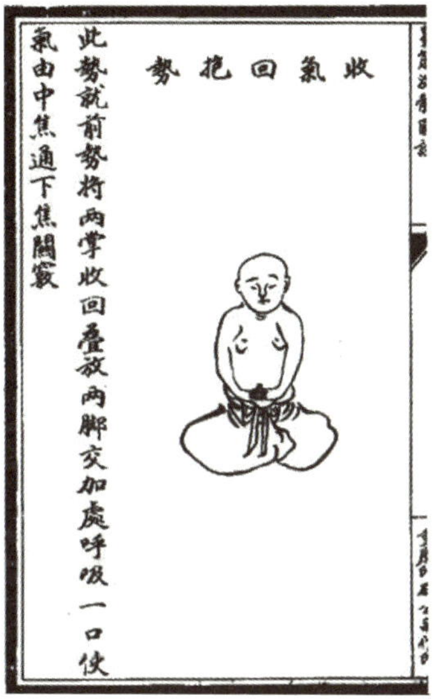
收氣回抱勢

此勢就前勢將兩掌收回疊放兩腳交加處呼吸一口使氣由中焦通下焦關竅

图10-54

第三十七节 一字通关阴掌还原势

【练法】

盘坐势不变。将两手伸膀直肱，往两边抬起、分开，掌心向下，平肩，用鼻吸气，两掌、臂用力做“一”字撑开。定势后，用鼻将气缓缓呼出，使气由下焦通中焦关窍。（图 10-55）

【古谱】

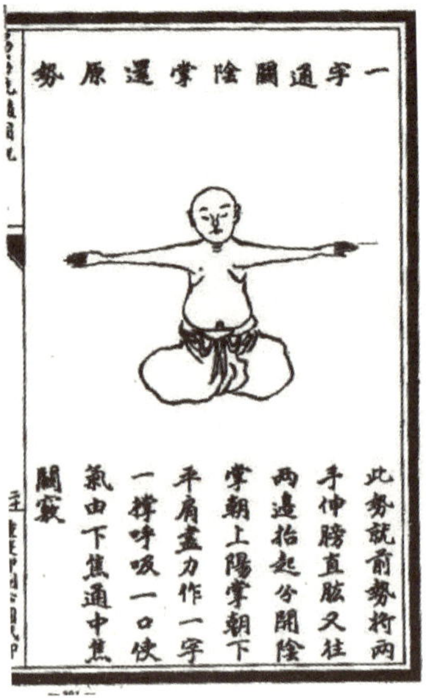

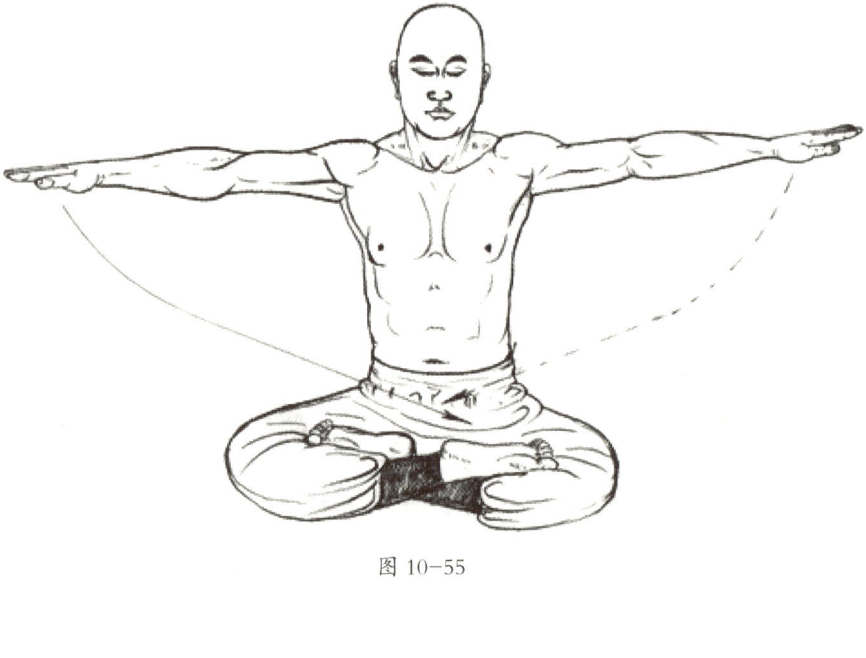

图 10-55

第三十八节　收抱还原势

【练法】

盘坐势不变。如前“收气回抱势”，将气分 3 次，缓缓坐下，每坐 1 次，呼吸 1 次。坐下 3 次，呼吸 3 次，使三焦之气分别还原。（图 10-56）

【古谱】

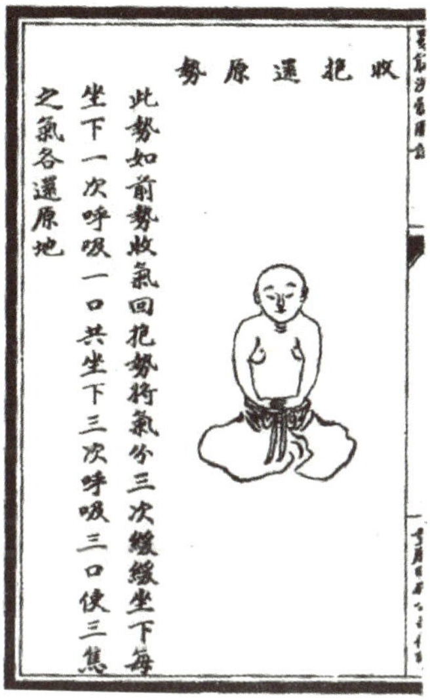
收抱還原勢

此勢如前勢收氣回抱勢將氣分三次緩緩坐下每坐下一次呼吸一口共坐下三次呼吸三口使三焦之氣各還原地

图 10-56

第三十九节　十字通关下手势

【练法】

1. 盘坐势不变。两臂交叉下伸，掌心向下，右指尖向左，左指尖向右。（图 10–57）

2. 两掌用力往上提起至与肩平，从起至平肩呼吸 1 次，使气斜开周身关窍。（图 10–58）

【古谱】

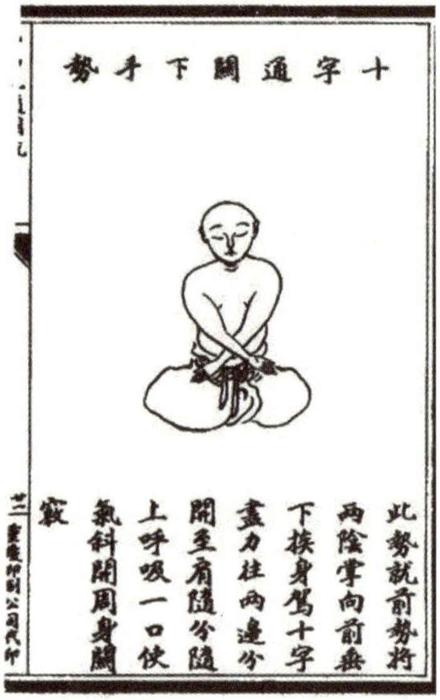
十字通關下手勢

此勢就前勢將兩陰掌向前垂下挨身駕十字盡力往兩邊分開至肩隨分隨上呼吸一口使氣斜開周身關竅

图 10–57

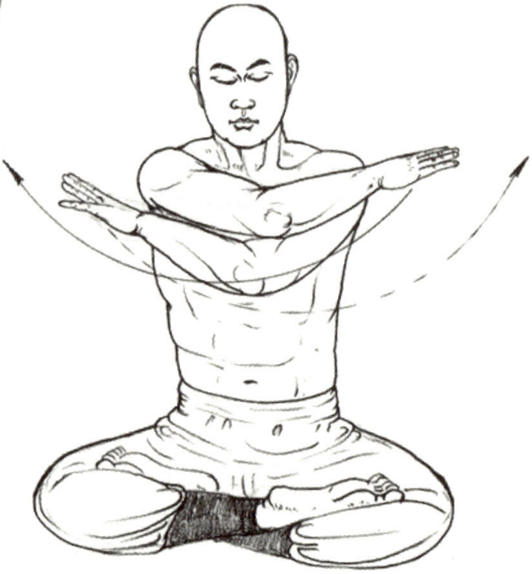

图 10–58

第四十节　十字通关阴掌势

【练法】

盘坐势不变。两肘后收，随之向左右伸膀直肱，用鼻吸气，将两掌用力向两边一排，掌心向下。定势后，用鼻将气缓缓呼出，使气横开周身关窍。（图 10-59）

【古谱】

图 10-59

第四十一节　十字通关回抱势

【练法】

1. 盘坐势不变。两掌向胸前收回，成交叉十字臂，掌心向里，指尖斜向上，右掌在里，左掌在外；自然呼吸。（图 10-60）

【古谱】

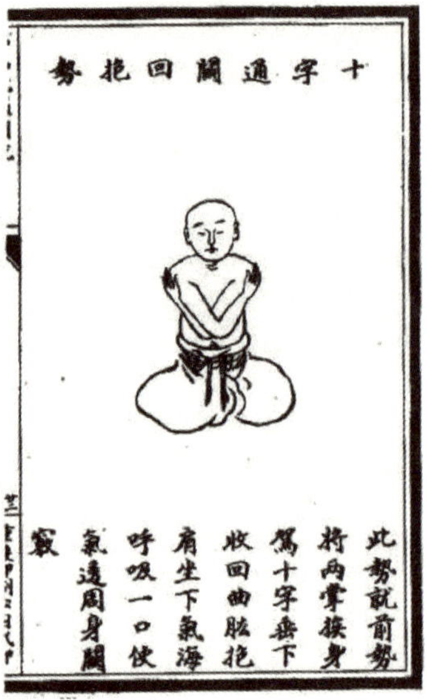

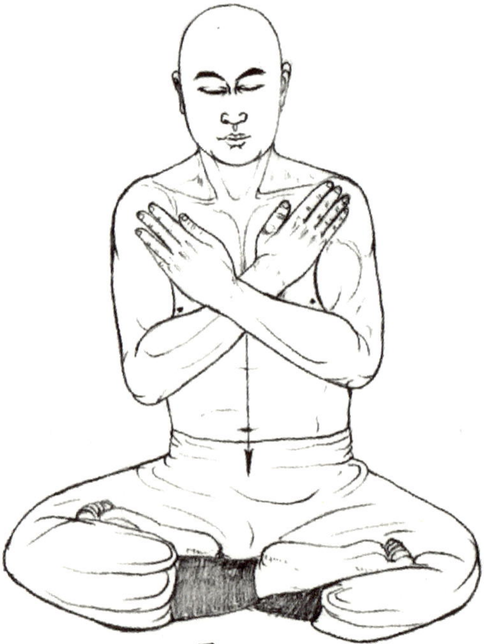

图 10-60

2. 两臂交叉下垂于两大腿上侧，掌心向下，右指尖向左，左指尖向右。（图 10-61）

3. 屈肱抱臂，右掌心抱住左后肩，左掌心抱住右后肩，指尖斜向上；气沉丹田；然后调息 1 次，使气透周身关窍。（图 10-62）

图 10-61

图 10-62

第四十二节　十字通关阳掌势

【练法】

1. 盘坐势不变。两掌松抱，略下收，成平胸交臂势。（图 10-63）

2. 用鼻吸气，两掌向左右侧分开，用力往两边一排，掌心向外，指尖向上；定势后，用鼻将气缓缓呼出，使气横开周身关窍。接着两掌平肩，掌心向上，鼻吸气，用力往两边一撑；定势后，用鼻将气缓缓呼出，使气横舒周身关窍。（图 10-64）

【古谱】

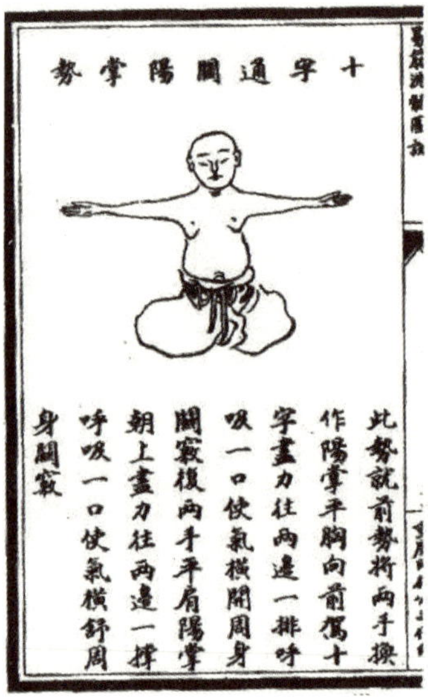
十字通關陽掌勢

此勢就前勢將兩手換作陽掌平胸向前為十字盡力往兩邊一排呼吸一口使氣横開周身關竅復兩手平肩陽掌朝上盡力往兩邊一撑呼吸一口使氣横舒周身關竅

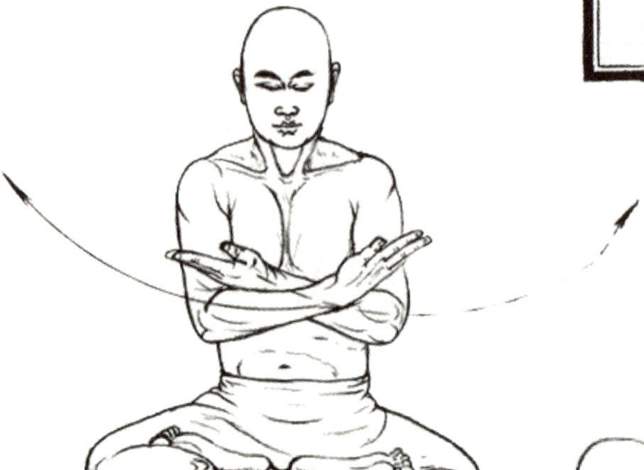
图 10-63

图 10-64

第四十三节　十字通关交抱势

【练法】

1. 盘坐势不变。自然呼吸；两掌向胸前交臂呈“十”字状，右掌棱贴左上臂，掌心向上，左掌棱贴右上臂。（图 10-65）

2. 两掌收指回抱肩头外侧，气沉丹田；然后调息 1 次，使气横透周身关窍。（图 10-66）

【古谱】

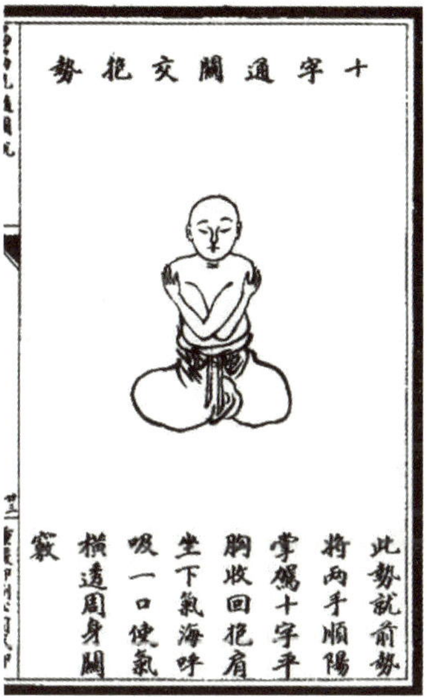

图 10-65

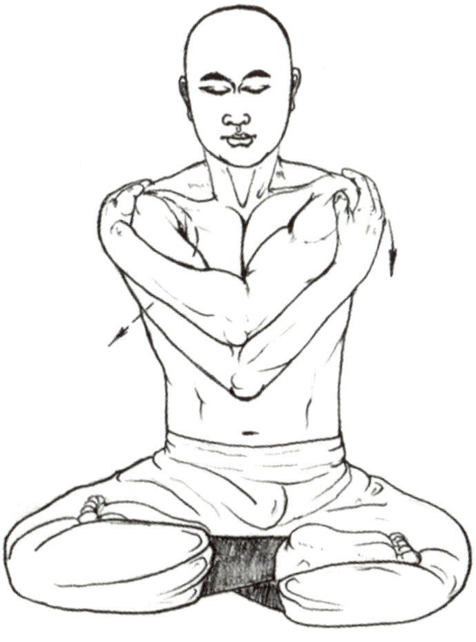

图 10-66

第四十四节　十字通关阴掌还原势

【练法】

1. 盘坐势不变。自然呼吸；两掌松指下收，两前臂相贴，掌心向下，指尖向外。（图 10-67）

【古谱】

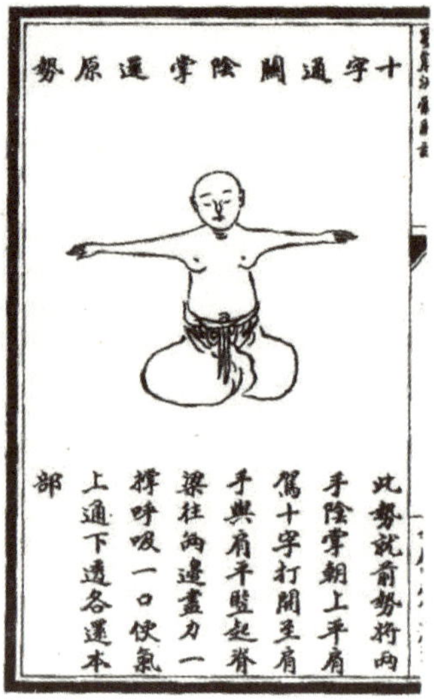

十字通關陰掌還原勢

此勢就前勢將兩手陰掌朝上平肩駕十字打開至肩手與肩平豎起脊梁往兩邊盡力一撑呼吸一口使氣上通下透各還本部

图 10-67

2. 两肘左右回收，至两掌平置于乳前。（图 10-68）

3. 两掌外转，指尖向外，用鼻吸气，伸开双臂向两侧用力一撑。定势后，用鼻将气缓缓呼出，使气上通下透，各还本部。（图 10-69）

图 10-68

图 10-69

第四十五节　十字通关握拳势

【练法】

盘坐势不变。将左右平伸的两掌屈指握拳(握固),伸膀直肱,平肩,用鼻吸气,用力往两边一抵。定势后,用鼻将气缓缓呼出,以闭周身关窍。(图10-70)

【古谱】

图10-70

第四十六节　十字通关收拳势

【练法】

1. 盘坐势不变。自然呼吸；两拳顺肩收回，置于两乳前，拳心向下。（图 10−71）

2. 两拳顺着两肋下落，抱于两腰侧，置于两髂骨之上，拳面向前，拳心向上。定势后，调息 1 次，以关周身关窍。（图 10−72）

【古谱】

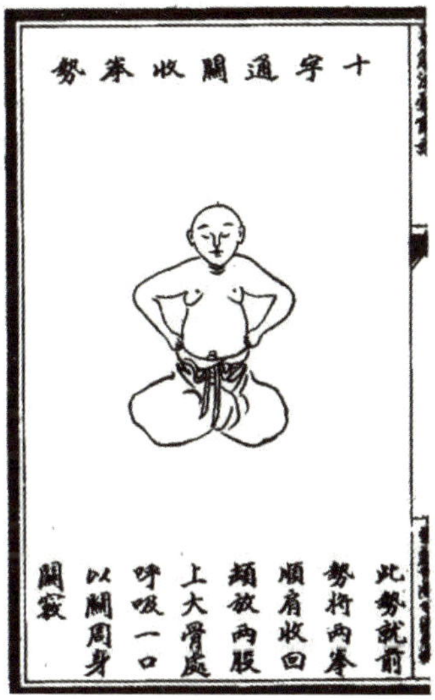

图 10−71

图 10−72

第四十七节　十字通关叉手势

【练法】

盘坐势不变。两拳变掌叉于腰间，拇指在前，其余四指在后。调息 1 次，以锁周身关窍。（图 10-73）

【古谱】

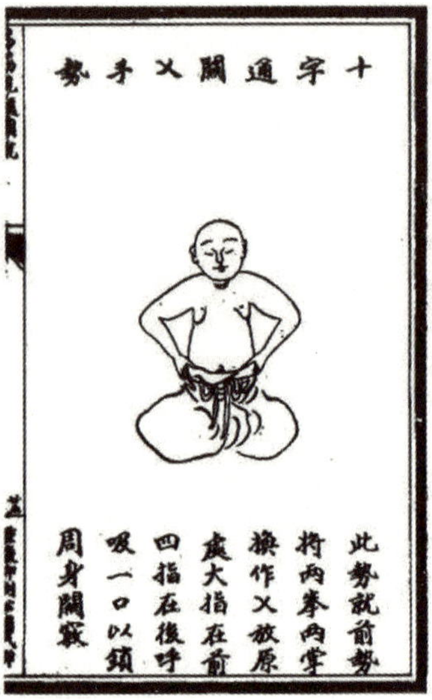

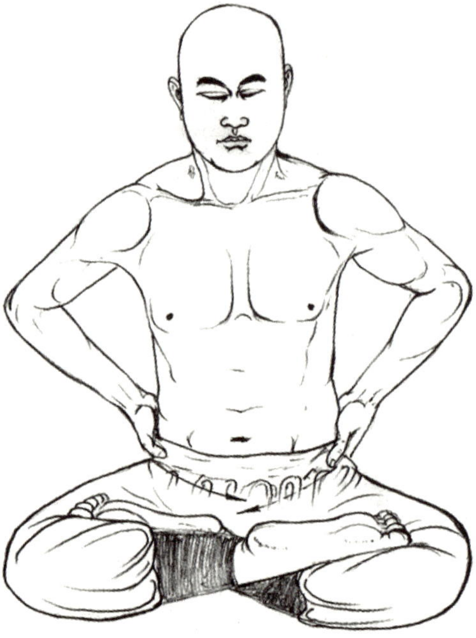

图 10-73

第四十八节　叠掌还原势

【练法】

盘坐势不变。自然呼吸；两掌收至小腹前，左掌心托住右掌背，平放于两脚交叠处，以定神气。（图10–74）

【古谱】

疊掌還原勢

此勢就前勢將兩掌收回疊放兩腳交加處以定神氣

图 10–74

第四十九节　握拳还原势

【练法】

盘坐势不变。左掌掌心向上置于胸前，右掌变拳（握固）放于左掌心上，两臂呈环状。调息 3 次，仍持握拳思神之状。（图 10−75）

此整个坐功完成后，不必起立，接着练习定身功。

【古谱】

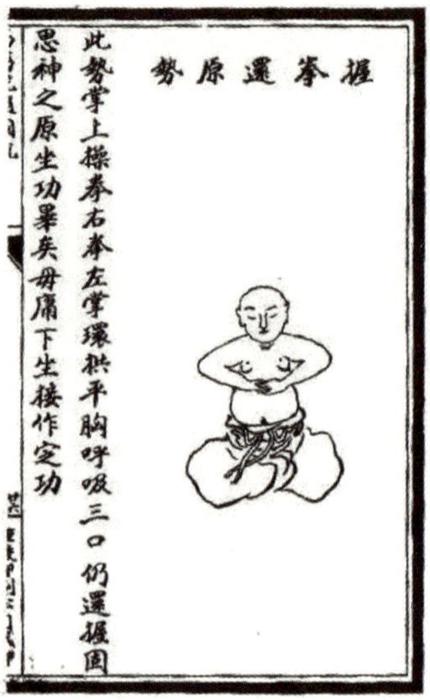

握拳還原勢

此勢掌上操拳右拳左掌環拱平胸呼吸三口仍還握固思神之原坐功畢矣毋庸下坐接作定功

图 10−75

第十一章　定身势

凡练功到定身势时，采炼功已经完毕，达到了水火既济、坎补离填的功效，这时就宜久坐。这种久坐，是以舒适自然为前提。在坐中，内气有运的时候，也有静的时候，要顺其自然。一般来说，运的时间有多长，定的时候大致也有多长。比如说，以时钟计，运一个钟头，定也一个钟头；以燃香计，运一炷香，定也一炷香。在定身功中，凡气运未达到周身通彻者，当补运之；凡定中发生意念游移者，当随时制止之。久而久之，浑然一团太极，初步的默念、存想、呼吸这时都不存在，而归于混化。精、气、神三宝没有分别，进入一种即色即空、不见实见的境界。到此才能养婴入定，归原出神，方谈得上运定功全。

定身功八势，是涵养性灵之功，是将前面坐、立、行、止、升、降、抑、扬、屈、伸、宛、转之效，来一个运与定的总结和升华。

定身势千万不能将就去做。因为行此功，须屏绝念虑，净洁心胸，耳不闻，目不视，心不思，身不动，无一丝挂碍，唯知以所运之气归蓄三焦，旋转丹田。真意到的地方，也是气之所到的地方。采药炼丹，养婴入定，全赖于此；返本还原，成其正果，也基于此功。此时如果不能调息定位，一志凝神，则心必游移，气难内积，最后只能落于前行各功的外壮功夫，这将是很可惜的。但是，也不要因有这个严格的要求就担忧，以致着意，那反而更糟。

总之，贵在勿忘勿助，不黏不脱，亦离亦合，就能进入极妙的境界。《心经》中说：“色不异空，空不异色，色即是空，空即是色。”就是说有与无、空与实这时都已不分彼此，指的就是这一极妙境界。

学道之人对这些道理和功态境界，平时要细心体验，临做功时当一心一意去做，事过后再细心品审，去掉错误的，保证正确的。日久功深，自能强身健体，延年益寿。

第一节　定气和神势

【练法】

此势与坐身势中“握拳思神势”同。但此时要使气穴微闭（方法是静守），则气始定；神光要使之内敛（方法是无一丝思虑），则神始和。三呼三吸，缓接下势。（图 11-1）

注：内气本是吸升呼降，此处则言吸降呼升，若非“古谱”笔误，便指吸之泥丸要使之降，呼之海底要使之升，送它一点升降之真意。决不许动起后天凡意。

【古谱】

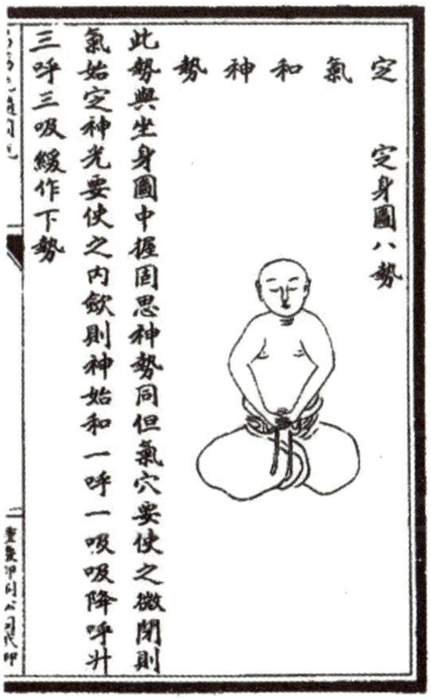
定氣和神勢

定身圖八勢

此勢與坐身圖中握固思神勢同但氣穴要使之微閉則氣始定神光要使之内歛則神始和一呼一吸吸降呼升三呼三吸緩作下勢

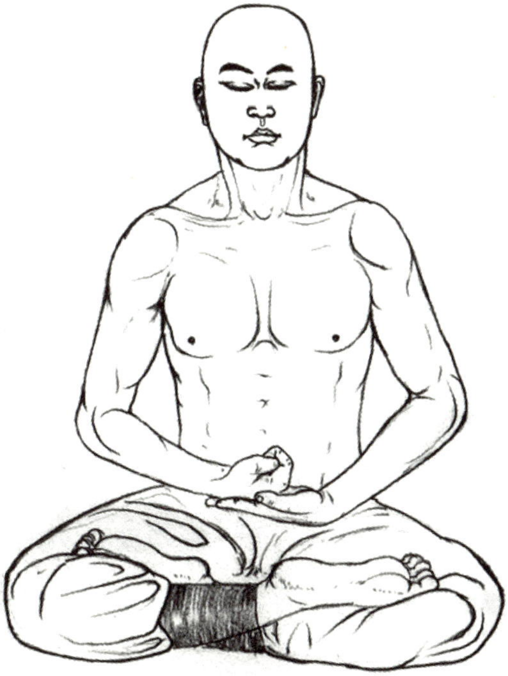
图 11-1

第二节　旋转日月势

【练法】

1. 盘坐势不变。将气缓缓沉入丹田。（图 11−2）

2. 睁开双目，先将双眼珠逆时针方向旋转 21 轮，转一圈为一轮，呼吸 1 次。（图 11−3 ～图 11−6）

【古谱】

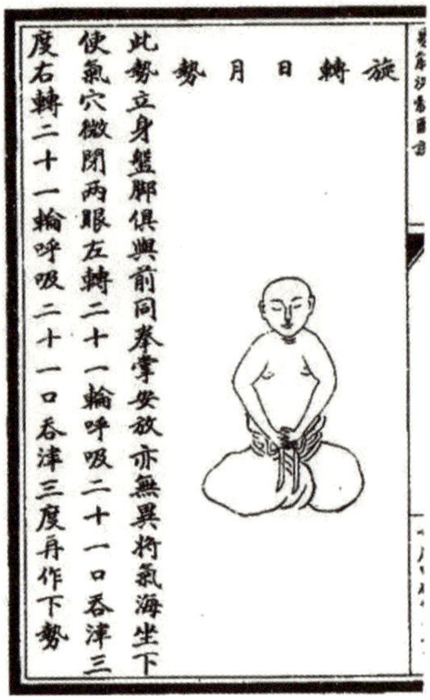

旋轉日月勢

此勢立身盤腳俱與前同拳掌安放亦無異將氣海坐下使氣穴微閉兩眼左轉二十一輪呼吸二十一口吞津三度右轉二十一輪呼吸二十一口吞津三度再作下勢

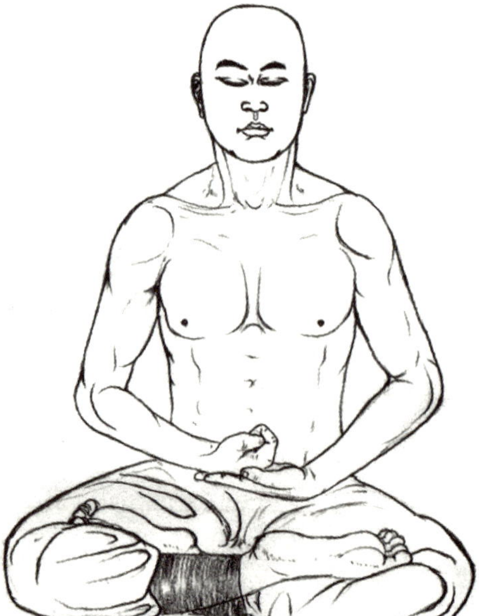

图 11−2

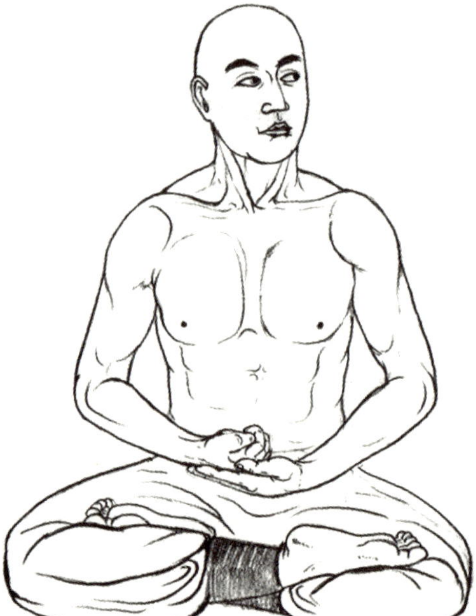

图 11−3

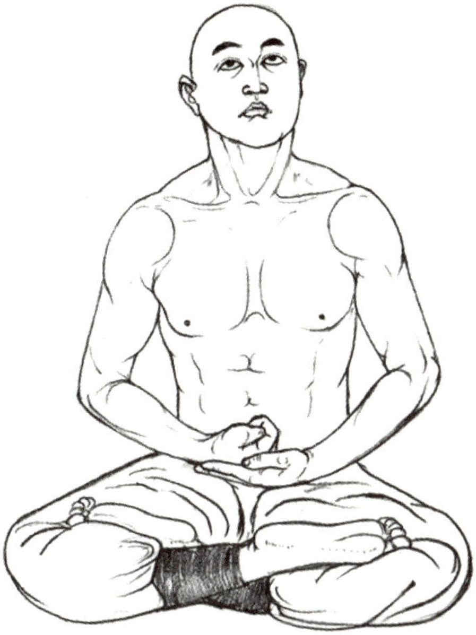

图 11-5

图 11-4

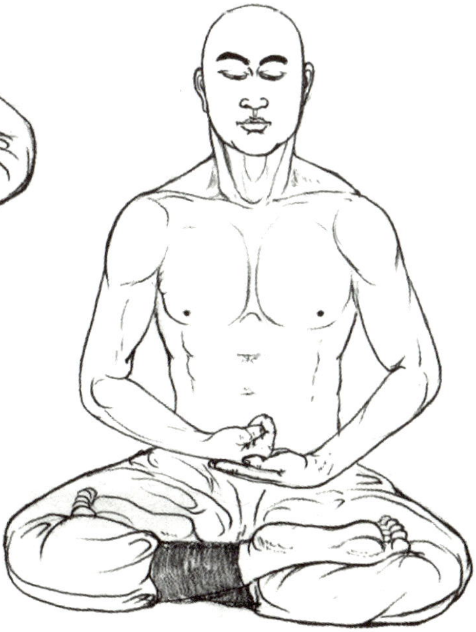

图 11-6

3. 双眼珠顺时针方向旋转 21 轮，呼吸 1 次，然后吞津 3 口。（图 11-7 ~图 11-10）

图 11-7

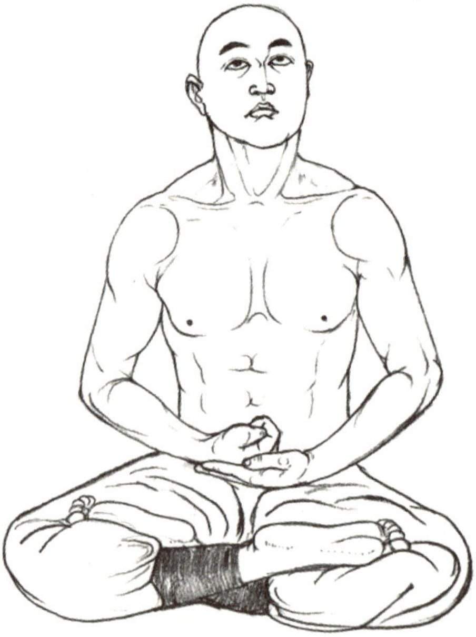

图 11-8

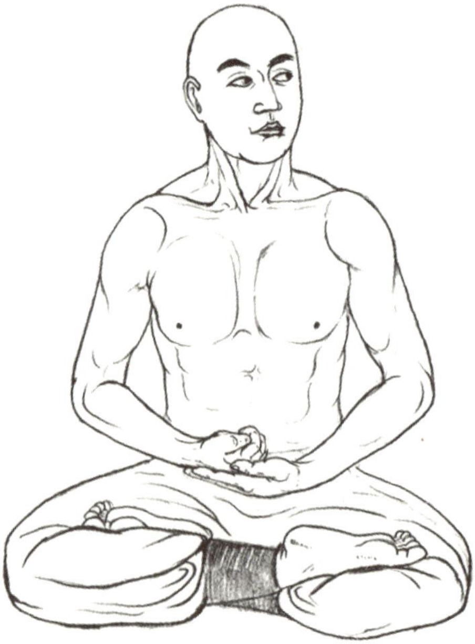

图 11-9

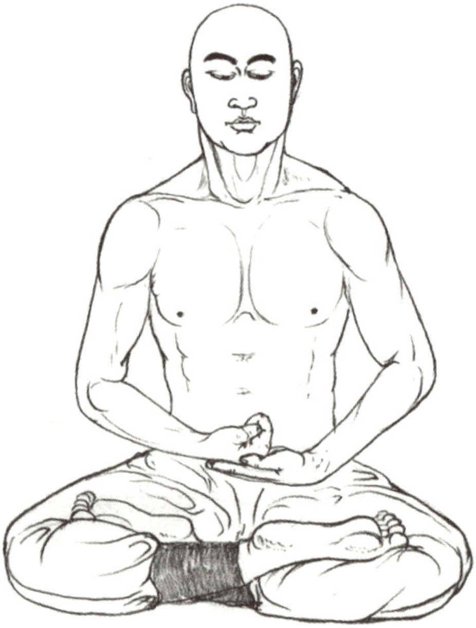

图 11-10

第三节　倒涌清泉势

【练法】

前势毕，竖起脊梁，舌抵上腭，合眼平视；拳掌合放两脚交叠处；呼吸 3 次，使口内生津。（图 11-11）

【古谱】

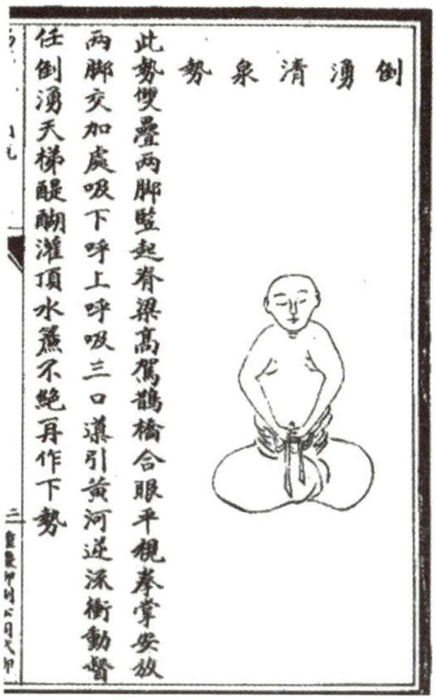
倒湧清泉勢

此勢便疊兩脚豎起脊梁高駕鵲橋合眼平視拳掌安放兩脚交加處吸下呼上呼吸三口導引黄河逆流衝動督任倒湧天梯醍醐灌頂水蕉不絕再作下勢

图 11-11

第四节　返观内照势

【练法】

盘坐势如前。呼吸之间，吸则眼观鼻，鼻观心，心观肾；呼则冲督脉，上天梯（指脊椎骨节），翻泥丸。不可失意，也不可十分着意。太急难到，太缓必滞。不疾不徐，呼吸3次，自能内照，洞观脏腑。（图11-12）

【古谱】

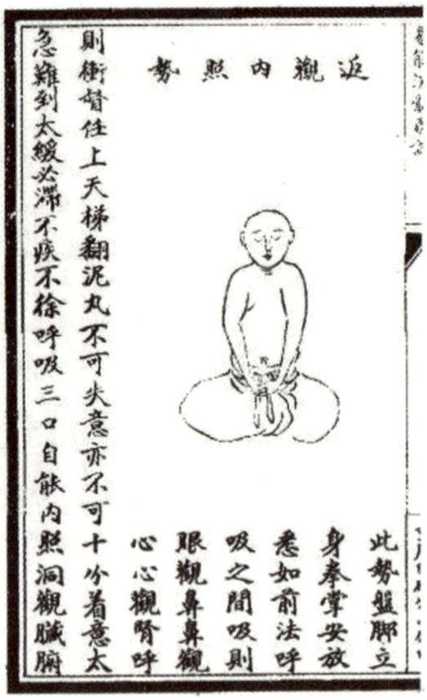
返觀內照勢
此勢盤腳立身拳掌安放悉如前法呼吸之間吸則眼觀鼻鼻觀心心觀腎呼則衝督任上天梯翻泥丸不可失意亦不可十分着意太急難到太緩必滯不疾不徐呼吸三口自能內照洞觀臟腑

图 11-12

第五节　龙行虎奔势

【练法】

盘坐势如前。紧闭牙关，舌抵上腭，气下丹田，缓缓呼吸 21 次。每呼吸 7 次毕，吞津 3 口。（图 11-13）

【古谱】

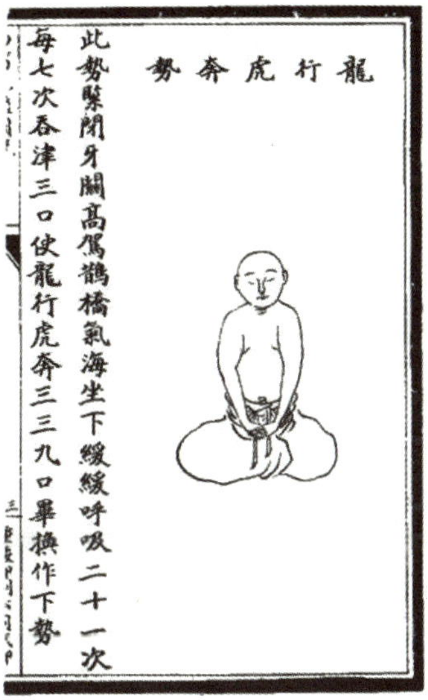
龍行虎奔勢

此勢緊閉牙關高駕鵲橋氣海坐下緩緩呼吸二十一次每七次吞津三口使龍行虎奔三三九口畢換作下勢

图 11-13

第六节　汲精补髓势

【练法】

将两腿舒伸，两掌心按在膝盖上，呼吸3次。此法可益精益髓。（图11－14）

【古谱】

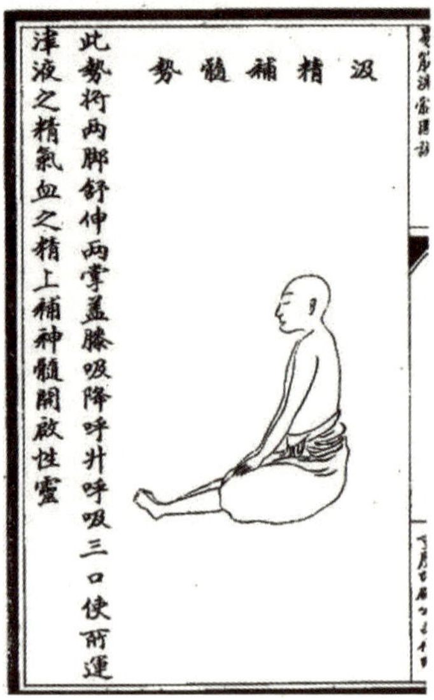
汲精補髓勢

此勢將兩腳舒伸兩掌蓋膝吸降呼升呼吸三口使所運津液之精氣血之精上補神髓開啟性靈

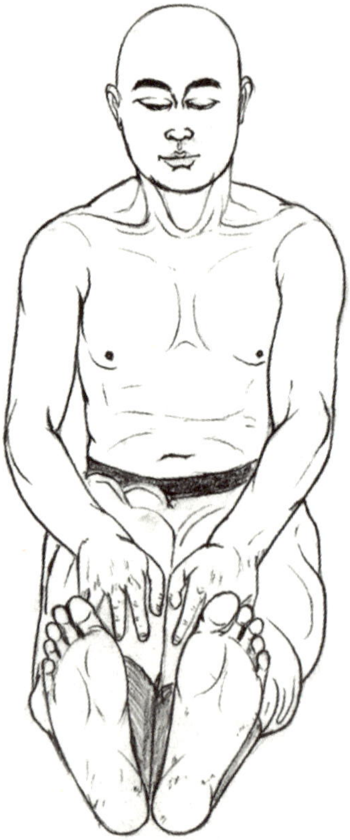
图 11－14

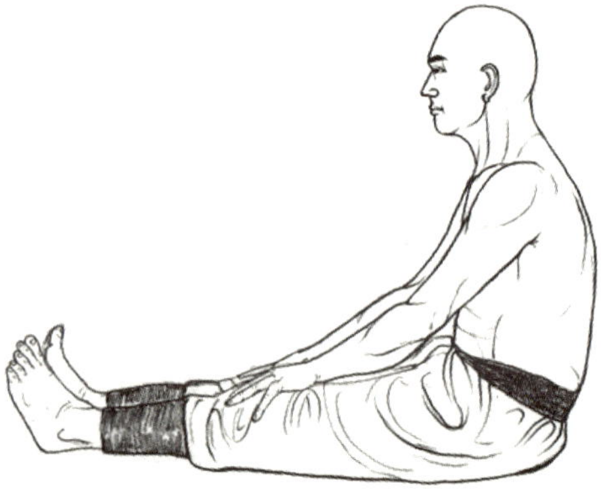
图 11－14 附

第七节　返本还原势

【练法】

将两脚收回，两脚掌相贴合抵于裆前；两手伸膀直肱，合掌交叉，紧抱两脚十趾；气沉丹田，缓缓呼吸七次，吞津三度，可补益人体元气。（图 11-15）

【古谱】

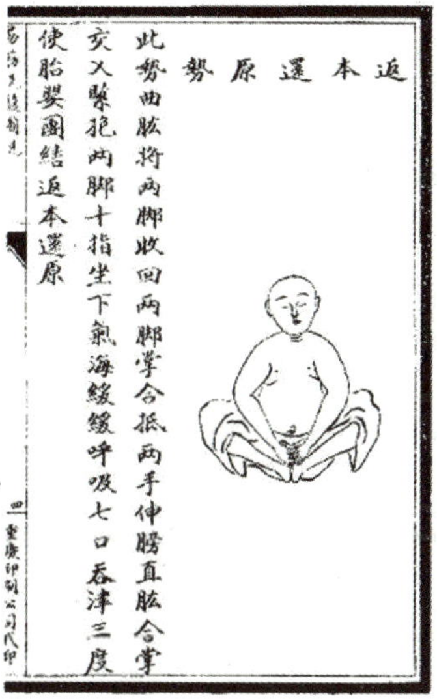

返本還原勢

此勢曲肱將兩脚收回兩脚掌合抵兩手伸膀直肱合掌交叉緊抱兩脚十指坐下氣海緩緩呼吸七口吞津三度使胎嬰圓結返本還原

图 11-15

第八节　养婴归原入定出神势

【练法】

此势做法与“定气和神势”同。（图 11-16）

“呼吸至此，愈隐愈微，不唯无声，并若无气，浑浑噩噩，杳杳冥冥，一尘不染，万象皆空。胎婴所在，活活泼泼，有我无我，出入悉定。万化之原，太初之本”。

偈曰：“行功至斯，无生无死，定而不定，出入由己。观自在相，神婴脱体。洗髓功深，天灵盖启。混沌一元，与天地匹。浑化无边，究竟得止。圆觉功夫，权舆在此。”

【古谱】

養嬰歸原入定出神勢

此勢坐法與定身第一圖同但呼吸至此愈隱愈微不惟無聲並若無氣渾渾噩噩杳杳冥冥一塵不染萬象皆空胎嬰所在活活潑潑有我無我出入悉定萬化之原太初之本

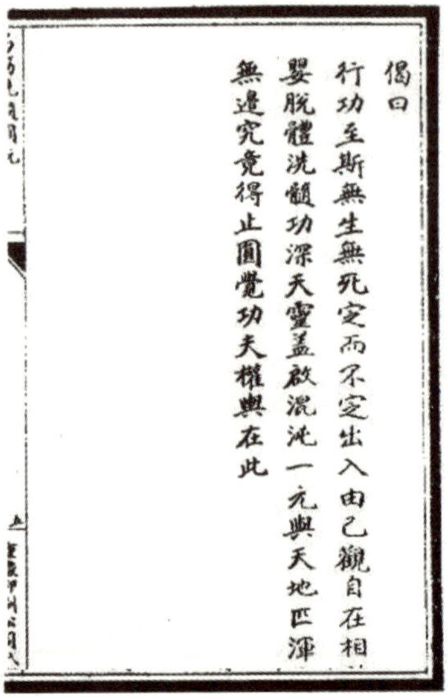
偈曰

行功至斯無生無死定而不定出入由己觀自在相嬰脫體洗髓功深天靈蓋啟混沌一元與天地匹渾無邊究竟得止圓覺功夫權輿在此

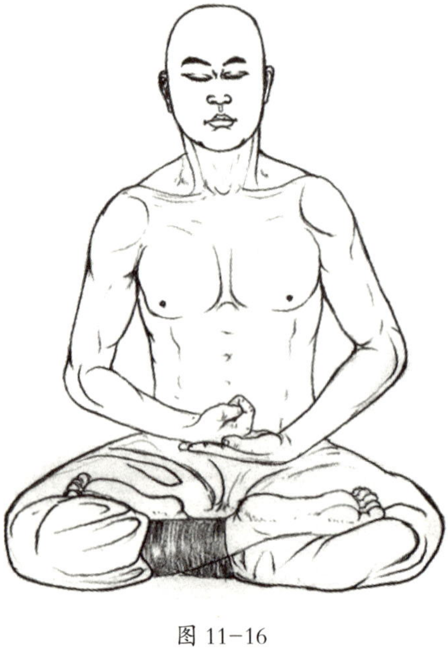

图 11-16

第十二章 卧身势

凡练睡功，不拘头向北、面向西，或是一脚屈、一脚伸等屈肘作枕的方法，总的原则是：弯身屈膝、紧闭牙关、舌抵上腭、合眼收光、返观内照、一志凝神、调息定气、吸降呼升、万缘屏除、一心皈命、混混沌沌、无梦无惊。做到这些就可以使任督交通，坎离既济，阴阳相生。

卧睡之功，最宜在每日亥、子、丑、寅四个时辰做，所获得的清升浊降、心肾相交、百脉朝会的效果最好。因为这四时在大宇宙内，是天气下降、地气上腾、日月往来、阴阳相合的时刻。

卧功有十势，随择一势行之即可。不宜仰卧、俯卧。

第一节　左伏身侧卧势

【练法】

头向左侧身而卧，左腿屈，右腿伸；左手抱肩，右手覆按床面，自然舒适。（图 12-1）

【古谱】

图 12-1

第二节　右伏身侧卧势

【练法】

与“左伏身侧卧势”相同，方向相反。（图 12-2）

【古谱】

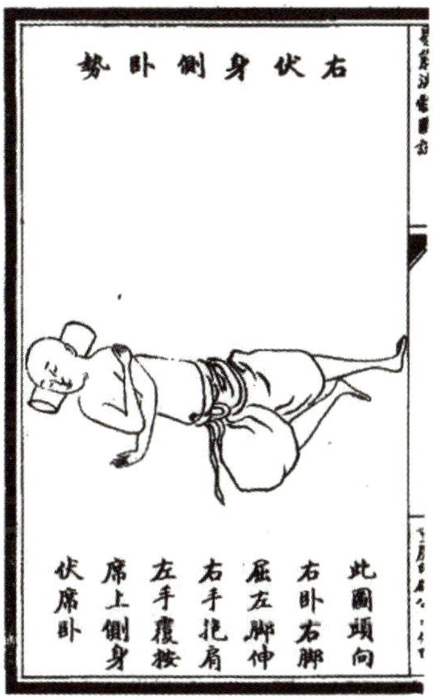

图 12-2

第三节　左坦腹侧卧势

【练法】

头向左卧，左腿伸，右腿屈立；左手仰放床面，右手覆按右腿上；坦腹，虽侧身但稍向上。（图 12-3）

注：“坦”同“袒”，后亦同。

【古谱】

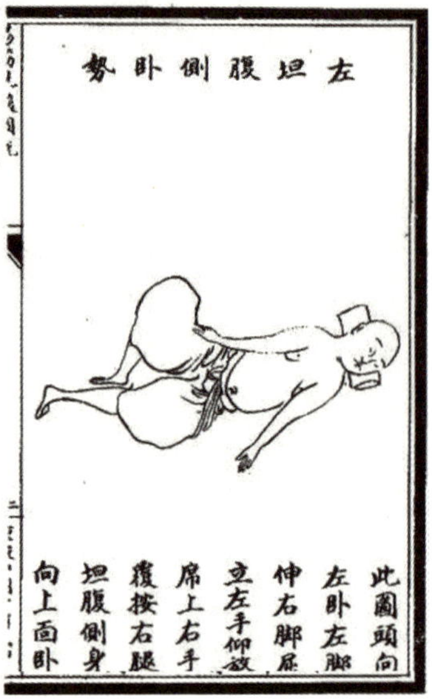

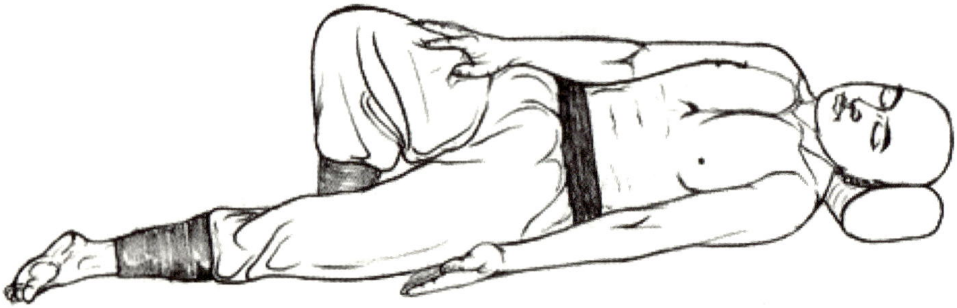

图 12-3

第四节　右坦腹侧卧势

【练法】

与“左坦腹侧卧势”相同，方向相反。（图 12-4）

【古谱】

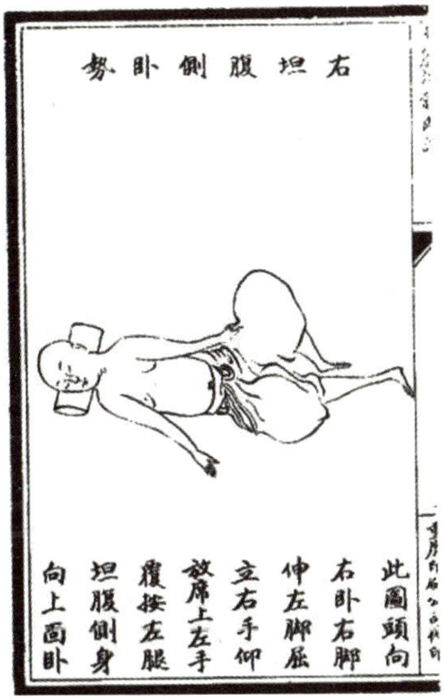

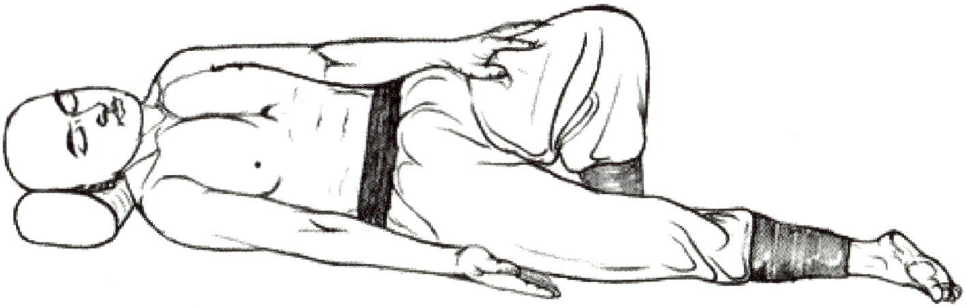

图 12-4

第五节　左屈膝侧卧势

【练法】

头向左卧，左腿屈平放于床面，右腿屈立；左手仰放于床面，右手覆按于右大腿上；坦腹，虽左侧但也稍向上。（图 12-5）

【古谱】

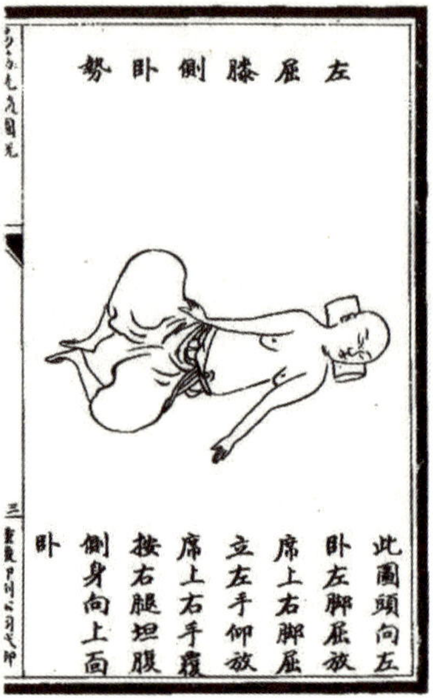

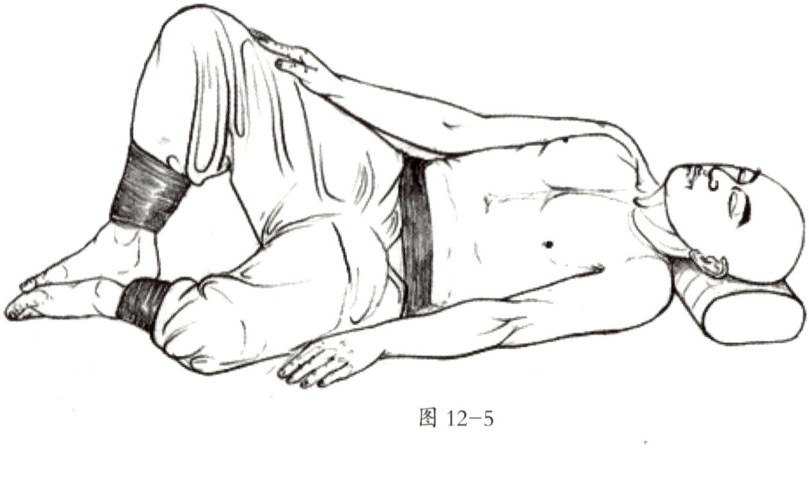

图 12-5

第六节　右屈膝侧卧势

【练法】

与“左屈膝侧卧势”相同，方向相反。（图 12-6）

【古谱】

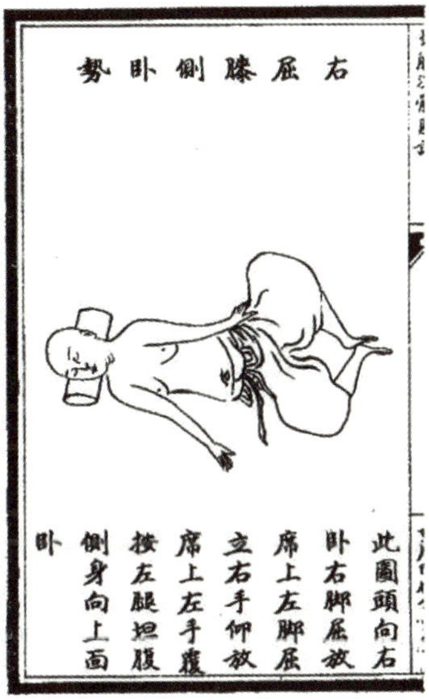

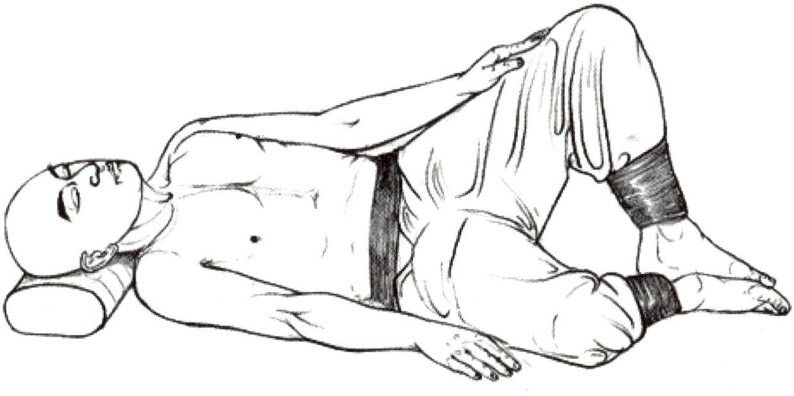

图 12-6

第七节　左如弓侧卧势

【练法】

头向左卧，左腿屈放于床面上，右腿屈膝与左腿同，叠放于左腿上；左手抱肩，右手覆按于床面之上。（图 12-7）

【古谱】

图 12-7

第八节　右如弓侧卧势

【练法】

与“左如弓侧卧势”相同，方向相反。（图 12-8）

【古谱】

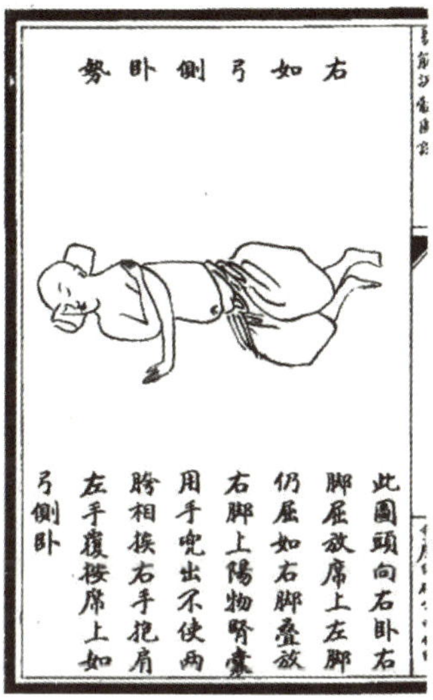

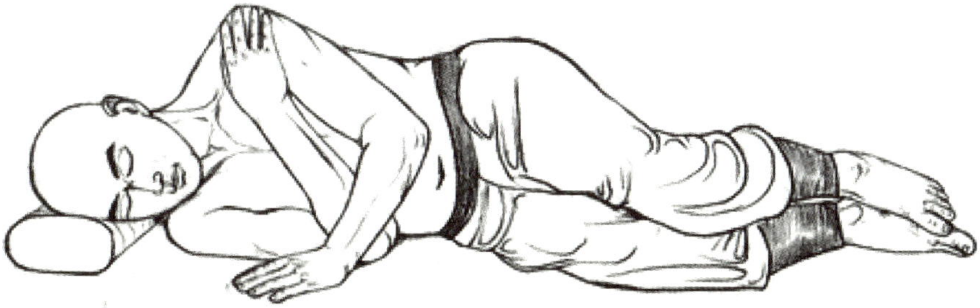

图 12-8

第九节　左坦腹仰卧势

【练法】

头微向左，坦腹仰卧，左腿微屈，右腿伸直，左脚回勾于右小腿上；虽为仰卧，但身体微向右侧卧。此法为右侧卧气感不适时所换卧势，平时不多用。（图 12-9）

【古谱】

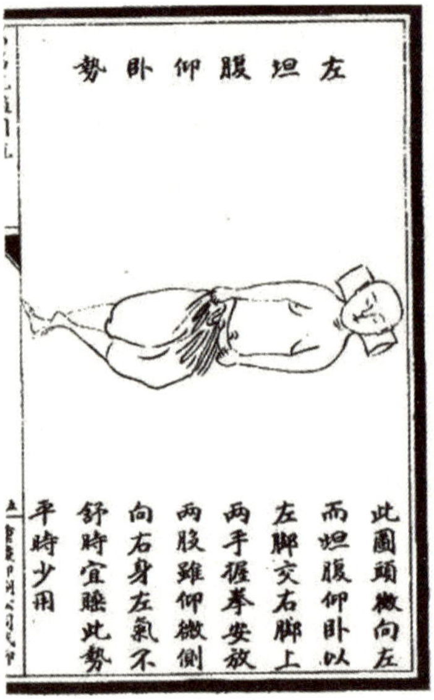

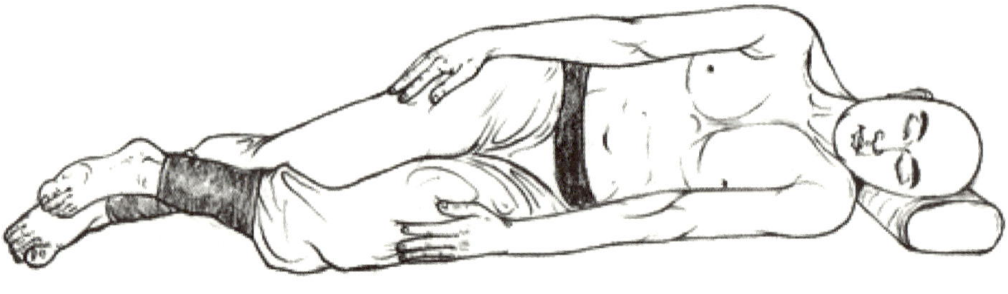

图 12-9

第十节　右坦腹仰卧势

【练法】

与“左坦腹仰卧势”相同，方向相反。（图 12-10）

凡睡卧之法，应宽衣解带；床要平坦，被勿盖头，枕不可过高过低；两手不可抱头，也不可放骨缝处以免阻气道；两胯微开，方为适宜。

【古谱】

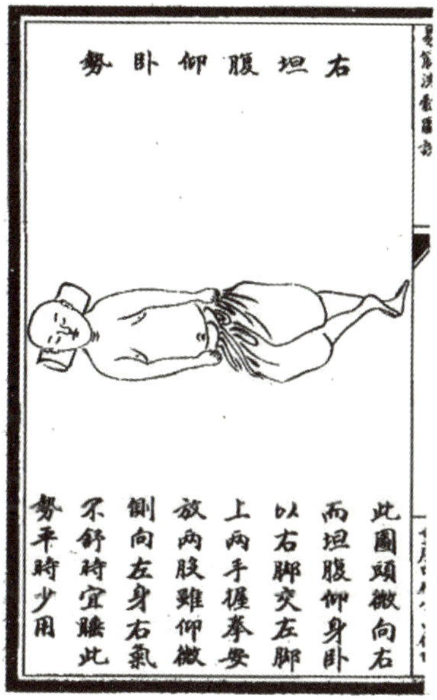

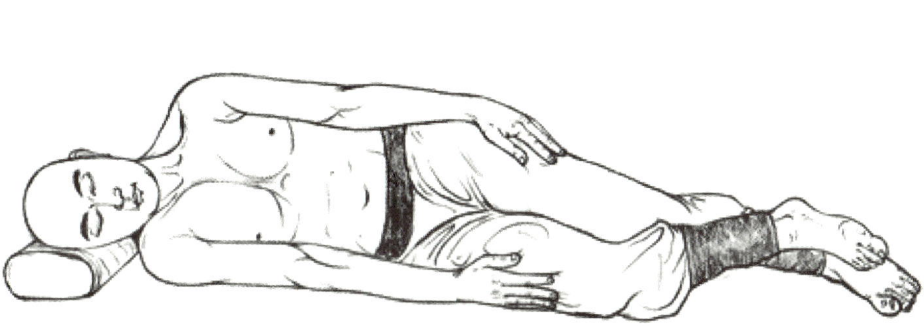

图 12-10

凡睡衣宜解帶宜鬆床求平坦被無覆頭枕不可過高亦不可過低以頭居肩中為度手不可抱頭亦不可放骨縫處以阻氣道兩跨宜微開使腎囊陽物不壓斯為合法